王鲁民 著

绵绵瓜瓞

先秦东亚大陆腹地主导人群的空间渊源追索与上古中国的衍生

清华大学出版社
北京

版权所有，侵权必究。举报：010-62782989，beiqinquan@tup.tsinghua.edu.cn。

图书在版编目(CIP)数据

绵绵瓜瓞：先秦东亚大陆腹地主导人群的空间渊源追索与上古中国的衍生 / 王鲁民著. -- 北京：清华大学出版社, 2025.7. -- ISBN 978-7-302-69548-6

Ⅰ. K210.7

中国国家版本馆CIP数据核字第202591TB20号

责任编辑：张　阳
封面设计：吴丹娜
责任校对：欧　洋
责任印制：杨　艳

出版发行：清华大学出版社
网　　址：https://www.tup.com.cn, https://www.wqxuetang.com
地　　址：北京清华大学学研大厦A座　　　邮　编：100084
社 总 机：010-83470000　　　　　　　　邮　购：010-62786544
投稿与读者服务：010-62776969, c-service@tup.tsinghua.edu.cn
质量反馈：010-62772015, zhiliang@tup.tsinghua.edu.cn
印 装 者：北京联兴盛业印刷股份有限公司
经　　销：全国新华书店
开　　本：170mm×240mm　　印　张：15　　字　数：234千字
版　　次：2025年8月第1版　　　　　　　印　次：2025年8月第1次印刷
定　　价：99.00元

产品编号：110179-01　　　　　　　　　　审图号：GS京（2025）0991号

绵绵瓜瓞，民之初生。

——《诗经·大雅·绵》

Gourds grow in long, long trains; Our people grew in the plains[①].
　—*Book of Poetry · Book of Epics · the Migration in 1325 B.C.*

---

① 许渊冲：《许渊冲译诗经：汉文、英文》，中译出版社，2021，第 304-305 页。

提要

系统的测量显示，先秦东亚大陆腹地考古遗址上的主导建筑轴线和圈围段落总是与东亚大陆腹地的高等级神明之隩、设围基址或者旧石器时代的特殊遗址相关。根据人类环境体认习惯，可以认为，这一现象表明，先秦时期东亚大陆腹地存在利用建筑摆布和圈围形态指示相应遗址主张者空间渊源的文化传统。这样的传统使得考古遗址上的营造物，尤其是那些平面形状难以描述的圈围成为了解在东亚大陆腹地活动的人群迁徙与互动的标识系统。

对一定数量人群的空间渊源的确认，不仅大体上勾画了先秦时期东亚大陆腹地主导人群迁徙、互动的基本格局，而且让人看到了：以著名的旧石器时代遗址，如北京房山周口店、山东沂水跋山、湖南道县玉蟾岩为空间渊源的人群，在后世相当长的时间里都是不可忽视的存在；距今 9000 年左右，一个大体上覆盖东亚大陆腹地的人群互动圈已经形成；华夏族的产生与国家的出现密切关联；中心位于郑州—洛阳一线的大型权力在"中国"的塑造上占据着特殊的地位；社会条件变化造成的族群空间资本贬值是与祖宗无关的至上神出现的前提；在祭祀活动为国之大事的古代，与祖宗无关的至上神的确立，为"汉族"的出现奠定了基础；虽然《周礼·考工记》主张的都城模型影响巨大，但传统的以特殊地点为指向标的的建筑朝向设定与圈围安排规则仍然以法术形式在汉长安乃至其后都城的设置上得以体现。

相关的基础性发现与随之而来的讨论，既可以作为《塑造中国：东亚大陆腹地早期聚落组织与空间架构》一书的支撑，也在相当程度上证实了《史记》，尤其是《今本竹书纪年》的信史性质。

Abstract

Systematic measurements have shown that the architectural axes of functionally dominant buildings and enclosures on archaeological sites in the core regions of the East Asian continent during the Pre-Qin period are consistently associated with high-ranking "deities' habitations", enclosures, or special Palaeolithic sites. Based on human environmental perception habits, it can be inferred that this phenomenon indicates the existence of a cultural tradition of utilizing building layouts and enclosure forms to signal the spatial origins of the proponents of a given site. Such traditions turned the constructions on archaeological sites, especially those enclosures with shapes difficult to describe, into a system of markers for understanding the migration and interaction of the populations active in the region.

The extensive verifications of spatial origins of the inhabitants corresponding to archaeological sites not only have roughly outlined the basic patterns of migration and interactions of the dominant inhabitants in the core regions of the East Asian continent during the Pre-Qin period, but also presented the following seven innovative findings.

1. Populations originating from renowned Paleolithic sites—such as Zhoukoudian (Fangshan, Beijing), Bashan (Yishui, Shandong) and Yuchanyan (Daoxian, Hunan)—remained a significant presence throughout much of later history.

2. Around 9,000 years ago, a spatial interaction network encompassing the hinterlands of the East Asian continent had already been formed.

3. The forming of *Huaxia* Ethnicity is closely linked to the formation of the state.

4. The large power centers located along the Zhengzhou-Luoyang axis played a critical role in shaping "the central state".

5. The devaluation of ethnic spatial capital caused by changes in social conditions was the premise for the emergence of supreme deities unrelated to ancestors.

6. In ancient times, when sacrificial rites were of national importance, the establishment of supreme deities unrelated to ancestors laid the foundation for the emergence of the "Han ethnic group".

7. Although the capital city model proposed in *Kaogongji* (*The Record of Artificers*) had a significant influence, the traditional rules for architectural orientation and the arrangement of enclosures were still embodied in the form of magic, as seen in the layout of the Han capital city of Chang'an and subsequent capital cities.

The connection between the architectural axes and enclosure elements at the Pre-Qin archaeological sites and the "deities' habitations" and previous important enclosure sites not only serves as a fundamental support for the book *Shaping China: Organizational and Spatial Structures of Early Settlements in the Hinterlands of East Asia*, but also, to a considerable extent, confirms the historical authenticity of *the Records of the Grand Historian*, particularly the *Bamboo Annals* (*the new version*).

目 录

第一章 绪言：源自环境体认的坐向、朝向和指向 / 001

第二章 前五帝时代：覆盖东亚大陆腹地核心区的空间互动圈 / 011

第三章 五帝时代（上）：华夏民族的形成与国家的产生 / 043

第四章 五帝时代（下）：大型权力单位间的碰撞与协同 / 073

第五章 夏、商、西周：错综复杂的北上与南下 / 119

第六章 回响：传统的延续与嬗变 / 163

附表 本书涉及的遗址要素指向标的被指次数统计表 / 200

插图出处 / 217

后记 / 231

Contents

Chapter 1 Prologue: Orientation, Direction, and Alignment Derived from Environmental Perception / 001

Chapter 2 The Era Before the Five Emperors: The Spatial Interaction Circle Covering the Core Regions of the East Asian Continent / 011

Chapter 3 The Five Emperors Era (Part Ⅰ): The Formation of the *Huaxia* Ethnicity and the Emergence of the State / 043

Chapter 4 The Era of the Five Emperors (Part Ⅱ): Clashes and Collaboration Among Large Power Units / 073

Chapter 5 Xia, Shang, and Western Zhou Dynasties: The Intricate Migrations Among Inhabitants Across Different Regions / 119

Chapter 6 Echoes: The Continuity and Transformation of Tradition / 163

Appendix Statistics on the Frequency of Objectives been Directed at by the Site Elements Mentioned / 200

Figures References / 217

Epilogue / 231

第一章

绪言：源自环境体认的坐向、朝向和指向

当一座建筑的正门——同时也往往是主要的开窗面——正对着南方，人们会用"坐北朝南"来描述这座建筑的坐落。这是把建筑比作一个端坐的人，门与主要开窗面相当于人的正面，与之相反的面则相当于人的背面。着眼于人的环境体认的常规，背对意味着"依托""基于"，乃至"来自"，而面对意味着"趋向""迎纳"，乃至"归于"。建筑必然有向有背，相关的感受不可避免，所以，合理地进行向与背安排是建筑设置的基本问题之一。不仅如此，建筑除了正面和背面，还有侧面，虽然没有正面和背面重要，但其与周边环境的关系也是人们了解建筑价值和地位的依据。

在东亚大陆的北回归线以北，太阳早上由东方升起，正午行至人的头顶偏南，傍晚由西边沉落。太阳在一天中最能够提供热量的时段，是其处在人们南边的时候。为了享受日照带来的好处，这里的建筑南面相对开放很是自然；此外，东亚大陆腹地冬季以北风为主，建筑的进出口南开，不仅可以避免冬天出门时呛风，而且有更多的机会感受风和日丽的景象。因此，在没有具体的工程和环境限制时，东亚大陆腹地的大多数地区，建筑物或者建筑群组中的主导建筑"坐北朝南"的布置方式，是最符合人类居住的物理-心理要求的安排[1]。也就是说，以具体的地理、气候条件为依据，在东亚大陆腹地活动的人群将自己居住的房屋面对南方以外的其他方向或者过于偏离坐北朝南的安排，就实际上放弃了对于长期在这里活动的人群十分明确的且在原始条件下十分必要的、唾手可得的好处。人们不会平白无故地放弃大自然慷慨的赠予，所以，在上古人类更为直接地面对大自然的情况下，建筑朝向其他的方向或过于偏离坐北朝南的布置，应该意味着人们在追求常规的物理-心理需求以外的东西。

相对系统地观察现有考古材料，可以看到，在先秦时期的东亚大陆腹地，存在着诸多建筑物或者建筑群组中的主导建筑朝向严重偏离坐北朝南安排的实例。这种状况鼓励以探求其之所以如此为目的的测量工作的开展。毋庸讳言，测量的结果确实让人惊异。因为除了那些严重偏离了坐北朝南布置的建筑，就连那些大体上正南北向安排的建筑，其主导的轴线都明确地与高等级的"神明之隩""设围基址"或者其他具有特殊意义的考古遗址相关联。

远古时，道路未辟，人类交通及生存空间的拓展主要是依托自然河道展开。在蒙昧的时代，在这样的情况下，河道上的那些有利于作为空间控制依凭的地点，会很自然地被人们视为神灵栖息或出没之地——神明之隩。一般地说，神明之隩是那些河道上空间格局和河水流势出现大幅变动的地点，这些地点包括了河流的发源地、河流的入山口和出山口、河流及大海与大山相夹处、河流的交汇点、河流的剧烈转折处，以及河流汇入大湖或大海的地段。在众多的神明之隩中，那些长程河流上的神明之隩往往在区域空间控制上具有突出价值，故此可以谓之为高等级神明之隩。这样的神明之隩，不仅是强势族群力图控制的要点，也是十分重要的地理-空间标识[2]。

"设围基址"，是指遗址上含有圈围一定地段的壕沟或者厚重墙垣的遗址。观察显示，在西周以前的考古遗址中，"设围基址"不仅稀少，而且只在那些在地理空间控制上具有突出价值的高等级神明之隩附近出现。这种状况，指示着它与一定地区的强势人群或者主导人群间的必然关联。

从考古遗存的状况和工程发生的角度看，厚重的墙垣或者城垣是壕沟的衍生物。基于最初的用以圈围一定地段的壕沟往往窄、浅，不具备确切的物质性功能，故可知起初壕沟只是某种空间性质的标识。一方面，较早的设围基址只在高等级的神明之隩附近出现，这在相当程度上暗示它与祭祀相关。另一方面，许多壕沟的平面形状指明了由西南而东北动线的存在，由于在古人那里，主导功能为祖宗祭祀的明堂要"由西南入"，故而，可以认为在多数情况下，设围基址首先与明堂建筑相关[3]。

这里所谓的"具有特殊意义的考古遗址"，是指那些有着特殊出土物且堆积丰厚的旧石器时代遗址。考察表明，在新石器时代初期设围基址出现之前，在诸多高等级的神明之隩附近，往往会出现被人类长期或反复利用从而造成了丰厚堆积物的地点，具体的发掘往往显示，这些地点不只是堆积丰厚，还会有反映当时文化进展的文物出现。

对于人类来说，表明自己的来历既是植根深远的内在需求，又是进行社会认同的重要依据。出于对建筑要素本身在空间体认上价值的考虑，利用建筑与特定地点的关系，表达其主张者的"依托""来自""归于"或者"空间渊源"应该十分自然。在大地缺乏系统区划和编码的远古，通过自己的营造物与特殊的视觉－心理标识点建立联系，当是十分自然地显示自身来历的重要侧面——"空间渊源"的手段。高等级的神明之隩、设围基址及具有丰厚遗存的旧石器时代遗址在人类社会生活组织和发展上具有突出的价值，所以它们可以成为人们交待自身空间渊源的标的物中的甄选。

建筑的朝向或坐向可以成为其主张者空间渊源表达的手段，在这个基础上拓展，利用居址上的其他营造要素进行相关表达也就顺理成章。由于用以圈围建设地段的壕沟或厚重墙垣本就是场所意义及价值的特殊标识，故而使用圈围的段落进行相应场所主张者的空间渊源标识也就顺理成章了。事实上，对有条件进行相应测量的遗址上的圈围段落进行的测量显示，西汉以前的设围基址上的圈围段落，确实系统性地与东亚大陆腹地的神明之隩或其他类型的地理标识物之间有着明确的指向关联。

圈围的建设受到营造经济与工程便利要求的制约。在没有地形、地质条件限制时，采用简单的圆形乃至规则矩形或其变体是最为简明的解决空间性质标定问题的办法。现知的先秦时期的设围基址大多处于相对平坦的地段，不存在非得如是的限制，所以，现有考古材料显示的相应时期广泛存在的过于偏离简单的圆形或规则矩形的，由看似毫无"根据"、曲折多变的段落构成的圈围形态，就在相当程度上显示了人们在发掘圈围传达"额外"的意义上所做的努力。

从逻辑上看，一旦圈围被理解为由众多段落构成的体系，圈围在建设地段意义营造上的作用就有机会大加拓展。

通常谈论的建筑的朝向或者坐向，是以建筑平面采用规则矩形或者建筑物由多个体量构成时，其各部分之间垂直或平行接续为基础的。其实，为了满足建筑主张者更多地进行指向安排的要求，建筑物也可以放弃规则矩形，或者各体量间平行或垂直接续的做法。对于前者，建筑就不仅有坐向与朝向的问题（也有可能这种问题不复存在），墙体或者柱列也成了独立的方向表达要素；对于后者，每个建筑体量朝向或坐向则都成了需要单独进行"方向关注"的对象。

必须强调，建设地段上的主导建筑及圈围段落显示的，应是那些与建设地段相关的人群中有权力进行表达的人群的空间渊源。或者说，并不是所有的与相应遗址相关的人群的空间渊源都会在相应遗址的设置上得到体现。可以设想，相应权力的获得，既可以来自相应人群的实力，也可以来自与其他人群的关系，当然，还可以来自其在空间上的代表性。这里所说的空间代表性，是指其是否在该基址的主张者设定的空间权力范围上占有一席之地。

以通常的社会组织为据，在可以表达其空间渊源的人群中，还会有一个次序存在。基于环境要素设置过程与组织格局，可以认为，主导建筑是权重位高的人群显示自己空间渊源的首选；相较于主导建筑，地位较次要的人群的空间渊源可以通过圈围段落的指向呈现。考虑到人的活动状态，与人的活动关联度较高的位于主导建筑前方的圈围段落应该相对重要。当设围基址上存在着多重圈围时，由内而外，圈围的重要性依次降低。可以推想，一定人群的空间渊源得以显示的圈围段落越重要，其地位就越高；反之，地位就越低。这样，在当时，圈围的形式安排，还关涉相关人群之间关系的梳理。

在对具体遗址的实际测量中经常看到，某一地点作为圈围段落的指向标的反复出现的情况，这应该是该遗址的主张者中，以同一地点为空间渊源却在另外方面有着差异的人群的存在的表达。

需要特别指出，在蒙昧时代，显示与遗址相关的族群的空间渊源，与祈求与相应空间对应的祖灵的保佑，其实只有一线之隔。在许多时候，这二者是一而二、二而一的事情。

不同的遗址涉及的神明之隩或设围基址数量的多寡，既可以是遗址辐射能力强弱的表示，也可以是权力集中水平差异的显现。具体地说，遗址关涉的地点多，既可以是辐射能力强的表示，也可以是权力集中水平较低的反映；遗址关涉的地点少，既可以是辐射能力弱的表示，也可以是权力集中水平较高的说明。具体的判断，要结合对遗址存在的理由及整体背景条件的分析来进行。

对空间渊源的关切，在相当程度上是祖灵崇拜的自然延伸。与单纯的祖灵崇拜不同，在对空间渊源的关切中隐含了对相应空间的权力主张。即在许多时候，考古遗址上的人类营造物显示的对于空间渊源的标定，是相应人群主张领有该空间的表示，尤其是当该空间为敌对者控制时更是如此。在没有文献支持的情况下，对于敌对方的判断，可以从以下几个方面入手：一是考古学文化的异同；二是大型遗址分布格局以及主导遗址间是否有防卫意向存在；三是相对的考古学文化遗存在一定时期的空间的消长格局。

从历史来看，与空间控制相关的高等级神明之隩与设围基址系统，是随着空间控制手段和条件的变化而变化的。大体地说，空间控制手段和条件包括了人口分布模式、地理形势、交通工具与道路网络、战争模式，以及空间计较水平，等等。

由本书涉及的营造设置的指向标的看，有许多地点在相当长的时间反复地作为标的出现，这表明人们对于该地点的认同具有很强的延续性。与之对应，在历史上，原本作为指向标的的地点不再作为标的和新的地点作为营造设置的指向标的而出现的情况确实不断出现，这应该与社会条件变化导致的重要人群的退隐和生产有关。一定地点作为指向标的存在的持续性和被反复指示的水平，当然是该地点或相关人群历史地位的说明。而一定营造系统提供的新的指向标的的多少，以及这些指向标的持续存在或被反复指认的水平则是相应遗址的历史地位或其秩序塑造能力的表征。

需要特别提及的是，在本书涉及的时间段里，人们的测量技术并没有达到今天的水平，建筑施工的精细水平也有限，加上不同的圈围段落在衔接时因技术限制造成的指向干扰等，使得本书在面对具体圈围时，不得不进行一定水平的段落归纳。为了保证结论的客观性，本书的操作过程特别强调圈围段落归纳工作的独立性。尽管如此，由于基础资料在某种程度上的含糊或微妙，圈围段落归纳的主观性不可避免。由实际的结果看，值得欣慰的是，虽然我们无法保证每个归纳和标的辨识都正确无误，但是诸多特殊地点被反复地作为标的指认、遗址设置指向标的空间结构与历史记述提供的空间可能的呼应、遗址设置指向标的的与遗址空间控制态势及遗址性质的结构性契合，以及标的地点涌现次序与社会发展进程的关联等，至少应该明白无误地证明了中国古代在相当长的时间里利用建筑乃至圈围段落指向表明相应人群的空间渊源的做法存在的系统性。

另外，在地图上对建筑的朝向及圈围段落的指向进行标识时，在一些时候可以看到相应的线段与不止一个导致意义发生的地点关联的情况出现，这种情况的发生既可能是设置者为强化意义形成的刻意做法，也可能是事出偶然。最终的确定，在缺乏相互质证的资料时，也就难免武断。为了克服偶然性带来的干扰，在建筑轴线及圈围段落指向标的的确定上，本书强调关联密切水平的基础性，即在可能的标的中，选择相值水平最高的那一个；如果相值水平相当，则优先考虑两者间距离更小的那一个。当然，也可能在考虑遗址的特性的基础上相关者都选。为了判断的可靠，在实际操作中寻求额外的信息支持是必需的。这些信息主要涉及以下几个方面：一是考古学文化的关联性；二是遗址间时空沟通的可能性；三是重要遗存的相关性；四是遗址所在群体的组织性与约束性；五是对于研究对象的地位及其建设目的性的认知。无论如何，合理结论的得出，离不开对相应时期东亚大陆腹地的政治—军事格局和空间结构的恰当的理解。

应该说明，本书采取的设围基址圈围段落归纳的基准为其延展长度不小于10米，并在必要时根据考古材料所提供的图纸考虑设围基址主张者在工程操作时可能的空间感受做出调整。

遗憾的是，目前很少有遗址能够提供建筑物的朝向材料，即使有一定的建筑物朝向材料，在许多时候，也因为相关材料不够系统而无法判断其是否是与圈围匹配的主导建筑。虽然在许多时候，圈围段落的指向会与建筑的朝向重复，但上述情况毕竟使完整的与遗址相关的人群秩序辨识不能开展。此外，粗看之下，圈围的材料丰富，但实际上材料完整的例子十分有限。材料不全，这当然会使相关的讨论缺乏应有的系统性。

因为现有的圈围材料较建筑材料要丰富很多。而设围基址是强势或主导族群的标识，所以，原始材料的状况决定了相应的讨论只能在东亚大陆腹地主导人群的层面上进行。

由传世的文献看，古人是以北极，即真北方向作为定向的基准的。特别是本书的讨论表明了建立营造物与北极的关联，指示着环境设置意义建构的全新阶段。所以，为了叙述的顺利开展，本书的讨论以真北方向，即定位根据——北极为基础。或者说，本书的讨论以相应的建筑轴线或圈围段落指向线与所有经线相交保持同一角度为基础，其在采用墨卡托投影的地图上表现为直线。

目前所见考古遗迹图中标识的北方向包括真北方向、磁北方向和坐标北方向[4-7]。磁北方向与真北方向之间有一个不容忽视的偏差——磁偏角，坐标北方向与真北方向之间有一个子午线收敛角。在使用考古材料时，对于使用磁北方向的考古遗迹图，本书通过查询该遗址发掘年的当地磁偏角数值[8]，将磁北方向转换为真北方向。由于具体的技术原因，这样通常得到的是一个与真北方向存在差值的"伪真北方向"。在一般情况下，这一差值不会很大，因而对建筑轴线或圈围段落指向的确认不会造成重大影响。由于子午线收敛角的数据较难获取，且在我国 1∶10 000 及更大比例尺的测绘图中，子午线收敛角的最大值仅为 1.5 度，着眼于整体结论的结构性合理，这样的差值在可以接受的范围之内，故而本书不对采用坐标北方向的考古遗迹图进行方向转换[9]。

为了保证结论相对可靠，本书在考古材料的使用上，在通常情况下，示意图不用，图上无指北针者不用，图纸不清晰者不用，无对应文字说明者不用，文字说明与图纸不相符者不用。

在本书的叙述中，经常会出现圈围段落和建筑轴线以后出之设围基址、后来的城镇、后来才有的河流汇入大海及湖泊处、后出之河流交汇点以及后出之河道要点为指向标的的情况。这些情况之所以会出现，是因为在本书看来，这些标的点上，或者在当时，或者在之前已经有特殊的人类活动发生，或者该处的物理状态虽然与今不同，但因为其具有足够特殊的区位、环境、地形、地质条件，在当时就已经被辨识为高等级的神明之隩，并引发人们的空间认同。

应该说，这里展开的是一个建立在原始资料精确水平和系统性均有限的基础上的探讨。具体条件使得本书的叙述不得不面对诸多细节冒险，但在类似的讨论开展的机会十分稀少和结构性合理的结论值得追求这样的判断面前，冒险甚至是失误可以被理解为"必要的代价"，所以我们可以展开下面的旅程。

注释

[1] 王鲁民:《营国：东汉以前华夏聚落景观规制与秩序》，同济大学出版社，2017，第 16 页。

[2] 王鲁民:《塑造中国：东亚大陆腹地早期聚落组织与空间架构》，大象出版社，2023，第 19-22 页。

[3] 蔡邕《明堂月令论》:"明堂者，天子太庙……"《礼记·明堂位》:"太庙，天子曰明堂。"可知祭祖是明堂的核心功能，后人提及的明堂的其他功能，都是从属功能，至于后世谓明堂祭天，其实在古人那里，天就是远祖，详见后文。

[4] 严文明:《考古遗址的发掘方法》，载北京大学考古系编《考古学研究（二）》，北京大学出版社，1994，第 249-266 页。

[5] 尚杰、姚金隆:《考古测量的误区——磁偏角》,《江汉考古》2010 年第 2 期。

[6] 刘建国:《考古测绘 100 年》,《江汉考古》2021 年第 6 期。

[7] 曹艳朋:《田野考古中"北"方向问题探究》,《华夏考古》2021 年第 2 期。

[8] 磁偏角信息的获取地址为美国国家海洋和大气管理网（https://www.ngdc.noaa.gov/geomag/calculators/magcalc.shtml#declination）。

[9] 为了叙述简明扼要，本书原则上不提供具体遗址的设置指向标的位置图。考虑到对原始材料的尊重以及图纸表达的清晰和美观，本书提供的遗迹指向归纳图均在原始材料的基础上进行。

第二章

前五帝时代：覆盖东亚大陆腹地核心区的空间互动圈

中国地势图

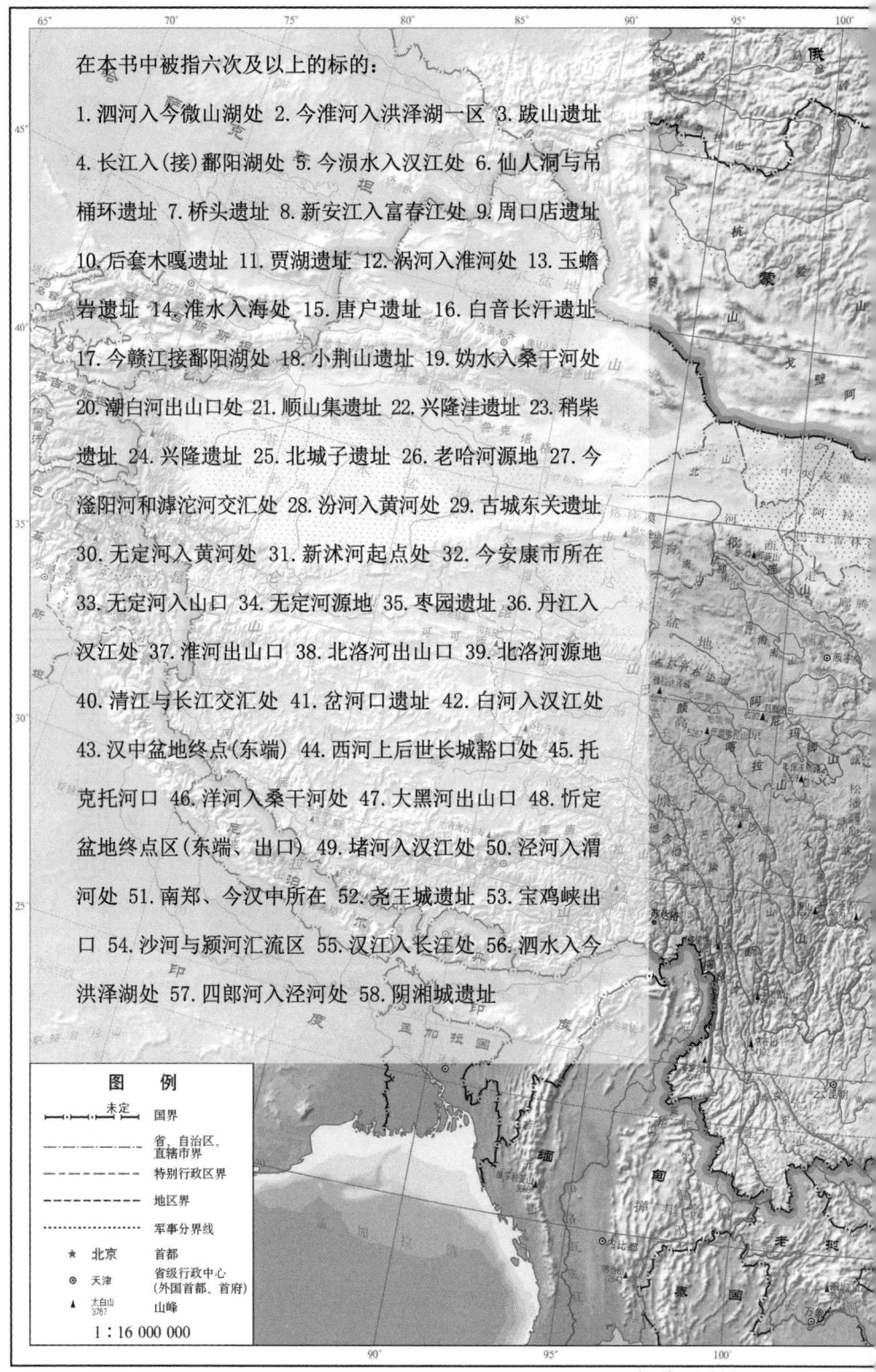

在本书中被指六次及以上的标的:
1. 泗河入今微山湖处 2. 今淮河入洪泽湖一区 3. 跋山遗址 4. 长江入(接)鄱阳湖处 5. 今涢水入汉江处 6. 仙人洞与吊桶环遗址 7. 桥头遗址 8. 新安江入富春江处 9. 周口店遗址 10. 后套木嘎遗址 11. 贾湖遗址 12. 涡河入淮河处 13. 玉蟾岩遗址 14. 淮水入海处 15. 唐户遗址 16. 白音长汗遗址 17. 今赣江接鄱阳湖处 18. 小荆山遗址 19. 妫水入桑干河处 20. 潮白河出山口处 21. 顺山集遗址 22. 兴隆洼遗址 23. 稍柴遗址 24. 兴隆遗址 25. 北城子遗址 26. 老哈河源地 27. 今滏阳河和滹沱河交汇处 28. 汾河入黄河处 29. 古城东关遗址 30. 无定河入黄河处 31. 新沭河起点处 32. 今安康市所在 33. 无定河出山口 34. 无定河源地 35. 枣园遗址 36. 丹江入汉江处 37. 淮河出山口 38. 北洛河出山口 39. 北洛河源地 40. 清江与长江交汇处 41. 岔河口遗址 42. 白河入汉江处 43. 汉中盆地终点(东端) 44. 西河上后世长城豁口处 45. 托克托河口 46. 洋河入桑干河处 47. 大黑河出山口 48. 忻定盆地终点区(东端、出口) 49. 堵河入汉江处 50. 泾河入渭河处 51. 南郑、今汉中所在 52. 尧王城遗址 53. 宝鸡峡出口 54. 沙河与颍河汇流区 55. 汉江入长江处 56. 泗水入今洪泽湖处 57. 四郎河入泾河处 58. 阴湘城遗址

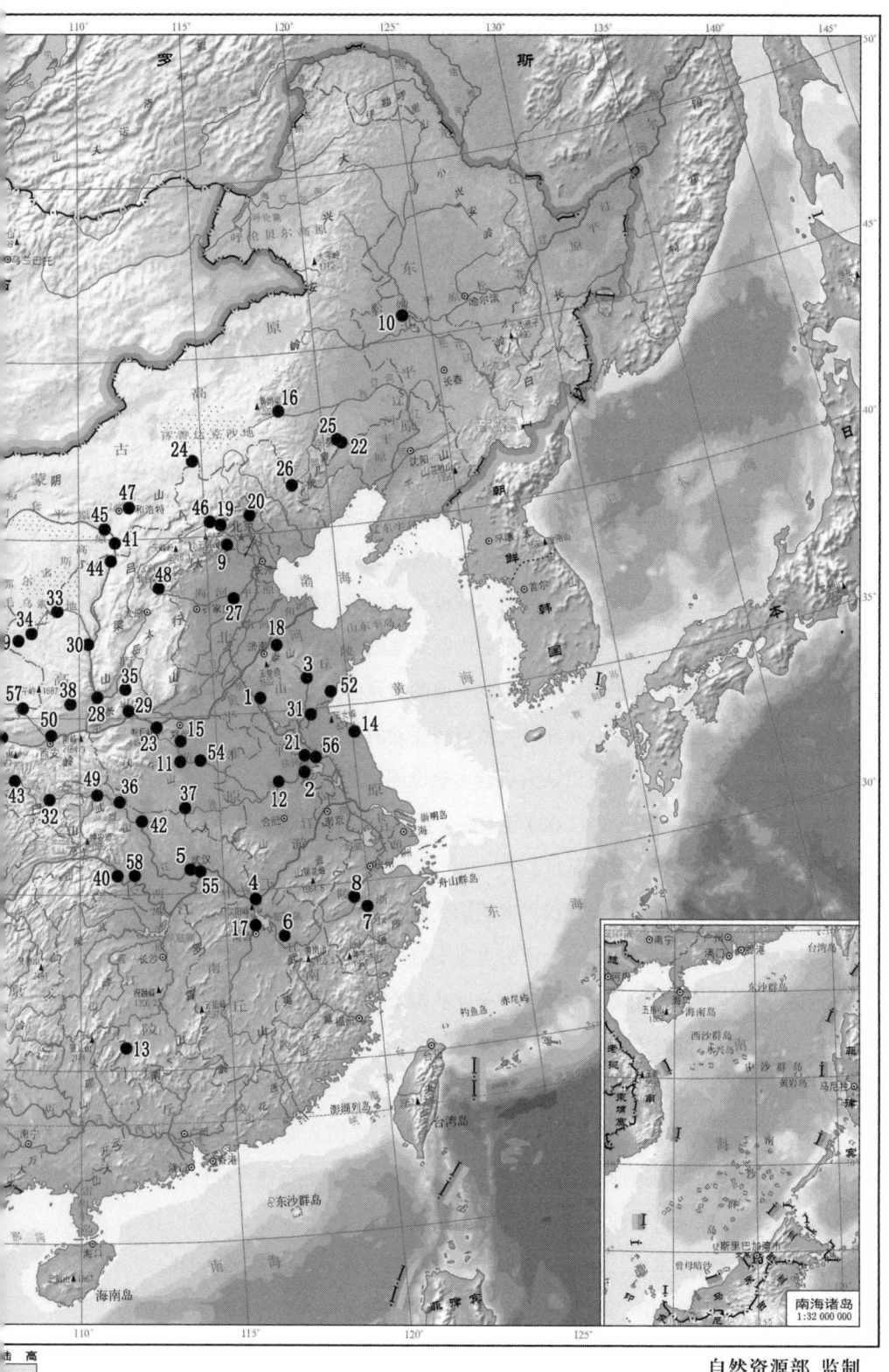

自然资源部 监制

本章出现的主要营造设置指向标的分布示意图

东亚大陆腹地现知最早的环壕出现在距今约 13 000 年的吉林大安后套木嘎遗址一期遗存上[1]。后套木嘎遗址坐落在嫩江支流洮儿河的南岸，洮儿河与嫩江交汇点附近。后套木嘎设围基址出现的时候，由后套木嘎遗址一线往北，就是苔原区；而后套木嘎遗址一线往西，则是干旱草原。这样的植被条件，表明了后套木嘎遗址所在，就是当时较适宜人类生存地域的极北之地，这样的选址，应该可以使之获得超越东北平原，甚至针对整个东亚大陆腹地的意义。不仅如此，从区域地理形势看，后套木嘎遗址正好坐落在东北平原的大致中央，这一定位进一步显示出了它的制作者强调自身的存在并与大型空间互动的企图。

　　在没有新的发现的情况下，可以认为后套木嘎设围基址在东亚大陆腹地独自耸立了大约 2000 年之久。在距今 11 000 年左右，后套木嘎设围基址退出历史舞台，接替它的是河北康保兴隆设围基址。

　　兴隆遗址坐落在内蒙古高原东南缘，由阴山余脉诸山体框出的平坦地区的北部入口处。该平坦地区东、南缘与桑干河的重要支流——洋河、潮白河的重要支流——白河以及滦河的源地相关，这使它有条件从多个方向影响北京平原乃至其以南地区。兴隆设围基址对于后套木嘎设围基址的替代，也许意味着在燕山以北活动的人群南向进行进入东亚大平原的尝试。

　　这里所说的东亚大平原，是南起钱塘江一线、北至滦河入海口一区、东至大海、西至洛阳盆地一带的地形平坦的大型区域。东亚大平原北部通过辽西走廊与东北平原联络，南部通过长江与两湖平原和鄱阳湖平原勾连，形成了一个以其为主导的范围巨大、层次丰富、适合人类生存的空间联合体[2]。在这个空间联合体的南北两端，与之直接相连，存在着尺寸适中、外部干扰较少、具有较易形成相对完整防御地形条件的钱塘江流域和西辽河—滦河流域，具体的区位和地理条件，使得它们成为了强势族群据以进入东亚大平原的要地。虽然条件稍差，位于东亚大平原西南方的澧阳平原，西边的洛阳盆地及关中平原在空间控制上也有和钱塘江流域、西辽河—滦河流域相类似的意义。在东亚大平原南北的大致中央区段，屹立着泰沂山系，虽然位于黄河、淮河、济水的下游，但其隆起的地形使其成为频受水患侵扰的人群心目中的特殊场所，与洛阳盆地和关中平原遥相呼应，在东亚大平原的控制上发挥作用。在黄河占用济水河道之前，在东亚大陆腹地的核心区，由北而南，东西流向的辽河、滦河、桑干河、滹沱河、漳河、渭河、黄河南河及下游河段、济水、汉江上游段、淮河、长江、钱塘江把这一地区串在一起；由西而东，南北流向的岷江、葫芦河、嘉陵江、泾河、北洛河、无定河、汉江中下游段、黄河西河、汾河、沅江、湘江、颍河、涡河、赣江等强化了这一地区各部的关联。其中，黄河因其特殊的河道走势和支流构成，以及与汉江、淮河、桑干河、滹沱河等的密切关联，成为东亚大陆腹地空间控制最为积极的空间—交通依据。

大约1000年以后，即距今1万年左右，兴隆遗址上的壕沟被放弃，在洮儿河出山口附近出现了吉林白城双塔设围基址。

距今9000年左右，设围基址只在燕山以北地区出现的历史结束了，在与双塔遗址直线距离1800千米的钱塘江流域，钱塘江上金衢盆地东端，在空间上与衢江入山口一区相关，出现了上山文化的浙江义乌桥头设围基址，与桥头设围基址大致同时，在金衢盆地西端出现了上山文化的浙江衢州皇朝墩设围基址。从位置上看，这两个遗址可以相互配合，共同控制整个金衢盆地。

此后，东亚大陆腹地设围基址存在格局的变动速度有所增加。距今8700年前后，双塔设围基址退出，在兴隆遗址上再次出现了环壕，相应地区此时为裕民文化的覆盖区[3-5]。距今8600年左右，位于钱塘江流域的桥头遗址放弃了环壕。在桥头遗址以南46千米同一盆地的较隐蔽处，出现了上山文化的遗址面积远较桥头遗址为大的浙江永康湖西设围基址，与皇朝墩设围基址形成一东一西对应整个金衢盆地的格局。距今8400年左右，在兴隆设围基址西南25千米处出现了同属裕民文化的内蒙古化德裕民遗址，与兴隆遗址一道，形成了某种组合[6]。

上文涉及的诸设围基址中，只有桥头遗址[7]与皇朝墩遗址[8]上的圈围的材料可以用来进行指向分析。测量显示，桥头遗址上的西环壕，由南而北诸壕段分别指向后来出现的湖西设围基址所在、闽江出海口、泗河入今微山湖处和太湖西缘与宜溧山地突出部相夹处。其北环壕西南指向远在岭南的左、右江交汇点。其东环壕北段指向今淮河入洪泽湖一区，东环壕南段指向后来设置环壕的湖西遗址的位置。其南环壕则西南指向遥远的珠江口的起点区（图2-1、图2-2）。

在位于金衢盆地入口处衢江北岸的皇朝墩设围基址上，由环壕圈围出了一南一北、大小不同的两个台地。较桥头遗址更为复杂的空间安排，应该表明这是一个等级更高的设置。勘探显示，在环壕东侧存有一块约1.5万平方米的低洼区，被确认为上山文化至跨湖桥文化时期的稻田遗存。

测量显示，大台地的西侧环壕诸壕段由南而北依次指向位于沂水源头地的山东沂水跋山遗址、左江与右江交汇处、天目山脉与太湖相夹处和西江与北江交汇处。其北壕由西而东诸段落依次指向今饶河入鄱阳湖处、新安江入山口处（今安徽歙县所在）、长江入鄱阳湖处和涢水入汉江处。其东壕诸段由北而南依次指向滹沱河出山口和跋山遗址。其南壕由东而西诸段落分别指向江西万年仙人洞与吊

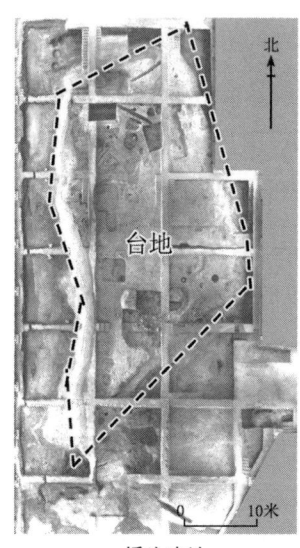
桥头遗址

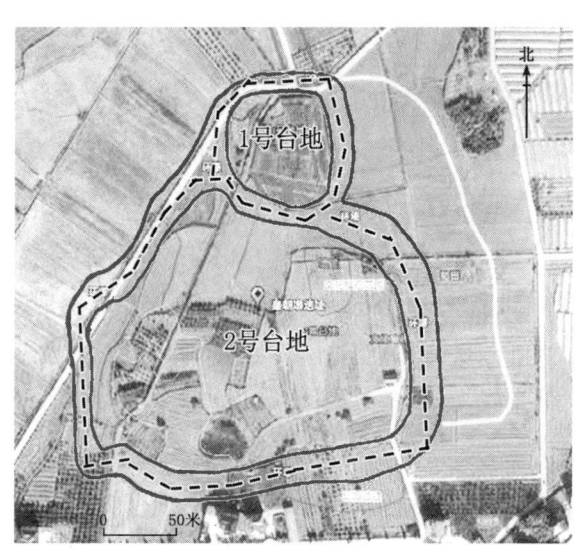
皇朝墩遗址

图2-1 桥头、皇朝墩遗址圈围段落归纳图

第二章
前五帝时代：覆盖东亚大陆腹地核心区的空间互动圈

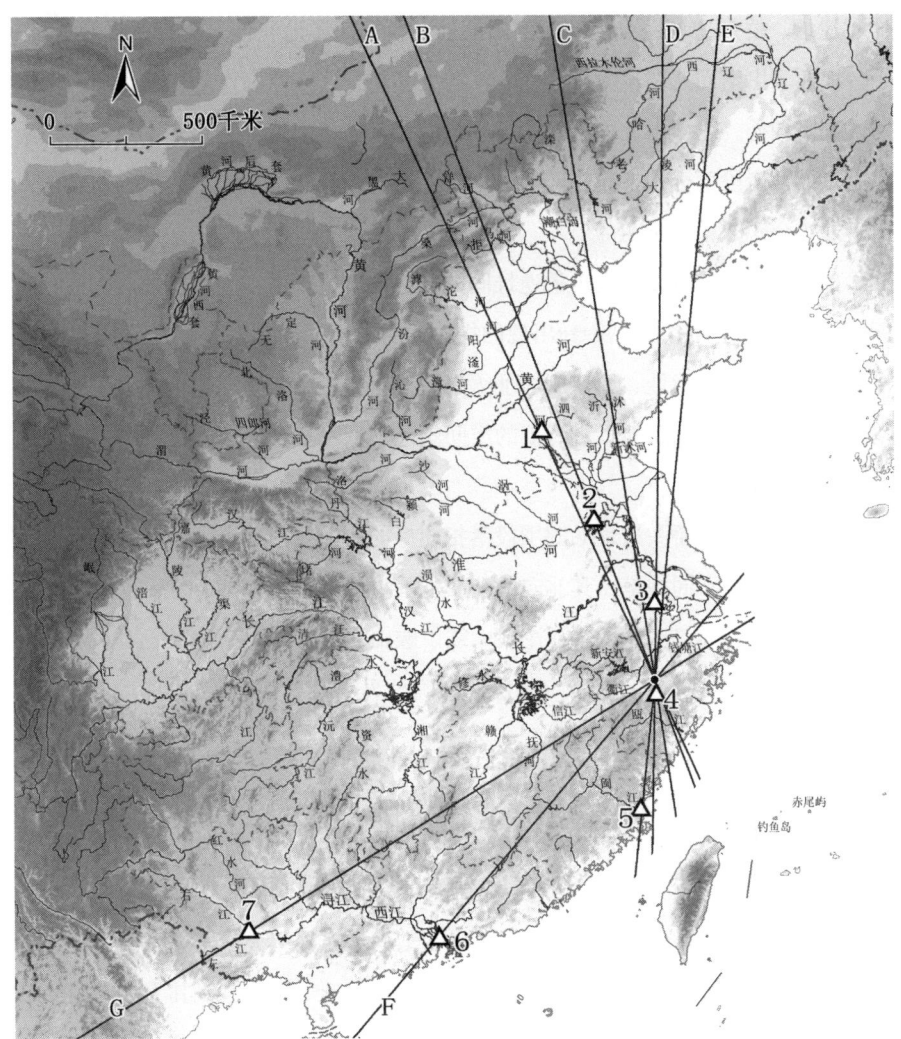

图2-2 桥头遗址圈围段落指向标的位置示意图

指向线编号：

西环壕由南而北归纳线：C、E、A、D；北环壕归纳线：G；东环壕由北而南归纳线：B、C；南环壕归纳线：F。

标的编号：

1. 泗河入今微山湖处；2. 今淮河入洪泽湖一区；3. 今太湖西缘与宜溧山地突出部相夹处；4. 湖西遗址；5. 闽江入海口；6. 珠江口起点区；7. 左、右江交汇点。

桶环遗址、桥头遗址、今饶河入鄱阳湖处、新安江源地和仙人洞与吊桶环遗址。小台地西壕由南而北两段分别指向瓯江源地和新安江入富春江处。北壕指向今饶河入鄱阳湖处。东壕由北而南两段分别指向北京周口店遗址和后套木嘎遗址。南壕由东而西诸段落分别指向左江与右江交汇点、今长江接鄱阳湖地区和新安江入山口处（今安徽歙县所在）。

虽然缺乏与在其以前出现的遗址间的充分比对，仅由皇朝墩遗址提供的指向标的的数量达到16个，其中新出现的指向标的为15个，以及这些新出现的指向标的中包括了跋山遗址、周口店遗址等来看，至少可以认为相较于桥头遗址，皇朝墩遗址在东亚大陆腹地上古时期的空间塑造和秩序整理上的地位更高，因而也具有更为重要的意义。

皇朝墩遗址与桥头遗址的圈围段落指向标的所涉及的地点，在区域上多有重叠，与桥头遗址不同的是，其北向的涉及范围更为广阔。特别值得一提的是，与后套木嘎遗址、周口店遗址、滹沱河一线、跋山遗址、鄱阳湖地区、洹水及江汉一线、珠江一线的关联，从特定的层面明确地显示距今9000年左右，一个涉及整个东亚大陆腹地核心区的空间互动区已经存在。

山东沂水跋山遗址群[9]为一处以跋山遗址为中心、涉及80余处地点的旧石器时代遗址群，其包含有距今10万年至距今1万年的多个时期的遗存。考古工作者发掘出文化遗物4万余件，包括石制品3万余件、动物骨骼1万余件，以及少量竹、木质有机物标本，还揭露出人类活动面和多处用火遗迹。跋山遗址下文化层清理出多具古菱齿象下颌、犀牛头骨，以及大型动物化石，其中一件用象门齿制作的大型铲形器十分罕见，很可能是中国现知最早的磨制骨器。基于古代文献和地理位置，也许可以认为跋山遗址与古代典籍记述的帝夋相关[10]。

在左、右江交汇处的上游，右江的百色盆地发现过空间分布秩序严整的旧石器时代遗存系统[11]。在左、右江交汇处（或邕江起点）下游不远，就有著名的距今1万年左右的以贝丘著名的广西南宁顶蛳山遗址。此外，西江一线珠江三角洲地区亦是一系列重要的贝丘遗址发现地。

仙人洞、吊桶环旧石器时代晚期遗址[12]位于江西万年大源乡的一处小盆地内，两者相距800米，仙人洞为一处位于山下的洞穴遗址，吊桶环位于山顶，为岩厦遗址。测定年代距今约 2 万年至 9000 年，遗址上的遗物为稻作农业的起源、陶器的发明提供了相关的考古学证据。

北京周口店遗址[13-14]位于桑干河出山口附近的大清河支流——大石河上。桑干河中上游地区，是旧石器时代遗址的多出地。居此位置，有条件扼控桑干河下游平原，且又能很好地回避桑干河上游顺河而下的冲击。周口店地区以龙骨山为中心的大约 4 平方千米的范围内，存在着诸多旧石器时代不同时段的文化遗址和遗物点。距今 70 万年前的周口店遗址第一地点为一天然石灰岩溶洞，其堆积层范围东西长 140 米、南北宽 2~20 米，厚度达到 40 多米，这里发现大量的石制品、丰富的用火遗迹和很多哺乳动物化石，以及多件十分珍贵的猿人化石。距今约 20 万~10 万年的新洞人遗址的遗存与第一地点的上部堆积相近。与距今 3 万~1 万年的山顶洞人相关的被称作周口店遗址第 26 地点的山顶洞，洞穴分为洞口、上室、下室和下窨 4 个部分，上室为人类的主要活动区，下室为墓地。山顶洞人仍然用打制石器，但它掌握磨光和钻孔技术，并将之用于装饰品的制作。骨针的存在表明了山顶洞人已经开始缝纫。在下室发现 3 具完整的人头骨和一些躯干骨，人骨周围散布有赤铁矿的粉末和随葬品，这些现象应该表明了祭祀活动的存在。在一个足够小的范围里的距今 70 万年至距今 1 万年左右的旧石器时代遗存的并置，在相当程度上暗示着某种文化延续性的存在。

涢水，又称府河，为重要的汉江支流。在 20 世纪 60 年代以前，循涢水南可进入长江，北可上溯随州环潭、安居。涢水是沟通豫南和鄂中北的重要通道，在江汉平原的防护上具有重要的价值，自古为兵家所关注。

滹沱河对沟通桑干河、汾河上游地区具有重要作用。忻定盆地位于滹沱河上游的空间稳定、生态条件较好的地区，在控制滹沱河流域上具有极为重要的战略价值。

公元前 6400 年前后，湖西设围基址不再存在，在金衢盆地只剩下皇朝墩一个设围基址。皇朝墩设围基址在时间上更具持续性，应该表明了其对于相关人群的特殊意义。

距今 8200 年左右，在燕山北麓教来河一线，出现了近距离相邻的以兴隆洼文化的内蒙古敖汉旗北城子遗址和兴隆洼遗址为主导的设围基址群。在淮河流域，则在裴李岗文化的河南新郑唐户遗址、顺山集文化的江苏泗洪顺山集遗址和韩井遗址上见到了环壕。

测量显示，北城子遗址和兴隆洼遗址之间的连线西向正与西辽河的重要支流今老哈河红山水库出口相值，并且兴隆洼遗址坐落在后套木嘎遗址与裴李岗文化的河南舞阳贾湖遗址连线上。这样的结果不仅表示兴隆洼遗址的坐落经过了十分周密的计算，而且凸显了燕山以北地区与中原地区间的互动与联系。

在裴李岗文化的遗址中，先于唐户设围基址存在的河南舞阳贾湖遗址最为著名[15]。贾湖遗址坐落在沙河与颍河交汇点附近的沙河以南，遗址上有大量的特殊文物出土，如龟甲、叉形器、骨笛、陶窑和稻谷遗存。龟甲和骨笛当是用于礼仪活动的乐器，它们的存在强调着贾湖遗址在礼仪活动中的特殊位置。

唐户遗址上编号为F46和F42的建筑基址规模可观[16]，且周围有较小建筑拱卫，所以它们应为遗址上的某种水平的主导设置。测量显示，这两座建筑均正朝向贾湖遗址所在，表明了其与贾湖遗址的承继关系。唐户遗址上残存的壕沟，其东南向正值钱塘江流域的上山文化湖西设围基址所在。如果画出唐户遗址与贾湖遗址之间的连线，可以看到，该连线的南向延长线正与桥头遗址南壕的西南向延长线在珠江口起点位置处交会。以上现象，应该表明了裴李岗文化与上山文化之间存在着某种承继关系（图2-3）。

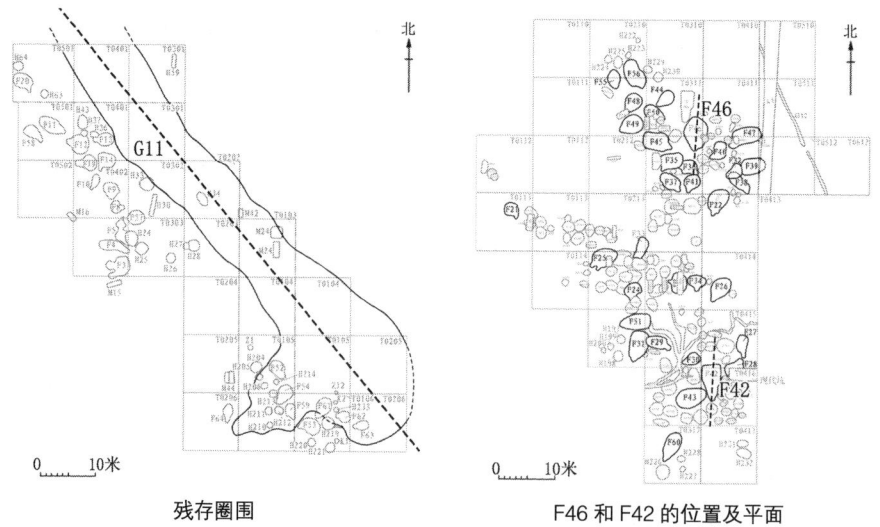

图2-3　唐户遗址F46、F42中轴及残存圈围段落归纳图

与唐户设围基址大致同时出现的顺山集文化的顺山集设围基址[17],坐落于今淮河入洪泽湖处和泗水入今洪泽湖处之间。测量显示,其残存的西壕由南而北诸壕段分别指向涡河入淮河处、上山文化桥头遗址、钱塘江出山口处、位于湘江支流潇水入山口处的湖南道县玉蟾岩洞穴遗址、后套木嘎遗址和淮水入海处。其北壕诸壕段由西而东分别指向唐户遗址、长江入海口处。其东壕残部由北而南诸壕段分别指向位于西拉木伦河出山口处的后来出现兴隆洼文化白音长汗设围基址的地段、玉蟾岩遗址、淮水入海处和跋山遗址。

湖南道县玉蟾岩遗址洞穴位于一座石灰岩山体的下部,洞口朝南。发掘区文化堆积层最厚处1.8米,年代距今14 000~18 000年。在发掘区内,发现了多种用火遗迹,常伴出烧过的动物骨骼。还出土有数百件打制石器、骨制铲形器、凿形器、角制铲形器以及磨制的蚌器。在文化堆积层中发现了水稻的植硅石和几处集中在一起的小陶片,陶片的年代距今15 430~18 300年,是世界上最早的陶容器[18]。

顺山集设围基址和皇朝墩设围基址通过圈围段落的指向把发现有稻作相关遗存的裴李岗文化、上山文化、玉蟾岩遗址和仙人洞与吊桶环遗址联系在一起。考虑到上述考古学文化或遗址出现时间的先后、相关遗址坐落地点以及上古时交通关联的便利水平,似乎认为存在着一条由岭南而向鄱阳湖地区及钱塘江流域,再至淮河上游的稻作文化传播路线没有太大的问题。

顺山集遗址的环壕建成后不久就被放弃。大致同时,在顺山集遗址以东不足5千米处出现了同为顺山集文化的韩井设围基址[19]。考古学文化相同和极短的间隔距离,表明了这两个遗址的主张者大致相同。韩井遗址上的圈围较顺山集遗址山的圈围要小,应该规格较低。很难想象在没有外部压力的情况下,相同的人群会主动地采取等级较低的祭祀场所,故而放弃顺山集设围基址而转用韩井遗址应该是外部压力所致。从当时东亚大陆腹地设围基址存在的状况看,压力应该来自裴李岗文化人群[20]。

韩井遗址的环壕留存相对完整。其西壕由南而北诸壕段分别指向西拉木伦河出山口处随后出现白音长汗设围基址所在、今赣江接鄱阳湖处、今乐安江入鄱阳湖处、玉蟾岩遗址。其北壕由西而东诸壕段分别指向唐户遗址、长江入海口。其东壕诸壕段由北而南分别指向泰山与济水相夹处随后出现的小荆山设围基址所在、乐安江入鄱阳湖处、涡河入淮河处和淮水入海处。其南壕诸段分别指向黄河与济水交汇区及泗河入今微山湖处（图2-4）。

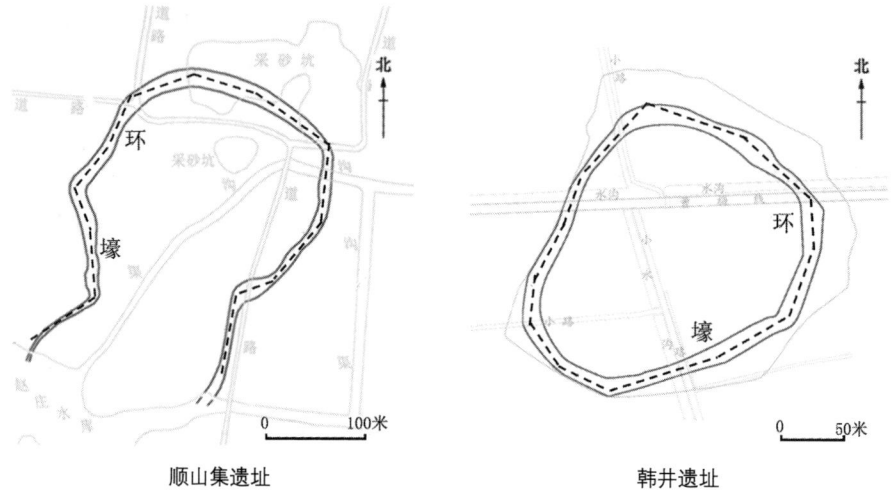

图 2-4　顺山集、韩井遗址圈围段落归纳图

总的来看，韩井遗址与顺山集遗址在人群构成上大体一致，不过与顺山集遗址相比，在长江一线，韩井遗址的圈围段落指向放弃了与钱塘江一线的关联，凸显了与鄱阳湖一区的关系。在环泰沂山系地区，韩井遗址不再与跋山遗址对应，而是建立了与泰山北部特殊地点的联系。可见，环壕基址的改动关联着一定水平的对应人群整理。

公元前6000年前后，韩井设围基址退出历史舞台；与韩井设围基址大致同时退出历史舞台的，还有上山文化的浙江衢州皇朝墩设围基址。与韩井设围基址和皇朝墩设围基址退出历史舞台大致同时，在泰山与济水相夹处出现了后李文化的山东济南小荆山设围基址[21]，这种变化，应该意味着空间争较格局的迁移。

小荆山遗址的圈围平面大体为一三角形，西部的壕沟明显宽于东部，显示出对西方压力的关注，很可能其与在其西边活动的裴李岗人为对抗关系。测量显示，小荆山遗址坐落在妫水入桑干河处与北京周口店遗址连线的东南向延长线、潮白河出山口处与顺山集遗址连线以及兴隆洼遗址与玉蟾岩遗址连线的交会点上。其西壕南段由南而北诸壕段分别指向北京周口店遗址（并延及妫水入桑干河处）和潮白河出山口处（及顺山集遗址）。其西壕北段的内、外缘不相平行，其外缘由南而北诸段分别指向今赣江入鄱阳湖一区和左、右江交汇处，其内缘由南而北诸段分别指向玉蟾岩遗址（及兴隆洼遗址）和周口店遗址。其北壕由西而东诸段落分别指向北洛河中游起点区、后来黄帝依之举行重大礼仪活动的丸山（位于今山东潍坊市）和周口店遗址。其东壕由北而南诸段分别指向兴隆洼遗址和颖河出山口一区（图2-5）。

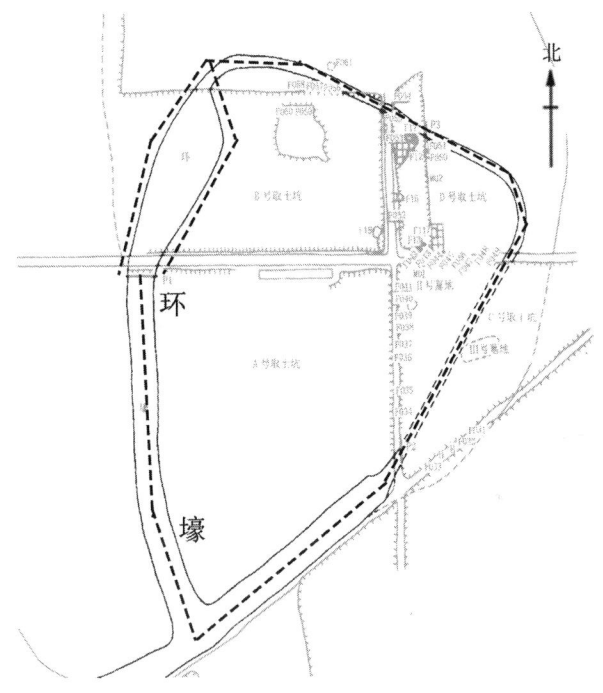

图2-5 小荆山遗址圈围段落归纳图

由环壕段落的指向看，后李文化人群是顺山集文化人群，环泰山地区东、北部人群，北京地区古族以及燕山以北南下人群结合的产物。

这里所谓的北京地区古族指的是空间渊源与北京地区大清河、永定河及潮白河相关的人群，其涉及周口店遗址、东胡林遗址和转年遗址。周口店遗址的情况已于前述。在妫水与桑干河交汇点以下不远处，有距今9000~11 000年的北京门头沟东胡林遗址。在东胡林遗址上见到的陶器和石器遗存显示着相关技术水平的提升和对野生植物类食物的深度开发，现知中国最早的竖穴墓以及多人二次葬和随葬品的存在显示着礼仪活动的发展。在潮白河上游的白河上，则有内涵与东胡林遗址相似的，距今约 1 万年的北京怀柔转年遗址[22]。小荆山遗址同时与周口店遗址、妫水入桑干河处和潮白河出山口关联，表明了与北京相关的大清河、永定河和潮白河关涉空间，在当时已经是一个多有分化且相互关联的整体。

在唐户遗址、兴隆洼遗址的设置上见到的将设围基址置于高等级神明之隩及设围基址间连线或延长线上的做法，显然是摆脱此类设置在安排上的"随意性"，使之切实地"置入"神圣空间系统的手段。而小荆山遗址坐落于三条高等级神明之隩及设围基址连线（或延长线）交点上的情况，则更凸显了古人力图使自己的设围基址得以神圣的努力。相应做法使得其主张者与既有的世界秩序深刻呼应，同时也逐渐地建设起一个与自然的神明之隩系统相互支持的、与人类建构需求更相匹配的新的系统。可以认为，相应做法的持续使用，会导致东亚大陆腹地的神圣空间架构由自然的地理要点主导向人工设置主导转移。

公元前 5500 年左右，属于兴隆洼文化的北城子及兴隆洼设围基址退出历史舞台。取而代之的是，在燕山南北出现了内蒙古林西白音长汗设围基址、辽宁阜新查海设围基址和河北迁西东寨设围基址。其中，白音长汗遗址[23-25]和查海遗址[26]提供了较为完整的建筑轴线和圈围段落材料（图 2-6）。

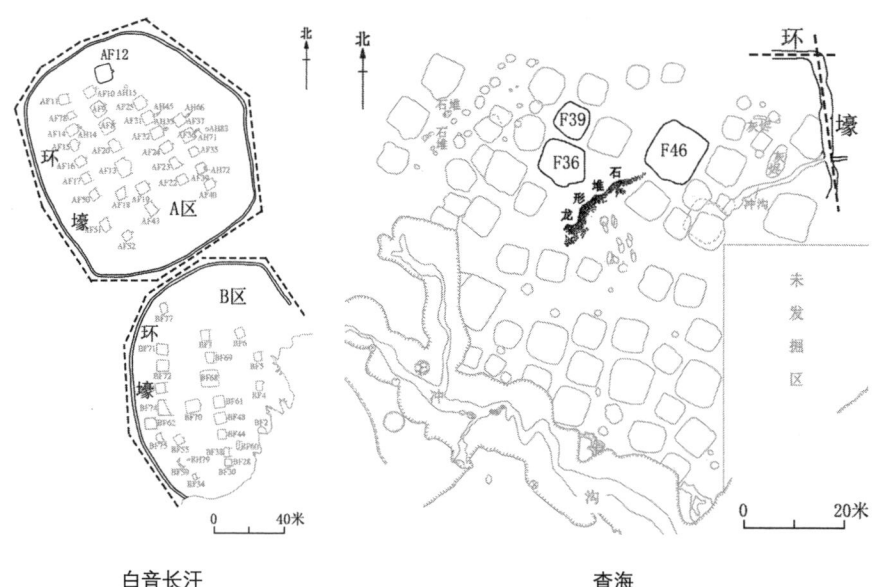

图 2-6　白音长汗、查海遗址主要建筑位置及圈围段落归纳图

放眼燕山南北，白音长汗遗址坐落在洛河终点区入山口处后世出现河南巩义稍柴遗址的地点与周口店遗址连线的延长线和兴隆洼遗址、北城子遗址、今老哈河红山水库出口处连线的延长线的交点位置。在小环境上，白音长汗遗址位于西拉木伦河出山口段的北侧、西拉木伦河与南北向冲沟交汇处西侧的小型台地上。具体的地形条件使得遗址上的建筑朝向设定有充分的自主性。这样，白音长汗遗址上建筑坐西南朝东北的布置就值得特别注意。白音长汗遗址包括 A、B 两个相距不足 8 米的设壕地段。位于北边的 A 区内有 29 座房屋，位于南边的 B 区内有 25 座房屋。从两个壕沟圈围的范围看，以现有密度，无论 A 区还是 B 区都可以单独地将这 50 多座房屋全数收罗进来。而现实中却出现了两个环壕地段，这样的安排应该表明这两个地段的功能有异。

白音长汗遗址 A 区的建筑基址 AF12，不仅在遗址上面积最大，而且单独成行。考虑到圈围设置的目的，笔者认为 AF12 为主导性的与明堂相关的设置应无问题。测量表明，AF12 建筑门向偏角为 65 度[27]，其延长线正对现知的东亚大陆腹地最早的设壕地段吉林大安后套木嘎遗址。A 区其他门向清楚的房址的门向偏角在 56 度到 83 度之间，其延长线大体分列于后套木嘎遗址坐落地点左右两边，这就进一步强调了其与后套木嘎遗址的关联。因为门向意味着朝拜与接纳，就此可以认为，白音长汗遗址上的建筑安排目的在于迎纳古远的与后套木嘎遗址相关的神明，使自己成为新的、包括了与后套木嘎遗址相关神明的、更具综合性的祭祀重地；在祭祀活动十分重要的上古，这样的安排应该意味着白音长汗设围基址主张者中的最重要部分当以后套木嘎遗址为其空间根据。

将白音长汗遗址上的环壕进行适当的段落归纳，可以看到，遗址 A 区的西壕诸段由南而北分别指向老哈河上游出山口、大凌河源地。北壕诸段由西而东分别指向周口店遗址（延及稍柴遗址）、桑干河重要支流洋河入山口处和兴隆遗址。其东壕诸段由北而南分别指向今老哈河红山水库出口（以及北城子及兴隆洼遗址）、老哈河源地。南壕诸段由东而西分别指向洋河入山口处和西辽河干流一线。这样的圈围段落指向系统，提示着虽然关涉地域广阔，但其主张者中的大部分应该来自周边地区。

按照圈围的设置方式及具体的地形条件，可推断 A 区的入口在东壕的南段上。这样，由该出口接近 AF12，正好与指向北城子遗址、兴隆洼遗址、今老哈河红山水库出口的东壕北段和指向兴隆遗址的北壕东段发生关系，诉诸具体的环境感受，相应的设置应该意味着北城子遗址和兴隆遗址对于相关人群的特殊意义。

白音长汗遗址 B 区上的建筑门向与 A 区的门向明确不同，其主要与西辽河干流上的诸要点发生关系。B 区的圈围只剩下北半部分。测量显示，其西壕诸段分别指向老哈河上游出山口、老哈河源地。北壕诸段由西而东分别指向今滱阳河与滹沱河交汇处、洋河入山口和西辽河干流。其东壕残段指向老哈河上游出山口。虽然不完整，但似乎仍然可以看出这是一个更具地方性的设置。它与 A 区一道，共同构成了针对兴隆洼文化覆盖区的中心单元。

出现时间稍早于白音长汗设围基址的兴隆洼文化查海遗址正好坐落在后套木嘎遗址与跋山遗址间的连线上。遗址上的建筑遗存的南面多有一向外凸出的半圆，似可推测其与门道相关。按此测量，可见，与遗址上环壕同期面积最大且基址上发现大型铲形器的 F46 门向角为 225 度，正好对着贾湖遗址。而基址上见有"蛇衔蛙"装饰之筒形罐的 F39 门向角为 215 度，正好与玉蟾岩遗址所在相值。在 F46 前方的龙形堆石，其走势的归纳线正指稍柴遗址所在。在龙形堆石右后方，面积可观的 F36，门向则为今淮河入洪泽湖处。查海遗址东北角见有两段壕沟，北壕指向下游出现东寨遗址的滦河入山口处，东壕指向下游有后套木嘎遗址出现的洮儿河源地。此外，遗址上的 F8、F11、F27、F45 和 F55 诸房址的背向角为 22 度，相应的轴线北指后套木嘎遗址，南指跋山遗址。

已有的研究主张，查海遗址是白音长汗遗址主导的设围基址群的从属单位[28]。以上叙述表明了它们都与后套木嘎遗址及后世的稍柴设围基址相关，从而部分支持相关判断。值得进一步注意的是，白音长汗遗址更为关注与燕山周边地区要点的关联，查海遗址则在某种程度上凸显其与中原地区要点甚至岭南地区要点间的关系。

从声音上看，"华"即"娲"，"夏"即"羲"。基于遗址上特殊文物的出土和一东一西的区位关系，可以认为裕民文化及兴隆遗址与女娲一系对应，兴隆洼文化及查海遗址为伏羲一系所主张[29]。考虑到白音长汗遗址位于裕民文化区和兴隆洼文化区交互地带的位置，以及白音长汗设围基址在考古学上被辨识为兴隆洼文化遗存，应该可以认为白音长汗设围基址是伏羲一系主张的招引与后套木嘎遗址相关的古老族群实现"华""夏"结盟的神圣地点，而先于白音长汗设围基址存在的查海设围基址，则是当时的伏羲一系的核心祭地。

女娲即燧人氏，伏羲也称太昊、庖牺。《帝王世纪》说："太昊帝庖牺氏，风姓也，母曰华胥。燧人之世，有大人之迹出于雷泽之中，华胥履之，生庖牺于成纪。蛇身人首，有圣德，都陈。"[30] 可见，伏羲之母华胥本为女娲之从属，这一点可以兴隆洼文化晚出为据。雷泽，在今山东菏泽与河南濮阳之间。陈，即位于颍河上的河南淮阳。这样，查海遗址与跋山遗址及贾湖遗址的关联，似可作为认定其为伏羲一系所有的证据。由此还可推测同样与贾湖遗址相关并早于查海遗址出现的兴隆洼文化早期的兴隆洼设围基址，同样属于伏羲一系。

与中原地区相比，西辽河流域及欧亚草原南缘，并不是一个特别适合人类生活的场所。在这样的情况下，伴随着气候条件的波动，以之为根据的人群向更加适合生存的地方迁移，即南下殖民或是一种惯常的选择。考虑顺山集文化、后李文化设围基址所呈现的空间渊源归属表达，可以认为，这些遗址的出现与后套木嘎、兴隆等遗址相关的人群持续地南下相关。正是在不断地交互过程中，人们反复地确认郑洛一线即古人认定的"中国"在东亚大陆腹地整体空间控制上的特殊价值，一旦实力足够，进驻"中国"以图更大的发展就是自然之举[31]。

正是裕民—兴隆洼文化联合体的南下，导致了仰韶文化的出现。从考古学上看，女娲与伏羲自欧亚草原边缘及西辽河流域起步，强势地进入郑洛一线，依托"中国"的地理优势，通过各个层面的积极经营，壮大实力、有效发展，最终使之在中国历史上的主导地位不可移易[32]。

公元前5000年前后，在中原腹地出现了初期仰韶文化的山西翼城枣园、山西垣曲古城东关以及河南新安荒坡等设围基址。枣园和古城东关遗址虽未能提供可以使用的朝向材料，但测量表明，枣园正好坐落在湖西遗址和唐户遗址连线的延长线及白音长汗遗址与㛥水入桑干河处连线之延长线的交点之上，而古城东关遗址则正好坐落在岱海地区联通桑干河流域的出口和丹江入汉江处间的连线与小荆山遗址和渭河入黄河处间的连线的交点之上。这样的坐落方式，可以作为判定与这两个遗址相关的主导人群为在欧亚草原边缘活动的人群与在中原地区活动的人群结合的产物的依据。

在上列的初期仰韶文化的设围基址中，后出的荒坡遗址[33-34]正好坐落在汾河入黄河处与古城东关遗址间的连线的延长线上。在荒坡遗址上见有壕沟G1，其可以归纳为东西两段，西段指向无定河入黄河处，东段指向古城东关遗址并延及汾河汇入黄河处。这样的坐落与圈围段落的指向显示了荒坡遗址的主张者与枣园遗址及古城东关遗址的主张者有着十分确切的关系（图2-7）。

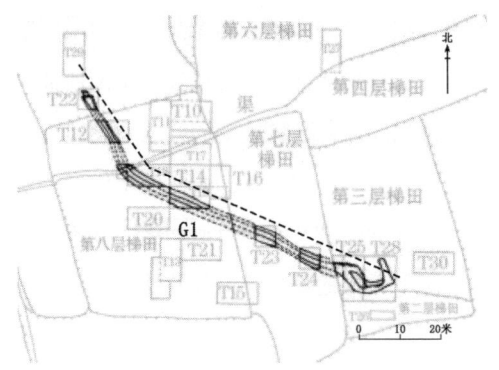

图 2-7　荒坡遗址 G1 段落归纳图

岱海，又称盐泽。盐是古时的重要资源，据此，西南可联络黄河中游起点区，东南则可进入桑干河一线，特殊的条件支持其成为特殊的空间标识地。

汾河与黄河交汇点附近有旧石器时代晚期的、具有较多遗存的陕西韩城禹门口遗址存在。这应该是相应地点持续地为在东亚大陆腹地活动人群所重视的部分原因。

与枣园、古城东关诸设围基址的出现大致同时，甚至可以视为对上述设围基址出现的某种反应，在汉江与桐柏—大别山脉西南的大洪山的相夹处，出现了属于边畈文化湖北钟祥边畈设围基址；在澧阳平原，出现了汤家岗文化湖南安乡汤家岗和湖南澧县城头山设围基址。可惜这些设围基址都没有确切的营造物朝向材料，无法对其展开进一步的讨论。

仰韶文化早期与炎帝时代对应[35]。《伏羲庙残碑》云："东迁少典……以奉伏羲之祀。"王献唐说："少典奉祀伏羲，知为伏羲族裔。"《国语·晋语》说："昔少典取于有蟜氏,生黄帝、炎帝。"[36-37] 可见,炎、黄均属伏羲一系。

仰韶文化早期的半坡期,公元前 4500 前后,在黄河中下游地区出现了由内蒙古清水河岔河口、陕西旬邑崔家河西村、陕西铜川瓦窑沟、陕西西安姜寨、陕西西安半坡、陕西商洛紫荆、山西垣曲古城东关、河南濮阳西水坡和河南淅川沟湾等设围基址构成的与炎帝相应的庞大设围基址群。有可以利用的朝向信息的只有半坡[38-40]、姜寨[41-42]和沟湾[43]三个遗址(图 2-8)。

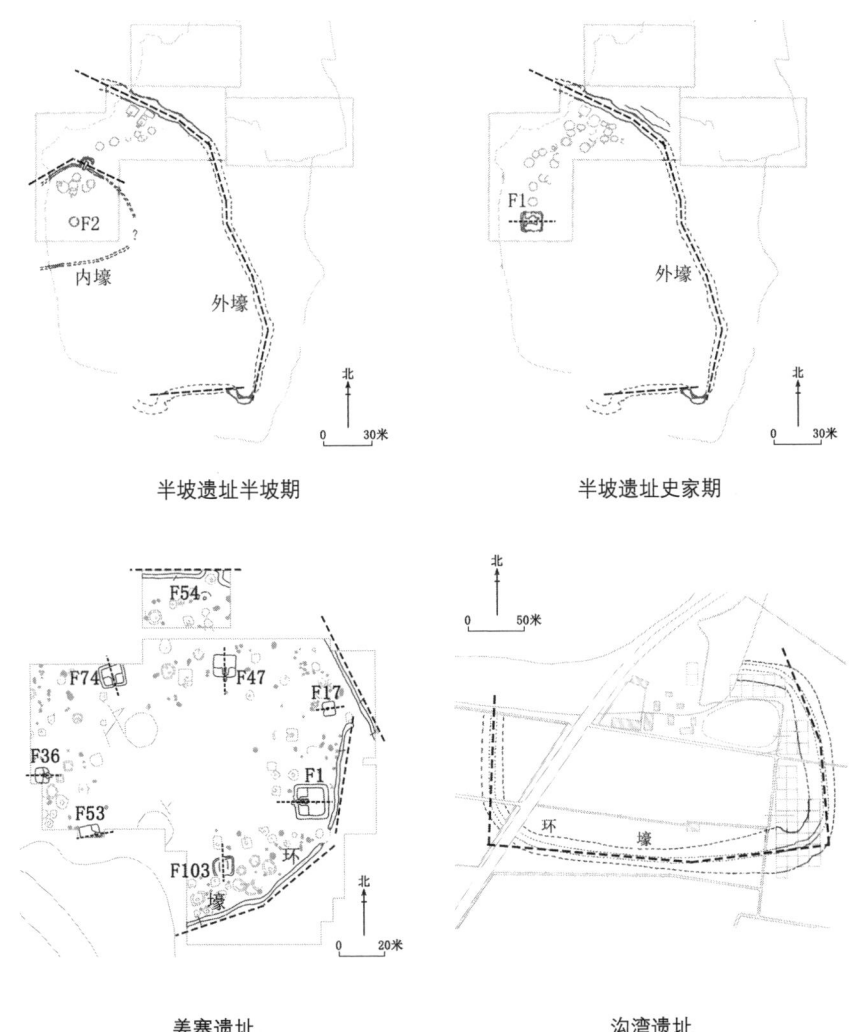

图 2-8 半坡、姜寨、沟湾遗址主要建筑中轴及圈围段落归纳图

着眼于设围基址的分布状态和关涉神明之隩的重要性，可以认为，位于关中平原中部，泾河汇入渭河处的近距离相邻的半坡遗址与姜寨遗址组合应该是相应设围基址系统的中心单元[44]。

测量显示，半坡遗址与姜寨遗址的连线，东北向正与查海遗址相值。这一关联显示着炎帝与伏羲的关系。

姜寨遗址的环壕以内，围绕着中心广场，为一系列与不同人群对应的建筑组团，组团中的"大房子"均面对广场布置。这样安排使得广场的轮廓相对清晰，但仔细观察，即可看出这些大房子的入口并不正对着广场中心，即其朝向安排并不是简单地以限定广场的轮廓为目的。测量这些大房子中轴和残留环壕段落的指向，可以看到，现存北壕残段东指发源于沂山的沭河上的新沭河起点处，现存东南壕由北而南诸壕段分别指向峡江口处沮漳河汇入长江处、汉江上今陕西省安康市所在地、汾河入黄河处、汉江源地。遗址上体量最大的"大房子"F1坐向新沭河起点处。其余"大房子"，当为F1从属的F17坐向跋山遗址；F47坐向无定河入山口；F74坐向无定河源地；F36坐向嘉陵江源地；F53坐向汉江源地；F103坐向安康盆地终点。

半坡遗址上残存的内壕北壕，其西段指向枣园设围基址，其东段指向淮河出山口。半坡遗址上残留的外壕圈围部分，其南壕东指鲁东南旧石器时代遗址多出地五莲山与大海相夹区；其东壕由南而北诸壕段分别指向北洛河出山口、北洛河源地、长江出山口的清江与长江交汇点、安康盆地终点、北洛河源地、位于华山之阳的丹江入汉江处、淮河出山口处。此外，半坡遗址后出的编号为F1的大房子，其朝向为唐户设围基址。

半坡遗址上的建筑和残存的圈围段落指向构成与姜寨遗址提供的设置指向构成基本应合，并且在一定程度上相互补充，具体地显示了二者间的协同关系。

以下两点似乎有必要在此说明。一、在泰沂山系东南，发源于沂山的沭河与沂河并行而下。在浔河入沭河口以下，有一段沟壑纵横、勾连沂沭两河的地段，该地段以向东分流的新沭河为终点。在这一地点以上，复杂的沟壑为其提供防卫的依托；在这一地点以下，则是大面积的平坦地区。因此，新沭河起点处在空间控制上具有特殊价值，成为一定地区的标志性地点自有其道理。二、汉江沿线，尤其是其上游下段与丹江交汇之处是旧石器时代遗存的多出地。安康盆地的关键地点——今安康市，位于黄洋河入汉江处，由此溯流而上登秦岭可凭子午道俯瞰泾河与渭河交点区，由安康登巴山则可俯瞰四川盆地。故而将与其相关的人群纳入控制对于将中心置于关中中部的群体具有十分特殊的意义。

虽然资料不完全，但姜寨遗址和半坡遗址上现存的建筑与圈围段落所提供指向标的，有四点值得特别注意。一是与晋西南、陕北的关联，这是其植根于地方的表达。二是与嘉陵江及汉江一线的关联，显示了其对四川盆地的关切。三是与峡江出口区和华山之阳一线的关联，显示了对江汉平原的重视。四是与环泰山地区诸要点的关联，显示出该地区对于炎帝一族形成的特别意义。

《史记正义》引《帝王世纪》云："（炎帝）神农氏，姜姓也。母曰任姒，有蟜氏女，登为少典妃。游华阳，有神龙首，感生炎帝。人身牛首，长于江水。……初都陈，又徙鲁。"[45]考证表明，姜水为渭水支流。这样的记述，显然与半坡遗址和姜寨遗址的坐落及圈围段落和建筑轴线指向标的有着充分的对应关系。

《山海经·大荒南经》曰："羲和者，帝俊之妻，生十日。"[46]由《尚书·尧典》，羲、和是两个不同的族群。"羲"即"夏"，与伏羲相关。"和"即"华"，与女娲相关。据《山海经》所云并参考北辛文化设围基址的存在，应可认为，在前仰韶时代的末段，与跋山遗址相关的帝俊一族与南下的伏羲、女娲系统结合。而这应该在相当程度上可以作为炎帝一系曾经在"鲁"地活动的依据。

沟湾设围基址坐落在丹江出山口处，正处在兴隆遗址与荒坡遗址连线的延长线上。沟湾遗址上存有原有环壕的南半。测量显示，其西环壕北指岔河口遗址，南指玉蟾岩遗址；东壕由北而南两段分别指向白河入汉水处和沮漳河入长江处；南壕西段指向汉中盆地终点区，南壕东段指向安康所在。考虑到其为中心在关中的势力压制江汉平原的重镇，或可认为，沟湾遗址的坐落和残存的圈围段落指向呈现的是依托黄河中游地区及汉江上游人群，积极吸收南方势力的组织格局。

汉中盆地的中心汉中市，植根于古南郑。联络关中及四川盆地的陈仓道、褒斜道和米仓道，在南郑交会，使其成为北连宝鸡峡出口、南入四川盆地、东向压制华阳地区的要点。历史上，周穆王曾在南郑"筑祇宫"，在祇宫大会诸侯，并最终死于祇宫，十分具体地凸显了汉中在区域空间控制上的意义。

公元前4500年前后，在西辽河平原出现了红山文化的内蒙古赤峰魏家窝铺[47]和辽宁建平马鞍桥山两个设围基址[48]，这两个遗址文化相同且相距仅45千米，据之可以设想它们之间为协同关系。

魏家窝铺遗址上存有部分南环壕和东环壕。残存的南环壕指向细河入大凌河处。残存的东环壕由北而南诸壕段分别指向西拉木伦河出山口、滦河入海口和老哈河源地。马鞍桥山遗址的西环壕诸壕段由南而北分别指向查干木伦河入西拉木伦河处、老哈河上游出山口和滦河出山口。北环壕诸段落由西而东分别指向兴隆洼遗址、大凌河出山口和西拉木伦河入山口。东环壕由北而南诸壕段分别指向查干木伦河入西拉木伦河处、滦河入海口、老哈河源地。南环壕指向细河入大凌河处。与前此在这一地区出现的设围基址多与中原关联不同，魏家窝铺和马鞍桥山设围基址的主张者似乎强调本地性，在一定水平上与中原势力"割席"（图2-9）。

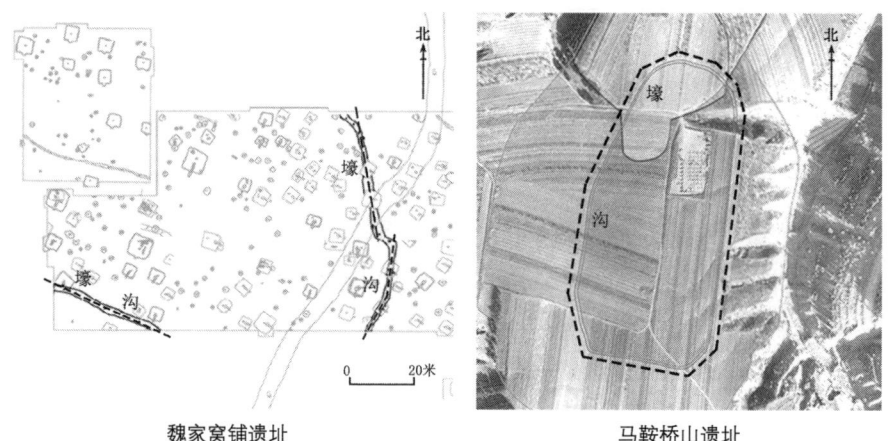

魏家窝铺遗址　　　　　　　　马鞍桥山遗址

图2-9　魏家窝铺、马鞍桥山遗址圈围段落归纳图

在公元前4100年前后，在仰韶文化的内蒙古清水河岔河口遗址的左右分别出现了内蒙古凉城石虎山Ⅰ和内蒙古准格尔旗阳湾两个设围基址。其中石虎山Ⅰ遗址有可供指向分析的圈围材料[49]。

石虎山Ⅰ遗址坐落在岱海南岸的沟通大同盆地与河套前套地区的峡谷口处，并正与丹江入汉江处与古城东关遗址连线的北向延长线相值。其西环壕残段指向战略要地今山西大同市一区，北环壕由西而东诸壕段分别指向西河上的后世长城豁口处、岔河口遗址、托克托河口、洋河入桑干河处，东环壕诸段由北而南分别指向大黑河出山口、忻定盆地终点区，南环壕指向兴隆洼遗址。虽然其在坐落上提示了与中原地区的关联，但圈围段落似乎显示其为本地性突出的设置（图2-10）。

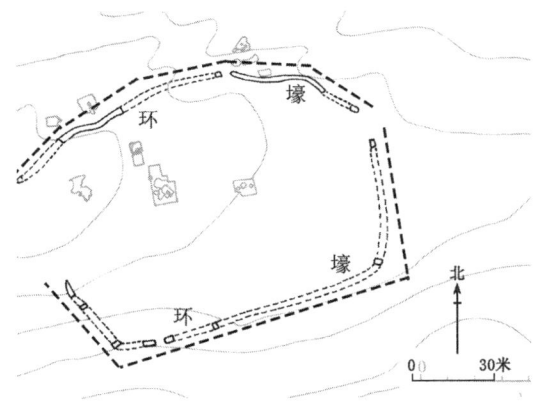

图2-10　石虎山Ⅰ遗址圈围段落归纳图

大黑河是由东北而西南穿过黄河河套前套的河流，是黄河前套地区的关键性水利支撑。黄河前套位于黄河上、中游转折处的在空间上相对稳定的具有较好生态条件的地点，在欧亚草原和东亚大陆腹地的沟通和界分上扮演着重要角色。大黑河入黄河处称作托克托河口。在大黑河出山口的河道转折，存有内蒙古呼和浩特乃莫板村和大窑村两个有着丰富旧石器时代晚期遗存的地点。

把石虎山Ⅰ遗址与魏家窝铺遗址、马鞍桥山遗址连起来看，突出的地方性似乎意味着与仰韶文化早期人群为博弈关系的在欧亚草原边缘地带活动的人群的整体崛起。正因如此，石虎山Ⅰ设围基址的出现给中心位于关中的仰韶文化人群造成了压力。与石虎山Ⅰ遗址的出现呼应，在关中以北先后出现了甘肃秦安大地湾和陕西合阳吴家营两个设围基址，指示着人们向北方聚集，以强化对于与石虎山Ⅰ遗址对应人群的防御。同时，姜寨设围基址退出了历史舞台。在半坡遗址以西18千米处出现了应为新的公共祭祀中心的陕西西安鱼化寨设围基址，与半坡遗址组合构成了新的中心单位。此时，在半坡遗址上，取代原有的位于中心部分的大房子，设置了规模突出的编号为F1的新的中心单位。半坡F1的设置极大地改变了遗址的空间格局，半坡遗址空间格局的改变和其与公共祭祀中心关系的调整，暗示了权力的集中，这通常是面对强大外部挑战时所必有的措施[50-51]（图 2-11）。

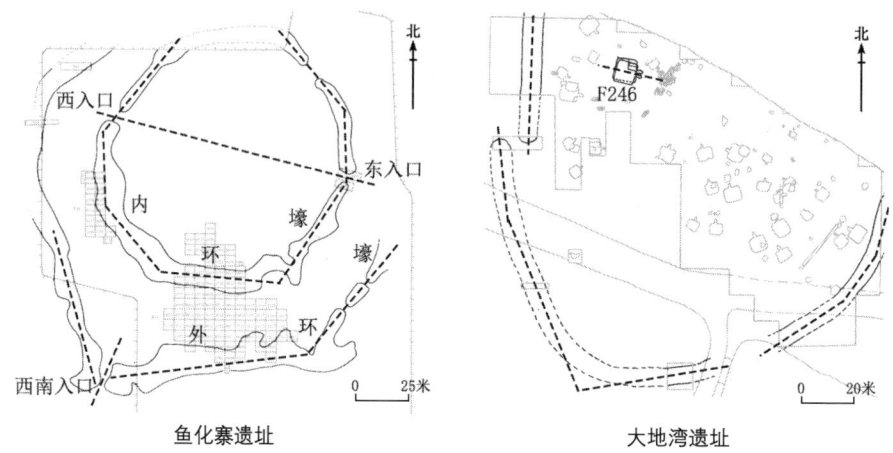

图 2-11　鱼化寨、大地湾遗址圈围段落归纳图及主导建筑轴线图

鱼化寨遗址[52-53]与姜寨遗址不同，其拥有两道环壕，祭祀等级和营造投入的提升往往提示着权力的集中。鱼化寨遗址现有的内环壕大体完整，外环壕只余西南部分。其内环壕的西壕由南而北诸壕段分别指向汉水出山口处的堵河入汉江处、安康盆地东端、汾河出山口处剧烈折点。内环壕的北壕状况不清。内环壕的东壕诸段由北而南分别指向堵河入汉江处、安康盆地东端、汉中盆地终点。内环壕的南壕指向嘉陵江源地。外环壕西壕残段西北指向北洛河源地。外环壕东壕残段指向汾河出山口处河道剧烈折点。外环壕南壕指向洛河入黄河处。外环壕西南角处的入口方向大体对着岔河口遗址，内环壕东、西入口连线则与贾湖遗址相值。鱼化寨遗址与半坡遗址的连线则指向汉江源地。与姜寨遗址相比，鱼化寨遗址在设置上一定水平地强调与汉江一线的关系，这或许是北部人口遭受损失，由南方调入人口支持系统存在的表示。

石虎山 I 遗址和鱼化寨遗址同时与岔河口设围基址关联，应该意味着相应地点成为了空间争夺的焦点。岔河口设围基址[54-55]出现于公元前 4500 年前后，到公元前 2800 年前后才退出历史舞台，其间，周边形势经历了大尺度的变化，而岔河口设围基址却屹立不倒。之所以如此，当和其供奉的对象被先后据有此地的人群共同尊敬有关系。

仰韶文化史家期大地湾遗址[56]环壕内的最大房址F246的门向大体与泾渭交汇点相值。其保留下来的西壕诸段由南而北分别指向南郑、嘉陵江上游要点和黄河西套起点区。其东南壕诸段由北而南分别指向黄河后套中点、北洛河源地、忻定盆地起点区和小荆山遗址。黄河河套地区要点在大地湾遗址圈围段落指向标的中出现，在一定水平上意味着炎帝一系需要在所有的可能范围里发掘人力。

公元前3900年前后，石虎山Ⅰ设围基址消失了，大约与之同时，以关中为中心的仰韶文化设围基址群解体。参考史籍记述，应可认为，石虎山Ⅰ设围基址消失，是炎、黄二帝联手应对蚩尤一系成功的结果。以关中为中心的仰韶文化设围基址群解体则意味着炎帝时代的结束；历史随之进入了一个炎、黄二帝对峙的新的时期[57]。与之对应的是，在潼关上下，出现了一东一西两个设围基址群的并立[58]。

潼关以上，属于炎帝主张的仰韶文化早期设围遗址群的分布区，故而相应的设围基址群当为炎帝所有。此时，沿着渭河主道由西而东分布着陕西扶风案板、西安杨官寨和渭南北刘三个设围基址。在这三个遗址中，只有遗址规模最大的杨官寨遗址具有相关材料[59]。

杨官寨设围基址坐落在泾河入渭河处这个特殊的要点上，因而其应为中心设置。测量显示，杨官寨的西壕由南而北诸壕段分别指向珠江口起点区、丹江入汉江处、岔河口遗址、托克托河口、兴隆遗址。北壕由西而东诸壕段分别指向古城东关、后出之尧王城遗址所在、新沭河起点处。东壕由北而南诸壕段分别指向堵河入汉江处和珠江口起点区。南壕由东而西诸壕段分别指向尧王城遗址所在和宝鸡峡出口。与早期仰韶文化出现在关中一线的设围基址相比，其在指向结构上大体一致，只是缺少与淮河上游要地的联系，因为相应地区为黄帝故里，与之相关的人群在一定程度上被忽视甚至被排挤合乎情理（图2-12）。

黄帝故里或轩辕之丘在今河南新郑，故而可以认为在潼关以下主要在函谷关周边出现的设围基址群为黄帝所有。这个设围基址群包括河南灵宝北阳平、河南灵宝西坡、河南灵宝五帝、河南渑池仰韶村、河南三门峡窑头－人马寨、河南三门峡庙底沟、河南三门峡三里桥和河南新郑古城村诸遗址。其中，北阳平[60]、

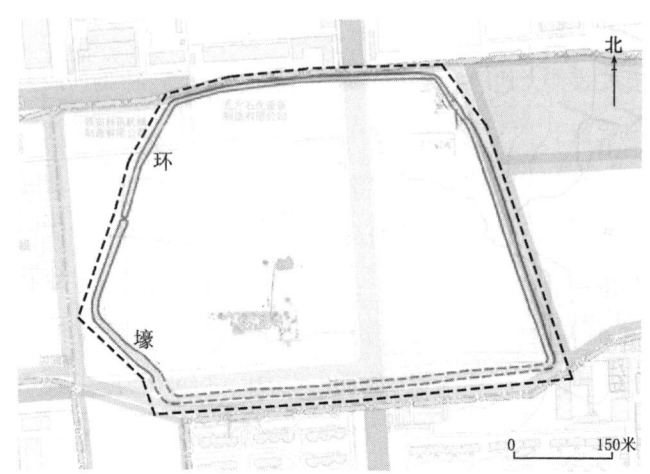

图 2-12 杨官寨遗址圈围段落归纳图

西坡[61]、五帝[62]、仰韶村[63]、窑头－人马寨[64]诸遗址提供了部分的相关信息。

五帝遗址上留存的部分壕沟由西而东分别指向钱塘江出山口、今淮河入洪泽湖处、泗河入今微山湖处。仰韶村留存的南壕指向贾湖遗址。北阳平留存的壕沟指向沙河与颍河汇流区。窑头－人马寨遗址上存留之壕沟由西而东诸壕段分别指向白河入汉江处、汉江入长江处、五帝遗址、泗水接今洪泽湖处、小荆山遗址、汾河出山口剧烈折点。虽然仅为残存信息，但似可看出，其空间指示范围与此前在这一地区出现的设围基址提供的指向标的系统有承继关系（图 2-13）。

在西坡遗址上发掘到的编号为 F105 的大房子，其外廊边缘及室墙轮廓均与规则矩形无关，且外廊边缘与相邻之室墙均不平行。这样的安排显示出利用建筑基槽进行更为复杂的空间渊源表达企图。测量显示，其西廊外缘指向洛河源地，北廊外缘指向四郎河入泾河处，东廊外缘指向忻定盆地终点，南廊外缘与贾湖遗址相关。其内室西墙指向堵河源地，内室北墙与贾湖遗址相关，内室东墙北、南两段分别指向汾河源地和沁河源地，内室南墙指向太湖与天目山脉相夹处。F105 的坐向大体为四郎河入泾河处。虽然 F105 只是西坡遗址上大房子中的一个，且遗址上的圈围状态不明，但仅就上列信息，仍然可以看出遗址的主张者涉及的空间范围足够广泛，显示出黄帝一系此时不凡的号召力（图 2-14）。

江汉平原及洞庭湖区一直都是东亚大陆腹地重要的空间博弈场所。公元前 6000 年前后，在澧阳平原就有彭头山文化后期的湖南澧县八十垱设围基址出现。

第二章 前五帝时代：覆盖东亚大陆腹地核心区的空间互动圈 | 037

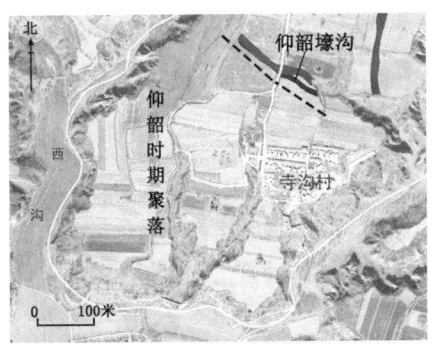

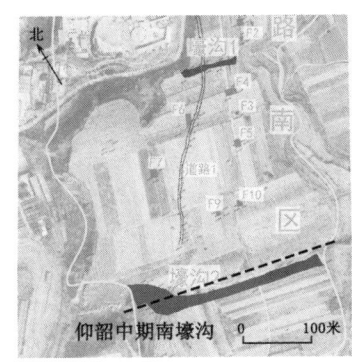

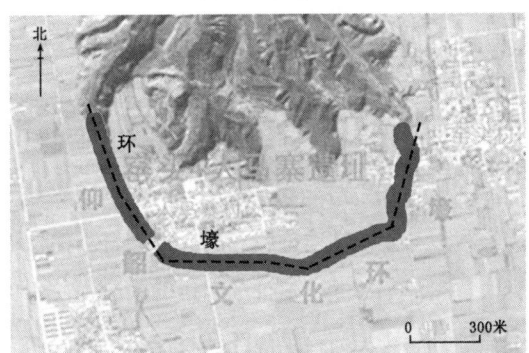

图 2-13 五帝、北阳平、仰韶村、窑头 – 人马寨等遗址现存圈围段落归纳图

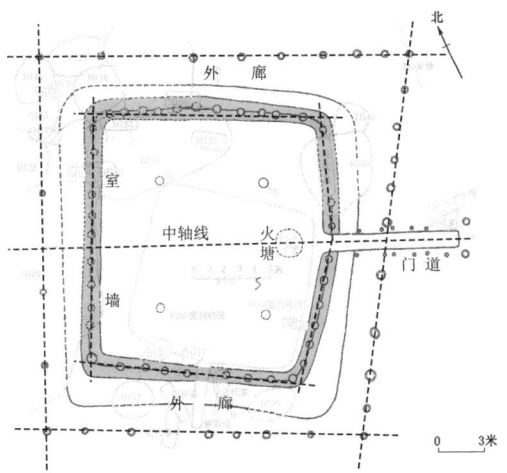

图 2-14 西坡遗址 F105 建筑要素指向归纳图

在八十垱遗址上，见有东亚大陆腹地最早的土围。在彭头山文化的彭头山遗址和八十垱遗址上，见有距今8000年或更早的水稻生产遗存。八十垱设围基址消失后，在公元前5500年前后，在澧阳平原又出现了属于皂市下层文化的湖南临澧胡家屋场设围基址。公元前5000年前后，胡家屋场设围基址退出。接着，在澧阳平原出现了汤家岗文化的湖南澧县城头山和湖南安乡汤家岗设围基址。与上大致同时，在澧阳平原以北，汉江与大洪山的相夹处，出现有边畈文化的湖北钟祥边畈设围基址。随着汤家岗设围基址和边畈设围基址先后退出历史舞台，到了公元前3900年前后，这里只剩下城头山设围基址。

公元前3600年前后，江汉平原及洞庭湖区的设围基址数量快速增加，形成了湖北天门龙嘴、湖北荆州阴湘城、湖南澧县城头山和湖北石首走马岭等设围基址构成的群体。在上列遗址中，龙嘴遗址有朝向材料[65]。

龙嘴遗址坐落在汉江由南北而东西转折处的汉江以北、大洪山南麓，其相关人群可以与阴湘城遗址的相关人群配合，扼控沿汉江由北而南进入江汉平原的要冲。测量显示，龙嘴遗址的西垣北指汉江出山口。北垣诸段由西而东分别指向玉蟾岩遗址、今淮河接洪泽处和长江接鄱阳湖处。其东垣指向发源于河南嵩县的白河源地。其南垣指向阴湘城遗址。总的看来，其主张者主要来自于长江和淮河流域（图2-15）。

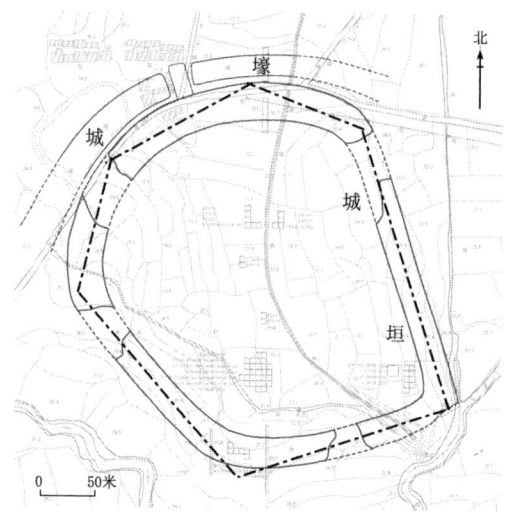

图 2-15　龙嘴遗址圈围段落归纳图

值得一提的是，此时出现的阴湘城设围基址虽然没有朝向材料，但因其坐落在顶蛳山遗址和胡家屋场遗址的连线的延长线上，表明了其与岭南的特殊联系。这种联系使其与和玉蟾岩有关的龙嘴遗址有了进一步的关联，有助于认可二者之间的协同关系。

注释

[1] 吉林大学边疆考古研究中心、吉林省文物考古研究所：《吉林大安市后套木嘎遗址 AⅢ区发掘简报》，《考古》2016 年第 9 期。

[2] 王鲁民：《塑造中国：东亚大陆腹地早期聚落组织与空间架构》，大象出版社，2023，第 5-7 页。

[3] 张文瑞：《内蒙古高原南缘新石器时代中期文化遗存初步认识》，《北方文物》2023 年第 1 期。

[4] 内蒙古自治区文物考古研究所、乌兰察布市博物馆、化德县文物管理所：《内蒙古化德县裕民遗址发掘简报》，《考古》2021 年第 1 期。

[5] 中国国家博物馆、河北省文物考古研究院、张家口市文物考古研究所等：《河北康保县兴隆遗址 2018~2019 年发掘简报》，《考古》2021 年第 1 期。

[6] 王鲁民：《塑造中国：东亚大陆腹地早期聚落组织与空间架构》，第 65 页。

[7] 蒋乐平：《新时代浙江考古重大成果巡礼：义乌桥头遗址》，《中国文物报》2022 年 8 月 12 日。

[8] 浙江省文物考古研究所：《浙江衢州皇朝墩遗址发掘收获及初步认识》，《中国文物报》2024 年 10 月 11 日。

[9] 李罡：《鲁中山地黄土区旧石器时代遗存的考古学观察》，《南方文物》2024 年第 2 期。

[10] 王鲁民：《塑造中国：东亚大陆腹地早期聚落组织与空间架构》，第 221 页。

[11] 同上书，第 41 页。

[12] 吴小红、张弛、潘岩，等：《江西仙人洞遗址两万年前陶器的年代研究》，《南方文物》2012 年第 3 期。

[13] 国家文物局、北京市文物局：《中国文物地图集·北京分册》，科学出版社，2004，第 286 页。

[14] 周口店北京人遗址博物馆编，高星撰文：《周口店北京人遗址》，北京美术摄影出版社，2004。

[15] 河南省文物考古研究所编著《舞阳贾湖》上卷、下卷，科学出版社，1999。

[16] 郑州市文物考古研究院、河南省文物管理局南水北调文物保护办公室：《河南新郑市唐

户遗址裴李岗文化遗存2007年发掘简报》,《考古》2010年第5期。
[17] 南京博物院、泗洪县博物馆:《顺山集:泗洪县新石器时代遗址考古发掘报告》,科学出版社,2016。
[18] 刘莉、陈星灿:《中国考古学——旧石器时代晚期到早期青铜时代》,生活·读书·新知三联书店,2017,第63-64页。
[19] 中国国家博物馆、南京博物院、泗洪县博物馆:《江苏泗洪韩井遗址2014年发掘简报》,《东南文化》2018年第1期。
[20] 王鲁民:《塑造中国:东亚大陆腹地早期聚落组织与空间架构》,第68页。
[21] 山东省文物考古研究所、章丘市博物馆:《山东章丘市小荆山后李文化环壕聚落勘探报告》,《华夏考古》2003年第3期。
[22] 刘莉、陈星灿:《中国考古学——旧石器时代晚期到早期青铜时代》,第57-59页。
[23] 内蒙古自治区文物考古研究所:《白音长汗:新石器时代遗址发掘报告》,科学出版社,2004。
[24] 索秀芬、李少兵:《白音长汗遗址聚落形态演变》,《聚落考古通讯》2016年第1期,第32-39页。
[25] 张弛:《兴隆洼文化的聚落与社会——从白音长汗二期乙类环壕居址谈起》,《考古》2021年第9期。
[26] 辽宁省文物考古研究所:《查海:新石器时代聚落遗址发掘报告》,文物出版社,2012。
[27] 白音长汗遗址和查海遗址上的建筑的角度值,采自发掘报告。
[28] 王鲁民:《塑造中国:东亚大陆腹地早期聚落组织与空间架构》,第73页。
[29] 同上书,第77页。
[30] 徐宗元辑《帝王世纪辑存》,中华书局,1964,第3页。
[31] 王鲁民:《塑造中国:东亚大陆腹地早期聚落组织与空间架构》,第86页。
[32] 同上书,第104页。
[33] 河南省文物管理局、河南省文物考古研究所:《新安荒坡:黄河小浪底水库考古报告(三)》,大象出版社,2008。
[34] 魏兴涛:《豫西晋南和关中地区仰韶文化初期遗存研究》,《考古学报》2014年第4期。
[35] 王鲁民:《塑造中国:东亚大陆腹地早期聚落组织与空间架构》,第86页。
[36] 王献唐:《炎黄氏族文化考》,青岛出版社,2006,第329页。
[37] 左丘明:《国语》,上海古籍出版社,2015,第237页。
[38] 中国科学院考古研究所、陕西省西安半坡博物馆:《西安半坡:原始氏族公社聚落遗址》,文物出版社,1963。
[39] 钱耀鹏:《关于半坡聚落及其形态演变的考察》,《考古》1999年第6期。
[40] 钱耀鹏:《关于半坡遗址的环壕与哨所——半坡聚落形态考察之一》,《考古》1998年第2期。

[41] 西安半坡博物馆、陕西省考古研究所、临潼县博物馆:《姜寨——新石器时代遗址发掘报告》,文物出版社,1988。

[42] 陈雍:《姜寨聚落再检讨》,《华夏考古》1996年第4期。

[43] 郑州大学历史学院考古系、河南省文物管理局南水北调文物保护办公室:《河南淅川县沟湾遗址仰韶文化遗存发掘简报》,《考古》2010年第6期。

[44] 王鲁民:《塑造中国:东亚大陆腹地早期聚落组织与空间架构》,第91页。

[45] 司马迁:《史记》第一册,中华书局,1959,第4页。

[46] 周明初校注:《山海经》,浙江古籍出版社,2000,第219页。

[47] 彭晓静:《魏家窝铺红山文化聚落遗址房址分析》,《赤峰学院学报(哲学社会科学版)》2022年第3期。

[48] 辽宁省文物考古研究院:《辽宁建平马鞍桥山遗址——探寻红山文化社会复杂化进程,构建多元一体的中华文明》,《中国文物报》2023年10月27日。

[49] 内蒙古文物考古研究所、日本京都中国考古学研究会:《岱海考古(二)——中日岱海地区考察研究报告集》,科学出版社,2001,第18-145页。

[50] 王鲁民、范沛沛:《祭祀与疆域:中国上古空间考古六题》,大象出版社,2021,第57页。

[51] 王鲁民:《塑造中国:东亚大陆腹地早期聚落组织与空间架构》,第100页。

[52] 西安市文物保护考古研究院编著《西安鱼化寨》,科学出版社,2017。

[53] 翟霖林:《西安鱼化寨遗址的聚落考古学研究》,博士学位论文,西北大学考古学及博物馆学系,2013。

[54] 河套地区聚落与社会研究内蒙古自治区课题组:《"考古中国——河套地区聚落与社会研究"内蒙古区的工作与展望》,《草原文物》2020年第2期。

[55] 内蒙古文物考古研究所:《清水河县岔河口新石器时代遗址调查》,《内蒙古文物考古》2003年第2期。

[56] 甘肃省文物考古研究所编著《秦安大地湾:新石器时代遗址发掘报告》,文物出版社,2006。

[57] 王鲁民:《塑造中国:东亚大陆腹地早期聚落组织与空间架构》,第365页。

[58] 同上书,第113页。

[59] 刘晴:《杨官寨考古遗址公园弹性规划策略研究》,硕士学位论文,西安建筑科技大学城乡规划系,2023,第69页。

[60] 河南省文物考古研究院、三门峡市文物考古研究所、灵宝市铸鼎原文物保护管理所、灵宝市文物保护管理所:《河南灵宝市北阳平遗址考古勘探报告》,《华夏考古》2020年第2期。

[61] 河南省文物考古研究所、中国社会科学院考古研究所河南一队、三门峡市文物考古研究所、灵宝市文物保护管理所、荆山黄帝陵管理所:《河南灵宝西坡遗址105号仰韶文化房址》,《文物》2003年第8期。

[62] 河南省文物考古研究院、三门峡市文物考古研究所、灵宝市文物保护管理所:《河南灵宝市五帝遗址考古勘探报告》,《华夏考古》2020年第2期。

[63] 河南省文物考古研究院、三门峡市文物考古研究所、渑池县文化广电和旅游局:《河南渑池县仰韶村遗址考古勘探报告》,《华夏考古》2020年第2期。

[64] 魏兴涛、李世伟、李金斗、郑立超、杨海青、燕飞:《河南三门峡市仰韶文化遗址考古勘探取得重要成果》,《中国文物报》2020年4月3日。

[65] 湖北省文物考古研究所、天门市博物馆:《天门龙嘴》,科学出版社,2015。

第三章

五帝时代（上）：华夏民族的形成与国家的产生

中国地势图

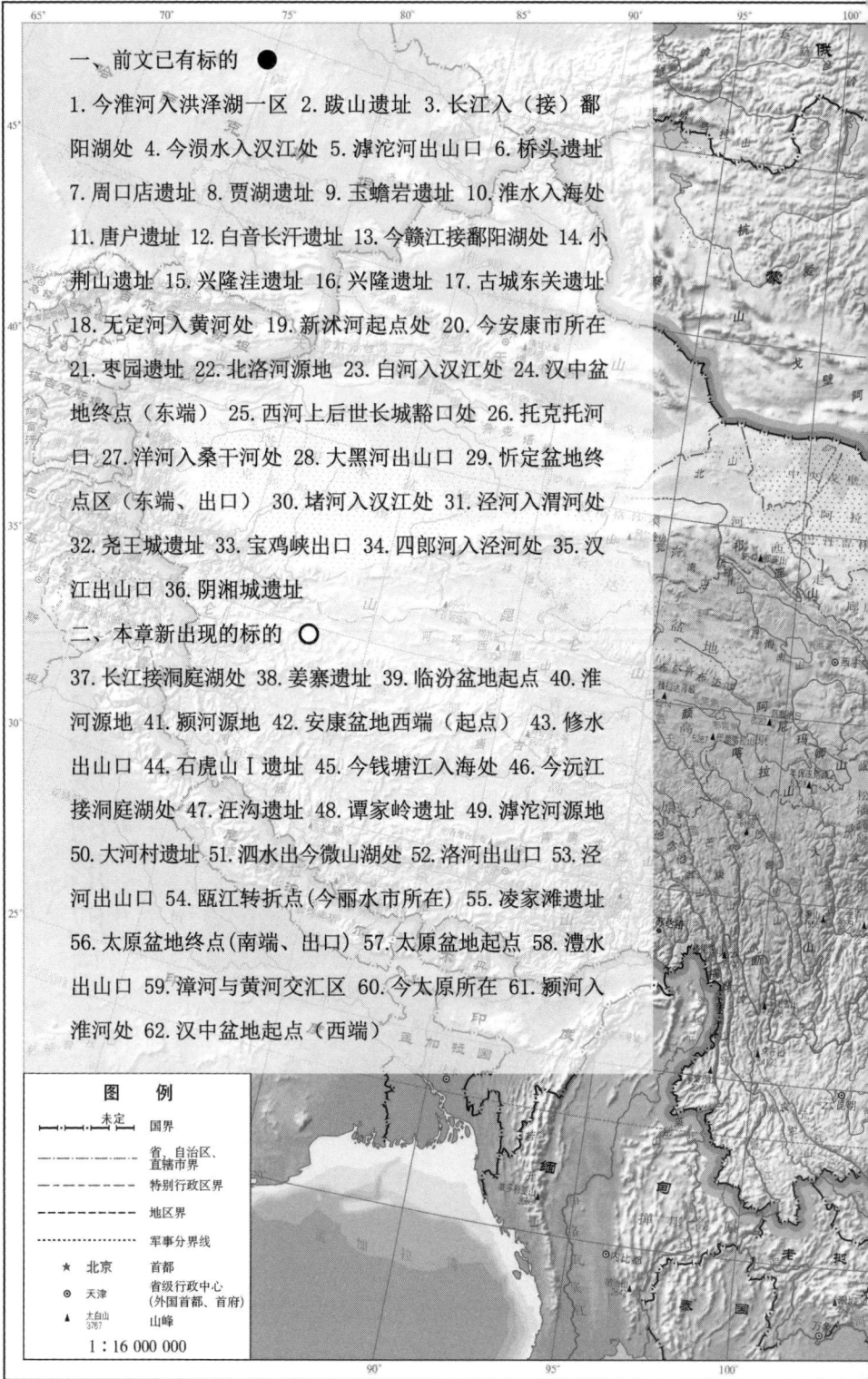

一、前文已有标的 ●

1. 今淮河入洪泽湖一区 2. 跋山遗址 3. 长江入（接）鄱阳湖处 4. 今涢水入汉江处 5. 滹沱河出山口 6. 桥头遗址 7. 周口店遗址 8. 贾湖遗址 9. 玉蟾岩遗址 10. 淮水入海处 11. 唐户遗址 12. 白音长汗遗址 13. 今赣江接鄱阳湖处 14. 小荆山遗址 15. 兴隆洼遗址 16. 兴隆遗址 17. 古城东关遗址 18. 无定河入黄河处 19. 新沭河起点处 20. 今安康市所在 21. 枣园遗址 22. 北洛河源地 23. 白河入汉江处 24. 汉中盆地终点（东端） 25. 西河上后世长城豁口处 26. 托克托河口 27. 洋河入桑干河处 28. 大黑河出山口 29. 忻定盆地终点区（东端、出口） 30. 堵河入汉江处 31. 泾河入渭河处 32. 尧王城遗址 33. 宝鸡峡出口 34. 四郎河入泾河处 35. 汉江出山口 36. 阴湘城遗址

二、本章新出现的标的 ○

37. 长江接洞庭湖处 38. 姜寨遗址 39. 临汾盆地起点 40. 淮河源地 41. 颍河源地 42. 安康盆地西端（起点） 43. 修水出山口 44. 石虎山Ⅰ遗址 45. 今钱塘江入海处 46. 今沅江接洞庭湖处 47. 汪沟遗址 48. 谭家岭遗址 49. 滹沱河源地 50. 大河村遗址 51. 泗水出今微山湖处 52. 洛河出山口 53. 泾河出山口 54. 瓯江转折点(今丽水市所在) 55. 凌家滩遗址 56. 太原盆地终点(南端、出口) 57. 太原盆地起点 58. 澧水出山口 59. 漳河与黄河交汇区 60. 今太原所在 61. 颍河入淮河处 62. 汉中盆地起点（西端）

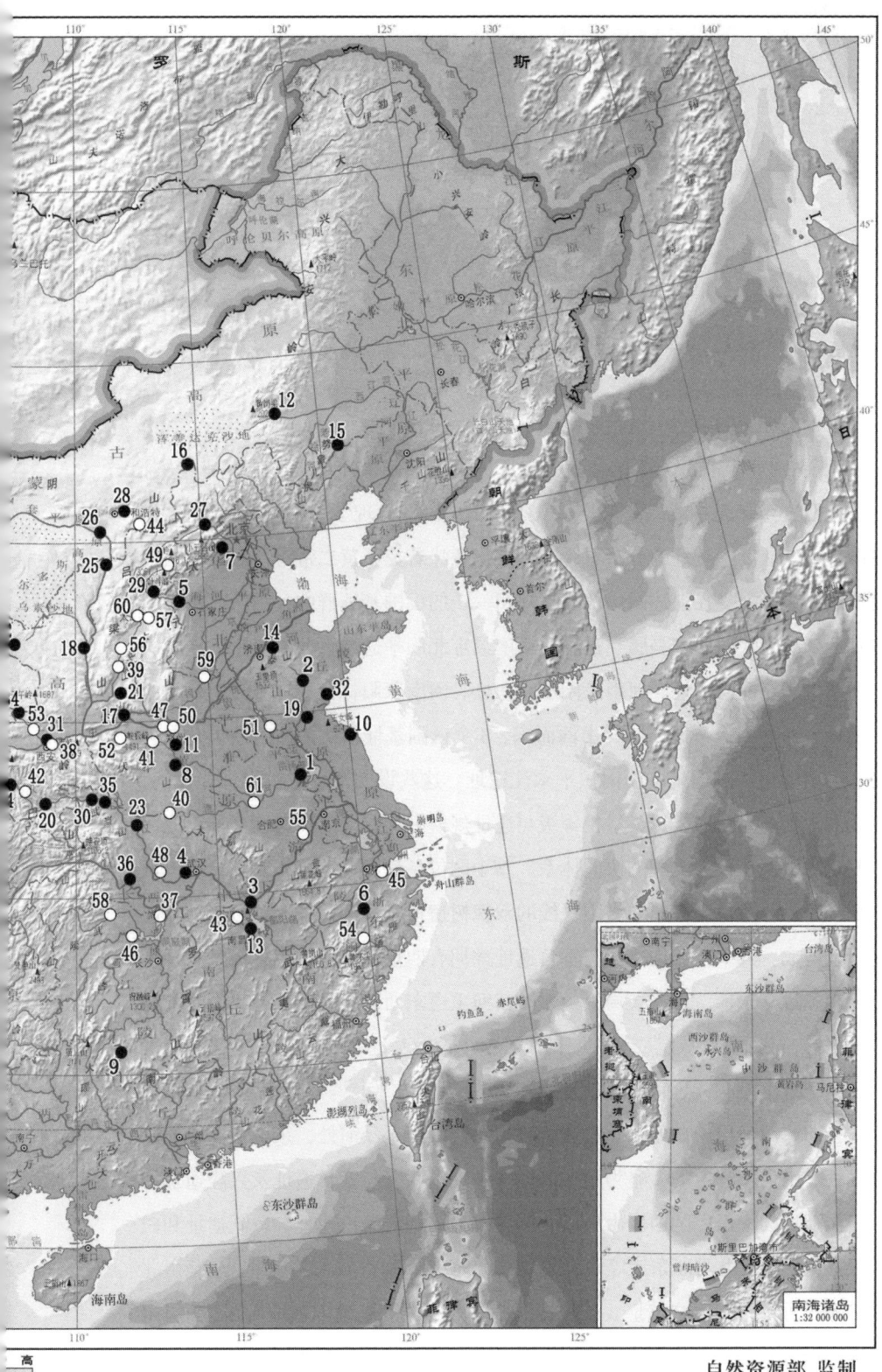

本章出现的营造设置指向标的分布示意图

按照《史记》的说法，黄帝、颛顼、帝喾、尧、舜为五帝。

公元前 3400 年前后，原本在潼关上下的两组仰韶文化中期设围基址消失，随后，由西安至郑州一线以及丹江口（华阳）一区，出现了 10 个晚期仰韶文化的设围基址。从设围基址的分布看，这种变化意味着炎、黄二帝对峙时代的结束和黄帝时代的确立。在上述的由西安至郑州一线的设围基址群中，由西而东 7 个设围基址依次为陕西西安马腾空遗址、河南灵宝北阳平遗址、河南洛阳古湛城遗址、河南巩义双槐树遗址、河南荥阳汪沟遗址、河南荥阳青台遗址、河南郑州尚岗杨遗址。在丹江口一区，同样由西而东，3 个设围基址依次为河南淅川龙山岗遗址、河南淅川沟湾遗址、河南镇平冢洼遗址。这些设围基址考古学文化相同，相互之间缺乏防范意图表达，祭祀等级与遗址规模有异，空间针对性互补，故而可以判定为由同一权力支配的协同体系。基于区位条件和遗址分布密度，可以认为该系统的重心由位于郑州与洛阳一线的双槐树遗址、汪沟遗址、青台遗址和尚岗杨遗址构成。其中，汪沟遗址与青台遗址都拥有四重环壕，祭祀等级最高，两者间相距不过 9 千米，且在布局上一改沿黄河主道东西顺序展开的态势，作南北呼应的格局，故而可以认定二者共同构成了整个设围基址系统的核心[1]（图 3-1）。

汪沟遗址上见有 4 道环壕，遗址面积为 62 万平方米[2-3]。测量表明，其内壕的西壕指向滹沱河出山口处，北壕和南壕指向四郎河入泾河处，东壕指向长江接洞庭湖处。由内壕圈定的大略为矩形的地块中轴则北向与青台遗址及兴隆遗址相值。汪沟遗址的中壕Ⅰ的西壕由南而北诸壕段分别指向唐户遗址、贾湖遗址和白河入汉江处；北壕由西而东诸壕段分别指向姜寨遗址和古城东关遗址；东壕由北而南诸壕段分别指向唐户遗址、长江接洞庭湖处和阴湘城设围基址所在；南壕由东而西诸壕段分别指向姜寨遗址和古城东关遗址。中壕Ⅱ只有西壕，由南而北诸

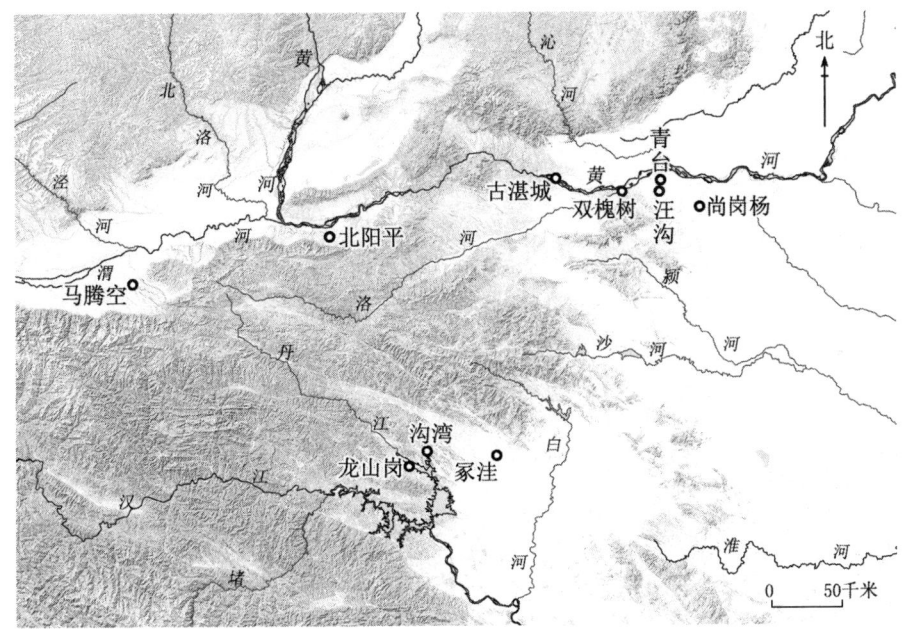

图 3-1　公元前 3400 年前后仰韶文化晚期设围基址分布图

壕段分别指向临汾盆地起点、贾湖遗址、白音长汗遗址。外壕西壕由南而北诸壕段分别指向无定河入黄河处、唐户遗址、淮河源地；北壕诸段由西而东分别指向颍河源地和今淮河接洪泽湖处；东壕由北而南诸壕段分别指向唐户遗址、长江接洞庭湖处和阴湘城遗址；南壕诸段由东而西分别指向安康盆地西端和汉中盆地东端（图 3-2）。

　　大体上看，汪沟设围基址的主张者与一个以兴隆遗址（或女娲一系）为归依，以郑洛一线、关中及晋南旧族为基础，努力吸收江汉及淮河下游地区族群的群体相对应。黄帝，号轩辕，为由燕山以北南下之伏羲族裔少典一系与中原旧族有蟜氏结合的产物。基于时间的关联，以及与"轩辕之丘"相关的新郑一带正是裴李岗文化覆盖区的核心地，可以毫不犹豫地说，有蟜氏与裴李岗文化有莫大之关系。《史记》云："黄帝居轩辕之丘，而娶于西陵之女，是为嫘祖。嫘祖为黄帝正妃，生二子，其后皆有天下：其一曰玄嚣，是为青阳，青阳降居江水；其二曰昌意，降居若水。"[4] 西陵为峡江地区之一部。进一步考虑黄帝具有的战胜炎帝的背景，应可认定，上列的汪沟遗址的圈围段落指向结构，与黄帝一族的背景条件完全契

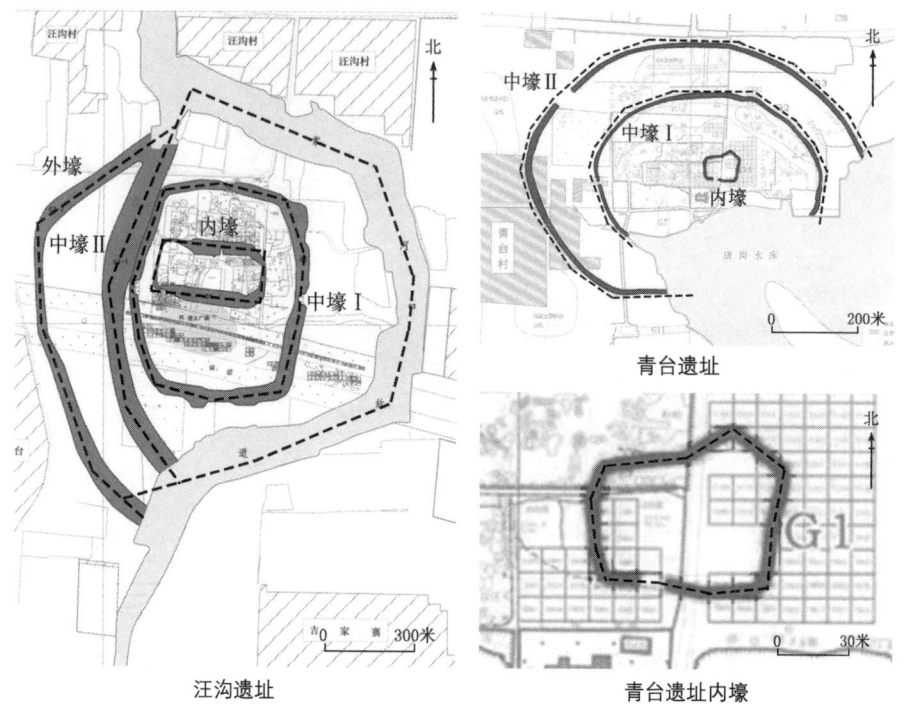

图 3-2　汪沟、青台遗址圈围段落归纳图

合。所以，本书认为汪沟设围基址为黄帝一族所主张合乎情理。"居"的意思为管理。江水，应指长江中下游地区。若水为岷江，是长江上游地区最重要的支流。注意到此时江汉平原设围基址迅速的增加，可见，对于此时的黄帝一族来说，江汉平原势力的成长，已经是一个需要特别关注的问题。

青台遗址同样拥4道环壕，包括内壕、中壕Ⅰ、中壕Ⅱ和外壕，遗址面积为31万平方米[5-6]。其内壕之西壕南段南北分别与修水出山口处、托克托河口相关，西壕之中段南北分别与贾湖遗址和石虎山Ⅰ遗址相关，西壕之北段北指周口店遗址和白音长汗遗址。北壕之西段东指后出的尧王城遗址所在，西指宝鸡峡口；北壕之中段东指小荆山遗址，西指今安康所在；北壕之东段东指今钱塘江入海处，西与枣园遗址相关。东壕之北段与今沅江接洞庭湖处及玉蟾岩遗址相关；东壕之南段南指汪沟遗址及早于青台设围基址出现的位于长江中游的油子岭文化湖北天门谭家岭设围基址处，北指滹沱河源地。南壕之东段东指尧王城，西指宝鸡峡口；

南壕之中段东指后出河南郑州大河村设围基址处,西指古城东关遗址;南壕之西段西指四郎河入泾河处,东与泗水出今微山湖处相关。由内壕的形态看,主体建筑的主轴当与北壕东段垂直。若如此,其主轴当与兴隆洼遗址相值。青台遗址内壕壕段指向的测量结果表明,青台遗址大体坐落在10条重要的神明之隩和设围基址间连线或连线之延长线的交点之上,此种安排不可避免地会让某些人觉得牵强,却能十分有力地显示出其在空间乃至族群上的中心性,对于设置的神圣性和仪式性提升有着重要的贡献。青台遗址的中壕Ⅰ由西而东顺时针旋转诸壕段分别指向无定河入黄河处、托克托河口(或今赣江入鄱阳湖处)、阴湘城设围基址、兴隆洼遗址、洛河出山口、泾河出山口、枣园遗址、瓯江之转折点(今浙江丽水市所在)、长江接鄱阳湖处和兴隆遗址。青台遗址的中壕Ⅱ由南壕残段转至西壕顺时针旋转诸壕段分别指向泾河出山口、枣园遗址、临汾盆地起点、托克托河口、阴湘城遗址、兴隆洼遗址、堵河入汉江处、洛河出山口、新沭河起点处、古城东关遗址、早于青台遗址出现的位于长江下游的凌家滩文化安徽含山凌家滩设围基址处和太原盆地终点。外壕形态不清晰,无法做指向标的确认(图3-3)。

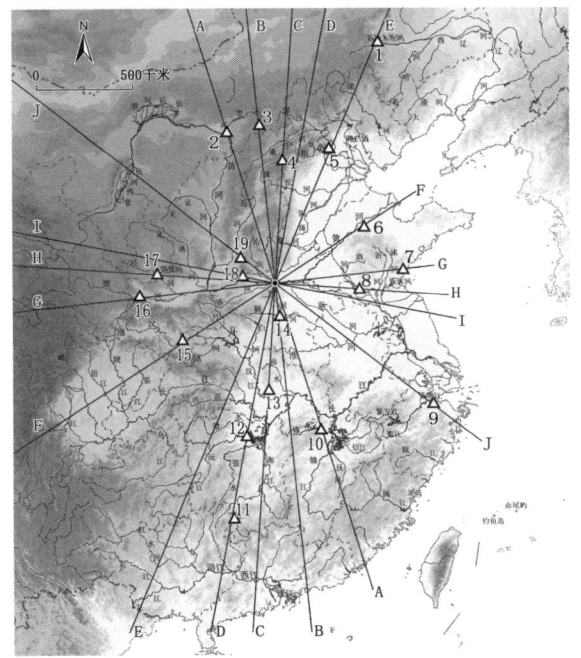

指向线编号:

西环壕由南而北归纳线:A、B、E;北环壕由西而东归纳线:G、F、J;东环壕由北而南归纳线:D、C;南环壕由东而西归纳线:G、I、H。

标的编号:

1.白音长汗遗址;2.托克托河口;3.石虎山Ⅰ遗址;4.滹沱河源地;5.周口店遗址;6.小荆山遗址;7.尧王城遗址;8.泗水出今微山湖处 9.钱塘江入海口;10.修水出山口处;11.玉蟾岩遗址;12.今沅江接洞庭湖处;13.谭家岭遗址;14.贾湖遗址;15.今安康市所在;16.宝鸡峡出口;17.四郎河入泾河处;18.古城东关遗址;19.枣园遗址。

图3-3 青台遗址内壕圈围段落指向标的位置示意图

青台遗址不仅涉及的指向标的众多，而且在这些指向标的中，新出现的标的地点达到 14 个。这 14 个标的地点中，被后续遗址指示在 5 次以上者有 10 个。虽然统计范围有限，但相应的数据应该较充分地表明了青台遗址在东亚大陆腹地上古时期空间塑造和秩序整理上的突出能力。

虽然青台遗址上的外壕指向材料缺失，但仅就现有的材料看，与汪沟遗址相比，青台遗址是一个以兴隆洼遗址（或伏羲一系）为归依的突出地强调其公共性的场合。将其与汪沟遗址结合起来考虑，它的主张者当是以黄帝一族为主导的涉及范围更大的联合体。它与汪沟遗址一道，在归依上相互补充，巧妙平衡，形成了在情感上具有说服力的、构成主导者明确又有广泛辐射能力的组合。

值得强调的是，汪沟遗址与青台遗址的连线正好与兴隆遗址相值，这样的安排应该有着指明女娲一系的主导性的意义。

位于青台遗址东南方 35 千米的尚岗杨设围基址遗址面积为 12 万平方米，拥有两道环壕，现在遗址上见到的可能只是整个环壕的东半部分[7-8]。其内壕由北而南顺时针旋转诸壕段分别指向古城东关、临汾盆地起点、北洛河源地、太原盆地起点、今洧水入汉江处、阴湘城遗址、跋山遗址、淮水入海处。外壕由北而南顺时针旋转诸壕段分别指向古城东关遗址、太原盆地终点区、澧水出山口、玉蟾岩遗址、堵河入汉江处、新沭河起点。由现存圈围段落看，其主张者主要与西河周边、江汉平原和环泰山地区东南有关（图 3-4）。

应为仰韶文化晚期沿黄河展开的设围基址群重要组成的双槐树遗址[9-10]，处在青台遗址西南方 30 千米处，遗址逼近伊洛河汇入黄河处设置。虽然遗址面积较尚岗杨遗址大得多，但此时也只有两道环壕。这两个分别位于青台遗址左右的遗址与青台遗址的距离大体相等，圈围重数相同，从而具有烘托中心的作用。因为人们后来又在双槐树遗址上开挖了第三道壕沟，所以，考古发掘者称此时遗址上较小的一圈壕沟为内壕，在内壕之外的为中壕。测量表明，双槐树遗址内壕的西壕由南而北诸壕段分别指向古城东关遗址、太原盆地终点区、忻定盆地终点、漳河与黄河交汇区。内壕之北壕指向泾河入渭河处。内壕的东壕由北而南诸壕段分别指向唐户遗址、西河上长城豁口、滹沱河出山口处。南壕指向姜寨遗址。双槐树遗址的中壕由西壕南段开始顺时针旋转诸壕段，分别指向太原盆地终点、洋

第三章 051
五帝时代（上）：华夏民族的形成与国家的产生

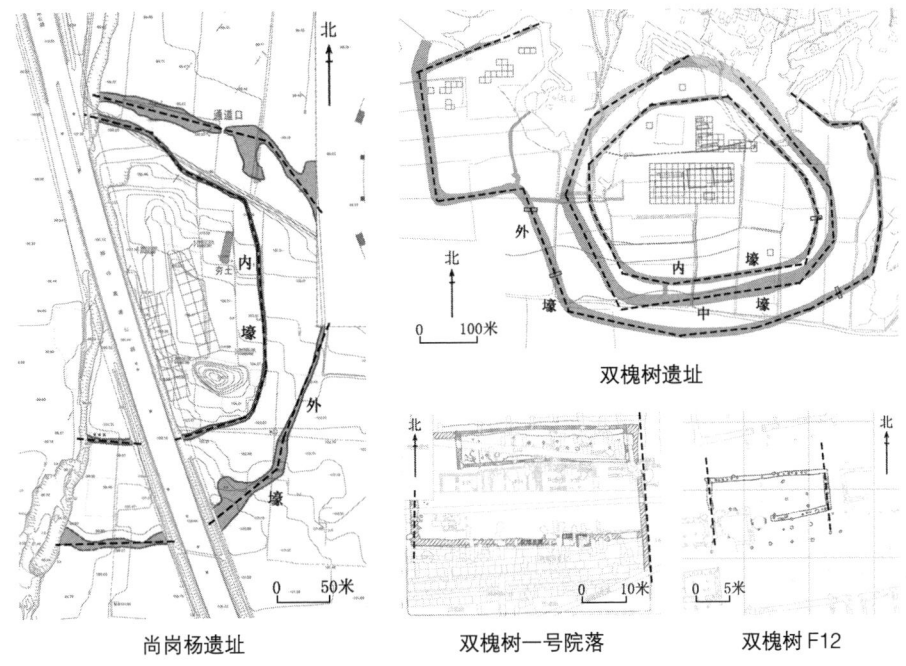

图 3-4　尚岗杨、双槐树遗址圈围段落及主体建筑轴线归纳图

河入桑干河处、今安康所在、唐户遗址、石虎山Ⅰ遗址、汉江出山口和姜寨遗址。此时坐落于遗址中部偏西的大型建筑 F77 大体上坐向石虎山Ⅰ遗址。整体地看，相较于尚岗杨遗址，与双槐树遗址相关的人群当与西河一线及关中一线的关系更加紧密。

漳河虽然流程较短，但其上游的浊漳河南源与沁河相关，浊漳河北源与太原盆地相关，其下游则与黄河以及滏阳河相关，在控制黄河中、下游乃至海河下游地区上具有重要的战略价值，造成巨大伤亡的长平之战就发生在相关地区，著名的殷墟遗址也在漳河出山口处出现。

因为遗址的特殊坐落和一系列特殊遗存的出土，双槐树遗址获得了人们的持续关注。考古发掘表明，在距今 8000 年左右的裴李岗文化时期就有人类在双槐树遗址上活动。仰韶时期，人们又出现在这里。在仰韶文化晚期的公元前 3400 年前后，人们在遗址上掘出了两道圈围范围可观的壕沟，极大地提升了双槐树遗址的等级。内壕发掘所得的圈围基本完整，其总长约为 1000 米。壕沟上口宽 6~16 米，深 4.5~6.15 米。在内壕的东南方位见有出入口。中壕平面形态与内壕大致相同，发掘所得的圈围北部部分缺失，其总长约为 1500 米，壕沟上口宽 23~32 米，深 9.5~10 米。因为两道壕沟的平面形状有一定差异，所以内壕和中壕之间的空当的宽度在 10~35 米之间变动。中壕北段，见有出入口。内壕和中壕的西南段，有一段壕沟与二者联系，如果中壕完整，这段壕沟使得人们进入中壕圈定的范围后只能东向迂回至内壕东南，才能循内壕入口进入遗址中央区域。大致位于内壕圈围的中部，在内壕入口的西北方向上，有一被称作"祭坛"的遗迹，"祭坛"周边为墓葬区。靠近"祭坛"的墓葬等级较高，这应该表明"祭坛"和墓葬是一个预设的组合，"祭坛"是这个组合的枢纽性单位。在祭坛西北方向不远处，有被后来的一号院落覆压的编号为 F77 的建筑基址，其规模可观，应是与祭坛配合的设置（图 3-5）。

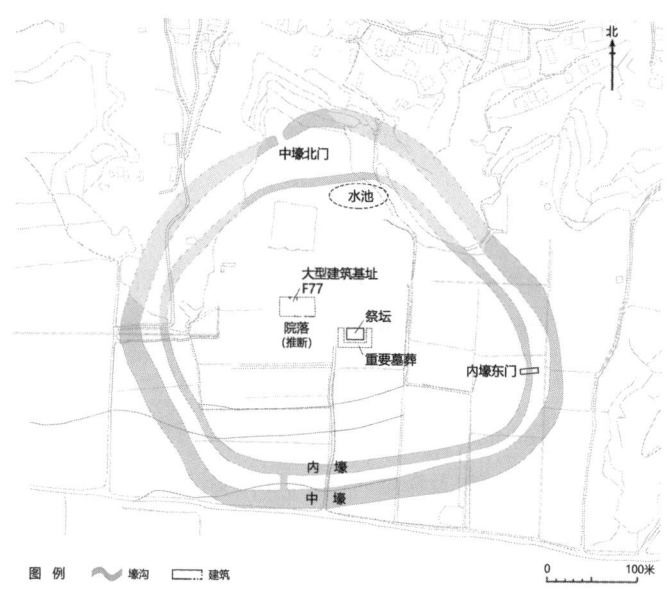

图 3-5 公元前 3400 年前后的双槐树遗址平面图

在双槐树遗址上宽度有限的中壕与内壕间的空当区，没有发现建筑遗存，因而中壕的作用一是进行祭祀等级分划，二是增加空间层次、制造隆重感，三是塑造环曲的由中壕入口到内壕入口的路径。值得注意的是，由中壕入口到内壕入口，路径两侧是深度可达 10 米的壕沟，如果跌入壕沟，甚至可能危及生命。这就要求在这尺寸并不宽绰,且宽度不断变化的路径上行走的人们要随时注意壕沟的存在或者安全问题。在本书看来,正是这样的安排,使得参与仪式的人将行走过程与远古祖先通过崎岖山径接近祭祀地点的过程联系起来[11],从而缅怀先祖筚路蓝缕,以启山林的事迹,赋予祭祀场所神圣的意义。

在双槐树遗址上,人们要到达遗址中心区,只能由中壕北面的入口进入,左转东向循内壕和中壕框定的弯曲路径抵至内壕东面的入口。这种走法让人联想到需要"迁延"地接近的明堂。按照古人的说法,行礼者应由明堂的右前方接近它[12]。如果把内壕的入口与大致位于内壕中部的"祭坛"联系起来,可以看到,这里恰好构建出了一个由右前方接近"祭坛"的路线。明堂的祖型为正方形的大房子,而这里的祭坛也大致为正方形,所以这个被辨别为"祭坛"的设置,应与一个坐西朝东的明堂类设施对应。测量表明,双槐树遗址与汪沟遗址的连线的方向角为90度,也就是说,该设施正对着汪沟遗址。

公元前 3300 年前后,人们在双槐树遗址上开掘了外壕(图 3-6)。外壕的西壕由南而北诸壕段分别指向西河上的长城豁口、姜寨遗址、今太原所在、汉中盆地东端。外壕的东壕由北而南诸壕段分别指向颍河入淮河处、泾河出山口、西河上的长城豁口、石虎山Ⅰ遗址、兴隆遗址。外壕的南壕由东而西诸壕段分别指向小荆山遗址、汉中盆地起点、泾渭交汇处、古城东关遗址。在新添加的指向标的中虽然有淮河一线及环泰山地区的要点出现,但最为突出的仍然是双槐树遗址与欧亚草原边缘及西河周边地区的关系。

与外壕开掘大致同时,在双槐树遗址的 F77 基址上形成了占地范围更大的一号院落,在一号院落以东出现了规模与之相近的三号院落。在这两个院落以北,建造了贯通内壕的东西长墙。长墙将内壕圈定范围作南北两个部分。南部较大,为主导。长墙分东、西两段,西墙与东墙有相当部分重叠,重叠部分形成一个类似于瓮城的段落。这样的设置使得内壕北部成为了一个独立性很强的场所。在长墙以北,与"瓮城"入口相接,见有建设时段与之相同的 F11、F12、F13、F20、F36、F40 等建筑遗存。位于该建筑遗存区中央部位的 F12 平面规模最大,其上见有用陶罐构成的兼跨室内外的北斗九星图案。F12 南半为一深度可以全面覆盖北斗九星室外部分的廊庑。建筑的入口位于其中轴线的西侧,室内正当入口位置偏向后墙，埋藏有头部正对入口的麋鹿骨架。位于上述建筑群东北方的水池似乎也在此时出现（图3-6、图3-7）。

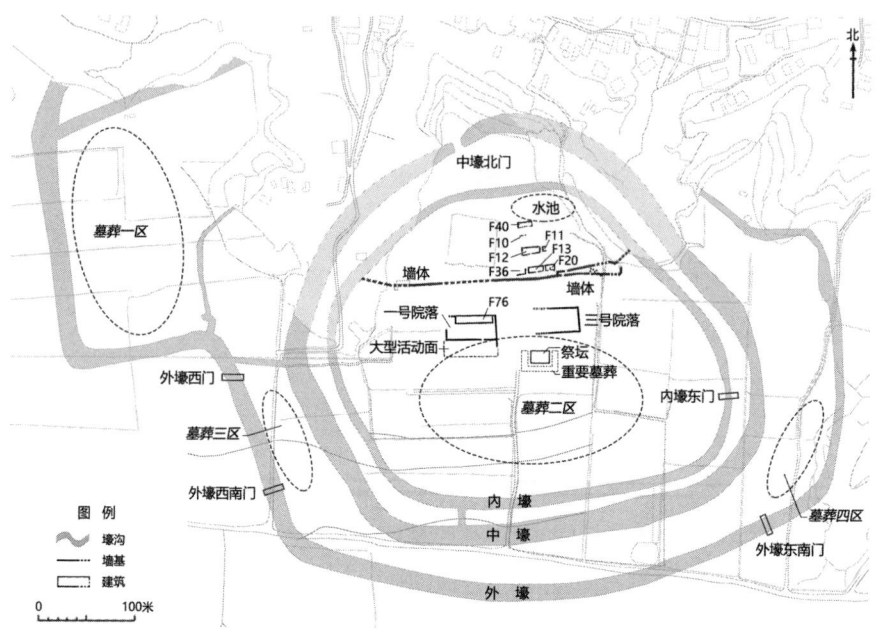

图3-6　公元3300年前后的双槐树遗址平面图

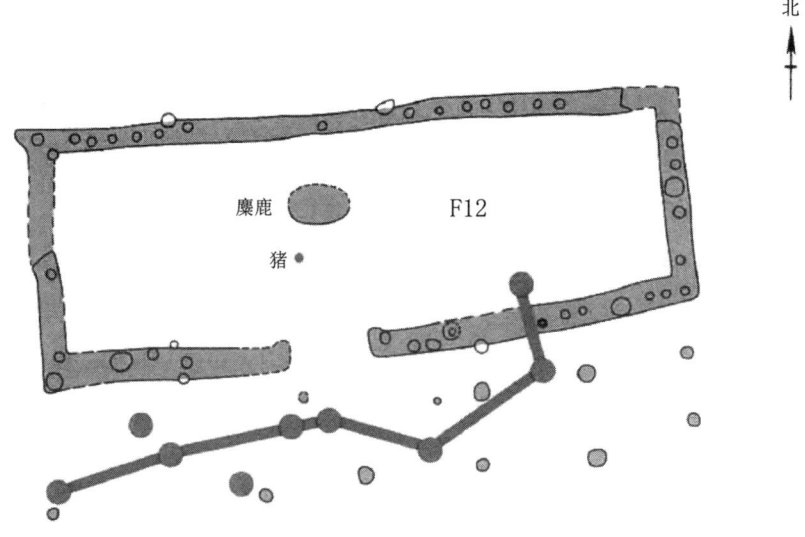

图3-7　双槐树遗址F12平面示意图

从要素与组织两个方面着眼，可以认为，双槐树遗址三期时的内壕范围内的设置，与后世的属于大汶口文化的安徽蒙城尉迟寺遗址环壕以内部分或商代的河南洛阳偃师商城中央小城内的设置类似，都由明堂、寝宫及朝会组合、宗庙区和社祀区三个部分构成[13]。如果中国古代高规格祭祀空间的设置与组织有某种文化延续性，考虑到双槐树遗址南部明堂的存在，以尉迟寺和偃师商城的做法为据，位于双槐树内壕东西墙南边的一号院落和三号院落应分别与朝会场所和寝宫对应，长墙以北的建筑则应为宗庙建筑群，F12当为宗庙建筑群的主体。

测量表明，一号院落东垣应与石虎山I遗址相关，西垣指向忻定盆地东端。F12的东墙和西墙均指向大黑河出山口处。据之认为双槐树遗址的主张者源自以兴隆遗址为核心的裕民文化覆盖区西部应无问题。由于麋鹿的角为后指，所以F12上正当入口的麋鹿骨架应该是一个特别地强调这一指向的重要性的设置。

裕民文化和兴隆洼文化联合体的南下，造就了初期仰韶文化。初期仰韶文化对应的是历史上的祝融时代[14]。在历史典籍中，祝融为火神，而与裕民文化对应的女娲是火的发明者燧人氏。二者的神性相同，所以祝融是女娲族裔中的一支。初期仰韶文化的设围基址枣园遗址、古城东关遗址和荒坡遗址出现在晋南和豫西，故而有理由认为正是在兴隆遗址西边和西南边活动的裕民文化人群，凭借着其活动地与郑洛一线关系更为密切，因西河与汾河顺势而下，最先进入"中国"，导致了祝融时代的产生。也就是说，兴隆遗址西南地区应是女娲一族中的祝融一系的活动范围，当为宗庙的双槐树F12坐向该地区，表明了其中供奉的对象是祝融及其他相关祖灵，之所以如此，是因为双槐树遗址所在在当时为"祝融之虚"[15]。

《今本竹书纪年》在述及黄帝祭洛时说："（黄帝）有景云之瑞，赤方气与青方气相连，赤方中有两星，青方中有一星，凡三星皆黄色，以天清明时见于摄提，名曰景星。帝黄服斋于宫中，坐于玄扈、洛水之上。有凤凰集，不食生虫，不履生草，或止帝之东园，或巢于阿阁，或鸣于庭，其雄自歌，其雌自舞，麒麟在囿，神鸟来仪。有大螾如羊，大蝼如虹。帝以土气胜，遂以土德王。五十年秋七月庚申，凤鸟至，帝祭于洛水。庚申，天雾三日三夜，昼昏。帝问天老、力牧、容成曰：'于公如何？'天老曰：'臣闻之，国安，其主好文，则凤凰居之；国乱，其主好武，则凤凰去之。今凤凰翔于东郊而乐之，其鸣音中夷则，与天相副。以是观之，天有严教以赐帝，帝勿犯也。'召史卜之，龟燋，史曰：'臣不能占也，其问之圣人。'帝曰：'已问天老、力牧、容成矣。'史北面再拜曰：'龟不违圣智，故燋。'雾既降，（黄帝）游于洛水之上，见大鱼，杀五牲以醮之，天乃甚雨，七日七夜，鱼流于海，得图、书焉。龙图出河，龟书出洛，赤文篆字，以授轩辕。（轩辕）接万神于明庭，今塞门谷口是也。"[16]

经过仔细阅读，可知上文应该分为三个部分。第一部分由"有景云之瑞"到"帝祭于洛水"。第二部分由"庚申"到"以授轩辕"。第三部分仅有一句话——"（轩辕）接万神于明庭，今塞门谷口是也。"以下依次对这三个部分进行讨论。

在古人那里，赤方可指南方，青方为东方，景为"大"或"亮"，星宿和重要的人物相关。故而《今本竹书纪年》说"赤方中有两星，青方中有一星"可指在南方有两股重要势力，在东方有一股重要势力。查公元前3400年前后与仰韶晚期文化覆盖区紧密相关的地区，南方确有油子岭文化和凌家滩文化两股重要势力存在，东方则有规模可观的大汶口文化覆盖区。这种格局上的对应，应该可以作为《今本竹书纪年》在此涉及的当为公元前3400年前后东亚大陆腹地族群分布的空间格局的证明。"三星，皆黄色"。应喻指在当时无论油子岭文化、凌家滩文化还是大汶口文化均从属于黄帝。

"玄"意味着北。《尔雅·释山》说："（山）卑而大，扈。"[17] 按照字面意思，"玄扈"就是处于大山北边的不高却覆盖面积较大的山。而由"玄扈之山"发源的河则应称作"玄扈之水"。"玄扈之水"也可简称作"玄扈"。《山海经·中次四经》说："讙举之山。雒水出焉，而东北流注于玄扈之水……此二山者，洛间也。"[18] 可见《山海经·中次四经》认为洛河发源于讙举之山，而终结于玄扈之水。从上引《今本竹书纪年》的文字看，玄扈之山应该在黄河与洛河的交汇处附近。查看地图，在洛河注入黄河处的洛河以南，确有一座位于大山以北的"卑而大"的小山。小山与大山之间有一山谷，对应着不小的汇水面积，在雨水丰沛时，应能形成一条小河。这样，可以初步判定这座小山就是玄扈之山，而与之相关的小河则当为"玄扈之水"。洛河主道在与这条小河交汇后呈90度转向，这种状况确实给人以洛水注入该水的观感。依本书，正是这种特殊的格局导致了《山海经》不按通常的将短程河流视作支流的做法，说"玄扈之水注于雒（洛）水"，而是反过来说"雒(洛)水……注于玄扈之水"(图3-8)。

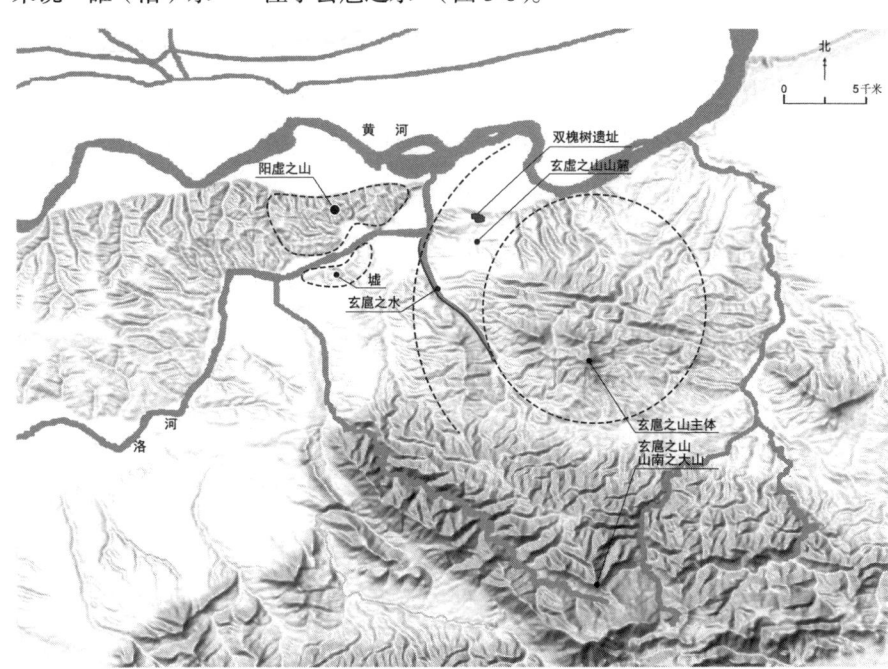

图3-8 玄扈之山与玄扈之水的位置及周边环境图

在《山海经·中次五经》里,与"玄扈之水"相关之山列包括15座山,由西而东,起首的为苟林之山,苟林之山东三百里是首山,又东三百里为县𠜍之山,再东三百里为葱聋之山,又东五百里为条谷之山。然后改了方向,条谷之山往北十里是超山。超山东五百里为成侯之山,成侯之山东五百里是朝歌之山,再东五百里是槐山。然后好像是换了一个叙述者,使用的度量单位不再是"三百"或"五百"里,在方向不改变的情况下,"又东十里"为历山,历山东十里为尸山。尸山,"尸水出焉,南流注于洛水"。尸山东十里为良余之山,"馀水出于其阴,而北流注于河;乳水出于其阳,而东南流注于洛"。良余之山东南十里为蛊尾之山,"龙馀之水出焉,而东南流注于洛"。蛊尾之山东北二十里为升山,"黄酸之水出焉,而北流注于河"。升山东面十二里为该山列最后的阳虚之山,阳虚之山"临于玄扈之水"[19]。由诸山出水的流向看,该山列的最后一段应该位于黄河与洛水之间。阳为南向,"虚"之一意为虚缺,在此意义上"阳虚之山"是南部有所缺失的山。"虚"的另一意同"墟",即山丘,在此意义上"阳虚之山"的南面当有一独立之山丘。查地图,可以看到位于黄河与洛水之间的山列东端,在上文所指玄扈之山以西,与玄扈之山相对,确有一山,其南部不仅凹进,而且在与凹进对应处有一小丘。也就是说,无论"虚"为何意,该山都可以名为"阳虚之山"。这个阳虚之山正与上文所指之玄扈之山相对,玄扈之水则由阳虚之山和玄扈之山之间流过,构成了阳虚之山"临于玄扈之水"的格局。这样的格局,正与《山海经》所述及的景观相合。

把《山海经》提供的山列里程与实际的地理情况相较,可见《山海经》里的"里"与一般人们认可的"里"在长度上显著不同。刘宗迪说《山海经·东次三经》所记九山为庙岛列岛,并将《东次三经》所记诸岛间距离与实际的距离相较,得到了"《山经》的一里仅相当于今 0.024 里,即 12 米"的结论[20]。我们知道,在进行大地测量时,古人常以 355 米为 1 里[21]。1 里为 300 步,故 1 步约为 1.2 米,12 米约为 10 步,这样,《东次三经》度量的庙岛列岛所用之"里"约为古人常用来进行大地度量的里的 1/30。所用度量单位按比例减缩的情形应该支持刘宗迪对《东次三经》所用里长的考证。不过,由尸山到阳虚之山的情况似乎有所不同。

在原偃师县城西不到 1 千米的地方,有尸乡沟,从名称看,尸乡沟应即过去的尸水所经。《汉书·地理志》说:"(河南郡偃师县)尸乡,殷汤所都。"[22] 今在《山海经·中次五经》所及之山列以南、洛河北岸发掘到规模可观,构造严整的偃师商城,该城外的东南有一水泊遗迹,由《汉书》所云可推,该水泊遗迹当为尸水与洛水交汇而成之湿地的某种形式的遗存。由之,可将偃师商城遗址背对的形态相对凸显的山峦辨识为尸山。以尸山为起点,按照《山海经》提供的方向,可依次将形态相对突出的山体,辨识为良余之山、蛊尾之山、升山和阳虚之山。经测量,尸山与良余之山之间的直线距离约为 4300 米,良余之山与蛊尾之山间的直线距离也约为 4300 米,蛊尾之山与升山之间的直线距离约为 8600 米,升山与上指阳虚之山西侧凸出部的直线距离约为 5300 米。即,测量所得各山间距之间的比例关系与《山海经》所述的由尸山到阳虚之各山间距之间的比例关系相同。若将以上测量所得数值除以《山海经》所提供的相邻各山间的里数,可知这里 1 里为 430 米左右。通常认为《山海经》成书于汉代初期之前,可因为晋人以

430米为1里，这样，如果《山海经》原本的一里是355米的某种比例的缩小的话，那么，现今的《山海经》提供的尸山与阳虚之山间的里程应该是晋人工作的成绩（图3-9）。而这一结果，当然可以作为上文所认阳虚之山、玄扈之水和玄扈之山不误的证据。

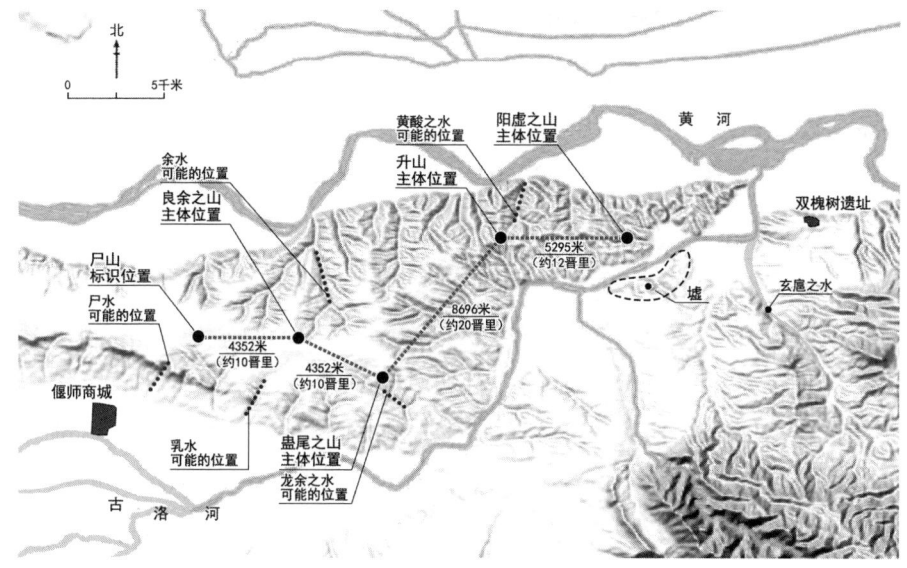

图3-9 《山海经·中次五经》所及山列尸山至阳虚之山段诸山位置及距离关系示意图

确定了在洛河与黄河交汇处东边的小山就是玄扈之山，就可以看到，双槐树遗址正处在玄扈之山山麓处的由玄扈之水、洛河和黄河框定区域的中央部位！在这里举行仪式，不仅可以谓之"坐于玄扈、洛水之上"，而且有足够的机会看到"龙图出河，龟书出洛"的景况。于是，双槐树遗址就名正言顺地与黄帝据以举行被《今本竹书纪年》着意记述的盛大典礼的场所联系了起来。

此外，东园当是自然植被主导的地段。古人称大门为门阿，故阿阁或指门楼。"庭"则为由建筑围成的院落，在这里，应与一号院落的前身F77对应。这样，凤凰的活动地点，即东园、阿阁和庭，构成了一个由东而西的空间序列，这也正和双槐树遗址由东而西，东边为开敞的有一定植被的场所，然后是位于内壕东南方的出入口，再就是圈围内应该含有庭院的F77的顺序相应。

证得双槐树遗址就是《今本竹书纪年》所载黄帝举行盛大典礼的场所，应该可以作为公元前3400年前后出现的重心在郑洛一线的涉及地域广阔的仰韶文化晚期设围基址系统为黄帝主导的进一步的证据。

郑洛一线是古人所谓的"中国"之地。其不仅位于东亚大陆腹地各主要的设围基址出土集中地所框定区域的中央位置，而且处于东亚大陆腹地覆盖性最强的由黄河中下游主道与渭河、汾河、淮河等构成的交通网络的枢纽位置。占据并系统地控制郑洛一线，在当时，既是全面掌控东亚大陆腹地核心区的必要举措，又在表明自身权力正当性上具有积极意义。不过，正是由于位于中央且能凭借一系列河道实现大区域控制的空间特点，使得其空间相对开放，因而系统地控制郑洛一线需要更多的人口压力。

由东亚大陆的遗址分布看，公元前6200年前后出现的裴李岗文化的覆盖范围，虽然已经达至黄河的南河一线，但其组织的核心单位仍然停留在洛阳盆地的东南边缘。公元前5000年时仰韶文化初期的遗址，虽然已经出现在南河以南，但其设围基址群的前端，也只出现在洛阳盆地的西北边缘。也就是说，在仰韶文化晚期之前，由不同的方向接近"中国"的势力，其设围基址均未能在郑洛一线的开阔空间出现，更不用说对郑洛一线所包括的关键空间形成全面控制了。在本书看来，之所以如此的主要理由，应该是没有足够的人力资源。在人口相对稀少的时代尚且如此，到了人口密度大幅提高的仰韶晚期，实施郑洛一线的系统控制，必然要面对更大的困难。

考古材料表明，进入仰韶时代以后，洛阳盆地的发展未经打断，认为这里持续发展且一直以祝融一族为主导当无问题。由于在整个仰韶文化时期，洛阳盆地一直是考古遗址最为密集的地区之一[23-24]。因而，处理好与祝融一族的关系，充分利用相关族群的人力，对于出自淮河上游且将统治中心安排在这一地区并期望长治久安的黄帝一族来说是一个十分重大的问题。

以以上讨论为背景，再来看前引《今本竹书纪年》对黄帝在"玄扈"举行典礼的过程的记述，应可看出，其行文的第一部分是说天下太平、祥瑞频出，使得黄帝有条件"祭于洛水"。第二部分则说在一系列异象的支持下，黄帝获得了上天的"严教"，这个"严教"以河图洛书的形式出现，其内容则应该是要求"（轩辕）接万神于明庭"。

王逸注《楚辞·刘向〈九叹·思古〉》说："堂下谓之庭"[25]，此处的"堂"意味着台基。故可据此认为，黄帝据以接万神的"明庭"，就是"明堂"或者双槐树遗址上的"祭坛"东侧的空地。由于双槐树侧列其中的仰韶晚期设围基址群中心组合位于双槐树遗址东边，且"祭坛"正对着汪沟遗址，所以轩辕黄帝"接万神于明庭"意味着将黄帝主张的与青台和汪沟遗址组合对应的神灵系统迎入双槐树遗址上的明堂加以供奉。

黄帝主张的神灵系统与"万神"对应，可见其具有强大的包容性，这一点在青台设围基址的塑造上得到了充分的反映。更进一步来看，设围基址与对应人群空间渊源的关联以及明堂与祖宗祭祀的关联，有助于本书认定《今本竹书纪年》所说的"万神"其实就是与青台和汪沟遗址对应的众多族群的祖灵。在当时的文化条件下，众多祖灵的统一祭祀应该表明了一个新的突破了血缘限制的庞大的族群的产生。

如果注意到公共性更强的青台遗址与和女娲对应的兴隆遗址的特殊关联，和黄帝最终在"祝融之墟"上举行接万神的典礼，就可以看出这个新的族群当以华、夏二族为核心。因为当时祝融一系势力强大，所以其对新的祭祀系统的接受，是一个至为关键的问题。故而，把应为祝融一系来源的女娲置于一个特殊的位置，从而有条件与伏羲对应，具有重大的战略意义。

从历史上看，这个新族群的核心构成源自兴隆洼文化与裕民文化的联合体，充分考虑空间与实力的关联，将这个包含着众多族群的新构成称之为"华夏"顺理成章。华夏族的成立，形成了空间范围广大、人口数量众多的新的整体，使得相应人群有能力对郑洛一线这个在东亚大陆腹地空间资源控制上的关键之地实行系统的控制，确保了一个稳定的大规模的"中国"的成立。

将"华"置于"夏"前，在渊源上，这有深远的历史根据；在感情上，这样的安排有利于祝融一系对黄帝做法的认同。在本书看来，后世被视作标准图式的女娲和伏羲连为一体的表达，正是新族群成立的图像反映（图3-10）。

图 3-10　伏羲、女娲连体图

华夏两族一体化的基础，首先是两个族群长期毗邻而居造成的你中有我、我中有你的格局，其次是两个族群在历史过程中建立起来的互信关系。和平共处当是两个族群发展壮大的必需。此外，虽然祝融之墟的核心区位于轩辕之丘新郑的上游，但基于上列设围基址群的中心在双槐树遗址以东，可以认为黄帝一族已经系统地控制了淮河及济水上游地区。同时，在双槐树遗址的上游的函谷关一带，在仰韶文化中期出现过庞大的黄帝主导的设围基址群，以这里"黄帝铸鼎原"的地名的存在为根据，可以认为此时的北阳平设围基址当为黄帝直接控制。两者实力某种水平的平衡也应是祝融一族认同黄帝主张的道理。

在上述引文的最后，《今本竹书纪年》提到了"塞门谷口"。"塞门"当为"寒门"。应劭曰："寒门，北极之门也。"[26]《汉书音义》说："寒门，天北门。"[27] 今双槐树遗址中壕之门正位于北面，故其可为"寒门"。"谷口"指河谷之端部，而双槐树遗址正当洛河汇入黄河处，亦即洛河谷口。据之，不仅可以认为双槐树遗址为《今本竹书纪年》所及之黄帝举行盛大典礼处，而且可以明确双槐树遗址当时的名称当为"塞门谷口"。

《史记·孝武本纪》中，术士公孙卿借齐人申功之口说汉武帝封泰山，其辞有："……黄帝接万神于明庭。明庭者，甘泉也。所谓寒门者，谷口也。"这里指"明庭"为北洛河中游起点，"寒门"为洛河下游起点，这当然是立足于关中的附会之说。不过，值得注意的是，《史记集解》引《汉书音义》曰："黄帝仙于寒门也。"《史记索隐》说服虔云："黄帝所仙之处也。"[28]可见黄帝在玄扈接万神这一事件，对于黄帝在中国历史上之崇隆地位的决定，具有特殊的意义。

国家是一种特殊的社会与权力形态。一般地说，它在构成上具有三个方面的特征。一是广阔空间范围，二是较为复杂的社会分层，三是强制性的权力系统的存在[29]。用某些物质遗留作为国家存在的标识是在既无法直接观察又没有系统的文献证明时操作性的需要。目前，国内外较为流行的是把文字、规模化金属器具的使用和大型工程的建设的存在作为判断国家存在的物质性标准。必须强调，用物质要素来确认社会组织格局和一定的权力形态的存在，是在不得已的情况下的权宜之计。一旦人们有条件对特定的社会和权力形态进行直接观察，就可以认同没有金属器具使用的墨西哥特奥蒂瓦坎文化和玛雅文化与国家的存在对应。一旦存在着针对社会权力形态的充分的文献记述，就会承认没有文字使用的印加王朝和秦汉时期的匈奴人已经拥有了国家体制[30]。有了直接的证据，权宜之计被束之高阁当然在情理之中。

人类学家塞维斯（Elman R. Service, 1915—1996）主张，人类社会的政治组织经历了游群、部落、酋邦和国家四个连续发展的阶段。当代文化人类学主流理论认为，在酋邦社会中，酋长虽然拥有重大的社会影响力，但是酋邦社会的高等级的政治决策活动是集体性质的，是否拥有具有合法武力支持的强制性权力是区别酋邦首领和国家首脑的关键[31]。

与《史记》将黄帝之世作为新时代的起点一样[32]，商鞅注意到了炎帝之世与黄帝之世的重大不同。《商君书·画策》说："神农（炎帝）之世，男耕而食，妇织而衣；刑政不用而治，甲兵不起而王。神农既没，以强胜弱，以众暴寡，故黄帝作为君臣上下之义，父子兄弟之礼，夫妇妃匹之合。内行刀锯，外用甲兵。"[33]稍加注意即可看出，这里勾画的图景正是与当代文化人类学主张的由酋邦向国家的转变对应的过程。

社会生产的发展是推动社会变革的动力。神农氏这一名号应该意味着炎帝时代，东亚大陆腹地经历了一个农业生产持续发展的过程，考古发掘显示，距今7000年以后的一段时间里，即与炎帝时代对应的仰韶文化早期呼应，东亚大陆腹地聚落遗址数量增长，分布范围扩张，可以作为支持上述说法的证据。农业发展的累积，导致人口增长和大规模定居，这不仅使得农耕地区间的空间争夺日益激烈，而且导致非农耕地区对农耕地区的侵夺问题日益严重。一旦旧有的制度和空间框架不再敷用，《史记》提及的"炎帝世衰""诸侯相侵伐"，而"神农氏弗能征"就会成为常见的情景[34]。在这样的情况下，深入的社会变革和大规模的秩序重整就势在必行。

《商君书》显然把当时的社会制度的变动归纳为社会秩序的梳理和暴力工具的使用这两个方面。《史记》在记述黄帝一族崛起时说："轩辕乃修德振兵，治五气，艺五种，抚万民，度四方。教熊罴貔貅䝙虎，以与炎帝战于阪泉之野。三战，然后得其志。"[35] 由司马迁的文字看，黄帝的作为也主要包括社会秩序的梳理和暴力工具的使用两方面的内容。只不过，这里的社会秩序的梳理——"修德"涉及了更为基础的内容："治五气"，研究节气与农耕的关系；"艺五种"，培育适应不同条件的农作物；"抚万民"，建立合理的民众管理制度；"度四方"，进行适应性的居民体系安排。暴力工具的使用——"振兵"，则主要强调"教熊罴貔貅䝙虎"——专门的武装力量使用。对于炎帝之世向黄帝之世转变的关键特征归纳的一致性，在一定水平上表明了相应的说法并非空穴来风。

考古材料表明，与炎帝之世对应的仰韶文化早期，即公元前4500年前后，一个以关中平原为核心的，农业和定居发展到一定水平的，涉及范围包括今陕西、山西全境以及河南大部的仰韶早期文化遗址空间共同体已经形成。具体的分析显示，该空间共同体中的遗址有着明晰的功能和等级划分，呈现为明确的中心—边缘构成[36]。由中心设置的规模有限看，当时的广域权力带有明确的原始民主特征。按照本书的立场，相应的状态应该能和当代文化人类学描述的酋邦时代相对应。

值得注意的是，仰韶文化早期的设围基址遗址面积多不超过10万平方米，最多有两道壕沟。而仰韶文化晚期的设围基址可以区分出一道圈围、两道圈围、三道圈围和四道圈围这四种形式，遗址规模则可以区分出80万平方米以上、50万平方米左右、10万~20万平方米和5万平方米以下的多种情况。这样的状况不仅显示了社会复杂程度的大幅度提升，而且中心设置营造投入大幅增加，可以作为权力在一定水平集中的体现。因为圈围段落与相应人群的空间渊源对应，所以圈围重数的增加不仅意味着空间形式的隆重水平的提高，而且包含着更为复杂的社会秩序梳理的内容。

在上古的天子—诸侯制度条件下，天子直接控制的地区——王畿的大小和对王畿的控制格局是衡量天子集权水平的重要指标。《史记·五帝本纪》叙及黄帝对天下的治理时说："置左右大监，监于万国。万国和，而鬼神山川封禅与为多焉。获宝鼎，迎日推策。举风后、力牧、常先、大鸿以治民。"[37] 可见，黄帝的管控范围可以分为两个部分，一个是要用"左右大监"管控的诸侯国部分，另一个是用"风后、力牧、常先、大鸿"治理的王畿部分。

王畿的尺寸，古人多有方千里之说，但那也许是夏、商、周时代政权强势时段的情况。取决于交通条件和行政管理能力，炎、黄之世的王畿应该较小。其具体尺寸或可参考《逸周书·作雒解》提及的"国东土"郊甸方六百里的方案。具体的研究表明，按照古代的传统，方六百里的王畿格局不必是边长600里的正方形，而应是总边长2400里的范围[38]。

人们常用"八百里秦川"来描述关中平原的尺度，这启发了本书设想炎帝的王畿范围是一个800里×400里的矩形。测量表明，由在区域空间控制上极为重要的宝鸡峡谷出口到渭河入黄处附近的潼关一带的距离约为280千米，这一数值恰好约为古人在大地测量上常用355米为一里的800倍，即其正与民间的"八百里秦川"的说法相对应。本书注意到，与关中平原中心区相对的秦岭第一高峰太白山以东之最高峰静峪脑距关中平原中心的距离大致为70千米，也就是约200里。这样，东西800里，南北400里，即方六百里的王畿规格本为"天成"。实际情况不止如此。若以静峪脑一线为王畿的南边线，并由之向北400里（即142千米）定出王畿的北边线，令人惊讶的是，位于关中平原南北的仰韶文化早期的常规性的设围基址陕西商洛紫荆遗址和陕西旬邑崔家河西村遗址不仅在王畿的南北边线附近出现，而且正好处在王畿之外。在我们看来，这样的状况的存在进一步地支持东西800里、南北400里的王畿的划定（图3-11）。

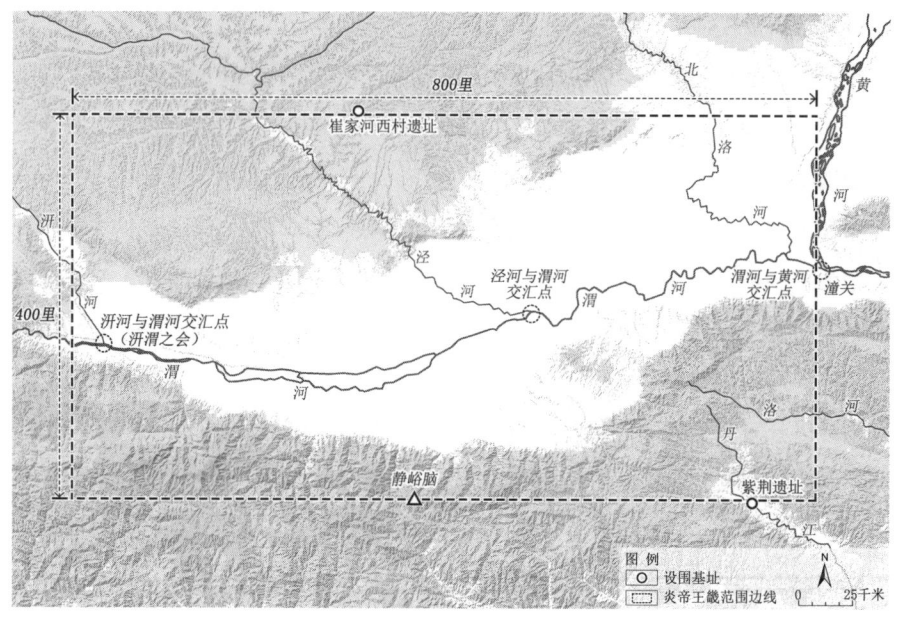

图 3-11　炎帝王畿范围示意图

需要补充的是，与紫荆和崔家河西村遗址不同，带有圈围的陕西铜川瓦窑沟遗址靠近边线但落在王畿之内。不过，瓦窑沟遗址上的圈围范围仅 2000 多平方米，圈围的核心对象为一儿童墓葬[39-40]，且遗址所对应的石川河为一短程河流。这些应该意味着其与紫荆遗址和崔家河西村遗址性质不同。

着眼于设围基址群之中心所在，从空间管控的角度来看，把函谷关一带作为黄帝的王畿西边的起点是合理的。若由出现在函谷关一带的设围基址群的西端向东量 800 里，其所在正处于黄河与济水交汇造成的湿地区的西边缘。这样的结果在某种程度上提示黄帝的王畿之东西向长度与炎帝之王畿相同。本书注意到，黄河以南的熊耳山主脊与黄河以北的历山最高峰舜王坪不仅距黄河南河主轴的距离大致相等，而且其南北间距大致为 400 里。可见，这里同样存在一个"自然"的具有一定地理标识单位支撑的相对独立的空间单元，这当然可以作为炎、黄二帝之王畿规格一样的说明。值得特别指出的是，测量显示，此时在函谷关一带出现的北阳平设围基址和在黄河与济水交汇点以下出现的尚岗杨设围基址间的直线距离不足 800 里，由于此时北阳平遗址以下的设围基址全部靠近黄河主道布置，所以这些设围基址全部落在黄帝主张的王畿之中（图 3-12）。

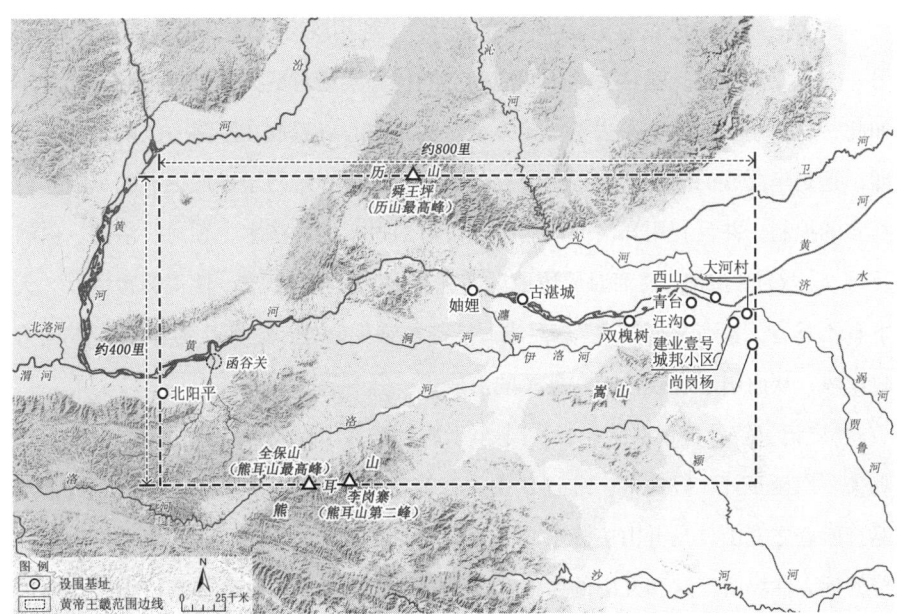

图 3-12　黄帝王畿范围示意图

值得进一步注意的是，在炎帝那里，一般的设围基址不仅都处在王畿之外，而且不是处在中心单位依托的渭河的支流上，就是居高临下地相对独立。这样的情形，凸显了其较少受到控制，与上位权力自主协同的态势。而在黄帝那里，位于潼关以下沿黄河展开的设围基址不仅都在王畿以内，而且不是靠近黄河干流设置，就是在由汪沟和青台遗址构成的中心单位下游安排。这样的坐落方式，使得那些从属性的单位都失去了空间的独立性，从而在权力的主导者面前更为被动。这样的情形，当然表明了较之炎帝，黄帝的权力具有更多的强制性内容。

800 里×400 里的王畿范围约合 4 万平方千米，按照《逸周书》[41]的说法，为了对这样大小的区域实施管理，要将之划分为 60 个县，这样，平均每个县的面积大约为 666.7 平方千米。在今天的中国内陆地区，这样大小的县依然存在。也许《逸周书》所针对的是人口繁盛、管理严格的理想模式，即使黄帝时人口水平不及周初，管理模式也不尽相同，可无论如何，对这样大小的范围进行区划管理是必需的。也就是说，《史记》说黄帝设有众多官员对王畿实行管理确有其必要性。

　　黄帝一族将中心设置置于郑洛一线，除了利用既有政治、族群脉络的需求，另一个重要的缘由，就是要利用相应的空间优势实施对更大区域的控制。如果不如此，就在相当程度上失去了"接万神"和将中心设置放在郑洛一线的意义。亦即，正是华夏族的成立，使得相应族群可以对郑洛一线乃至地域更大的王畿实行扎实的控制，并且利用郑洛一线居中且可以通过东河、济水、颍河、洛河、白河及丹江、汉江、渭河、泾河对周边地区实施有力的管控的优势，使得黄帝可以"天下有不顺者，黄帝从而征之"，促成"迁徙往来无常处，以师兵为营卫"[42]的行政作风，从而引出规模化的常备军的形成。

　　《史记》叙及黄帝巡狩，云："东至于海，登丸山，及岱宗。西至于空桐，登鸡头。南至于江，登熊湘。北逐荤粥，合符釜山，而邑于涿鹿之阿。"[43]黄帝东巡狩所登之丸山，是沂山主峰东北方的一座相对独立的小山。为何将之作为东巡狩的标志性场所？这和丸山的区位和自身特征相关。丸山处在环泰沂山系地区最为重要的两个神明之隩——济水与泰山相夹处和大海与五莲山相夹处大致中间的位置，其所背倚的沂山又是沂水的发源地，而具有特殊神圣意味的跋山遗址正位于沂水的源头地，与沂山主峰呼应。在沂山东北，通向大海的丹水又发源于丸山。这样的条件，使得丸山成为举行盟会活动的合适场所。公元前6000年前后出现的小荆山设围基址的北壕即指向丸山，不仅表明了对丸山重视的历史久远，而且表明了《史记》对黄帝巡狩的记述并非妄言。黄帝西巡狩所至之崆峒山是泾河中游起点的标志，鸡头山则位于此时存在的含有圈围的南佐遗址上游位置，是对其形成压制的特殊地点。南巡狩始于位于丹江源地的熊山，终于位于长江入洞庭湖处的湘山。北巡狩显然与一场战争相关，这场战争，导致了红山文化与哈民忙哈文化设围基址的全数灭失。考虑到四向巡狩的目的地的位置，可以认为黄帝认定的其疆域的合理范围应该在100万平方千米以上（图3-13）。

　　在当时的交通条件下，针对如此巨大的空间进行管控，似乎只是"以师兵为营卫"的应时应事而动还不充分，在各地设置由最高统治者直接支配的驻军或已应运而生。《左传·昭公十七年》说："昔者黄帝氏以云纪，故为云师而云名。"《史记集解》引张晏曰："黄帝有景云之应，因以名师与官。"又引应劭曰："黄帝受命，

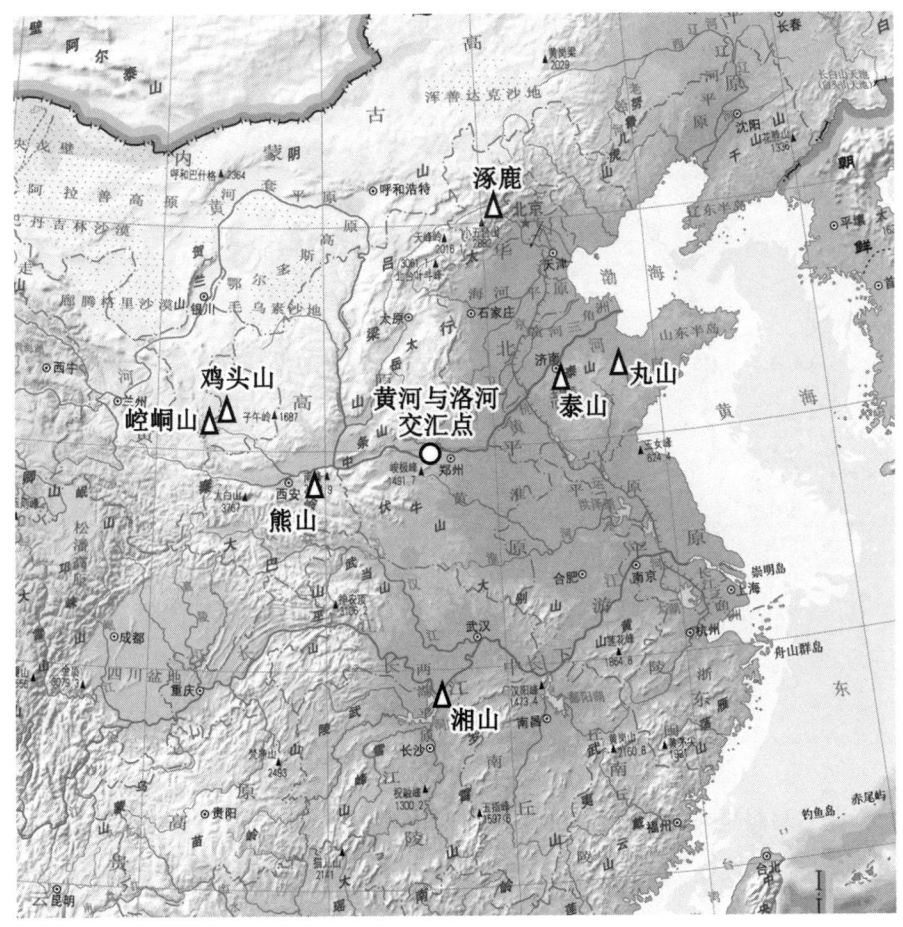

图 3-13　黄帝巡狩涉及的空间要点

有云瑞，故以云纪事也。春官为青云，夏官为缙云，秋官为白云，冬官为黑云，中官为黄云。"[44-45]这种说法虽然很难被证明，但是从当时的空间尺度、交通条件和管控需求诸方面着眼，相应的说法应该有着坚实的逻辑必然性。

仰韶文化中期，在潼关以下，与黄帝一系对应的设围基址则不仅全部沿黄河主道设置，而且在大约 120 千米的黄河沿线上，出现了由 7 个距离近、相邻的从而有利于主导者统一操控的设围基址构成的设围基址群。历史地看，这样的构造存在，是黄帝一系为了应对强势的对手、在战争状态下的产物。但是到了仰韶晚期，郑洛一线的设围基址体系的存在则表明战时的设围基址设置方式最终转为权力组织的常规。历史表明，这样的制度"挪用"，确实是集权得以实现的常规途径（图3-14）。

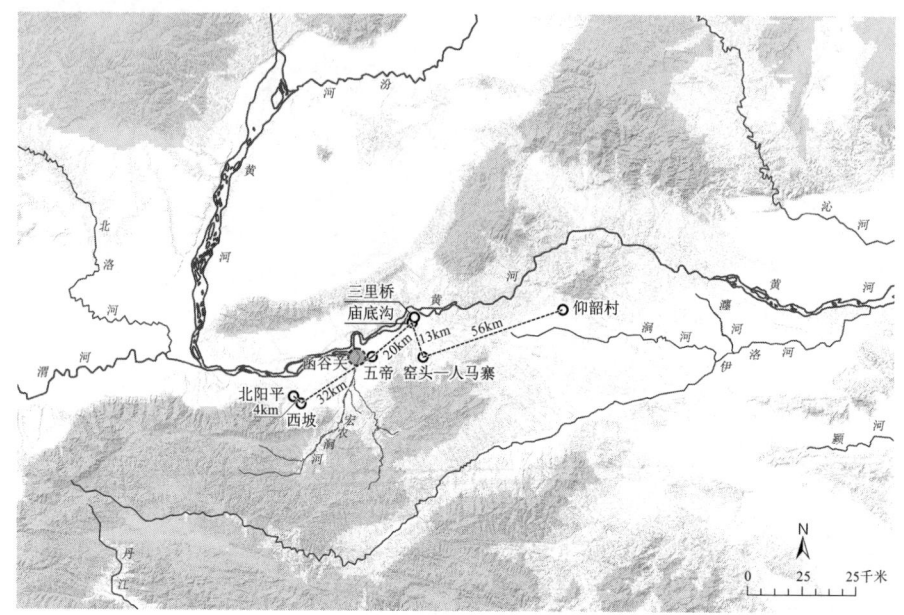

图3-14　函谷关一带仰韶文化中期设围基址分布图

考古材料呈现的空间组织形式所含有的政治可能性与《史记》《商君书》记述的多层次的契合，应该表明了《史记》和《商君书》对于炎、黄之世的社会转变的叙述极具真实性，据之可以认为，在黄帝之世，以复杂的社会分层为基础的、有着合法的武力支持的、面对广大地域的权力，或者说国家（文明），已经在东亚大陆腹地产生。

在距今5400年时，有合法武装支持的强制性的权力在当时的族群竞争中应该是一件十分有力的"武器"。此后，至环太湖地区及钱塘江流域、江汉平原、托克托河口上下乃至岷江流域的大规模密集型设围基址群的存在，应该表明了以汪沟、青台为中心的设围基址群的出现，导致了东亚大陆腹地的族群竞争进入到一个全新的时期。

注释

[1] 王鲁民：《塑造中国：东亚大陆腹地早期聚落组织与空间架构》，大象出版社，2023，第118页。

[2] 顾万发：《郑州地区仰韶文化中晚期重要考古发现及相关问题初步研究》，《黄河科技学院学报》2023年第6期。

[3] 顾万发：《文明之光：古都郑州探索与研究》，科学出版社，2016，第20-23页。

[4] 司马迁：《史记》第九册，中华书局，1959，第10页。

[5] 顾万发：《郑州地区仰韶文化中晚期重要考古发现及相关问题初步研究》。

[6] 顾万发：《文明之光：古都郑州探索与研究》，第19-20页。

[7] 顾万发：《郑州地区仰韶文化中晚期重要考古发现及相关问题初步研究》。

[8] 顾万发：《文明之光：古都郑州探索与研究》，第23页。

[9] 郑州市文物考古研究院：《河南巩义市双槐树新石器时代遗址》，《考古》2021年第7期。

[10] 齐岸青：《河洛古国：原初中国的文明图景》，大象出版社，2021。

[11] 王鲁民：《塑造中国：东亚大陆腹地早期聚落组织与空间架构》，第56页。

[12] 《淮南子·主术训》说"明堂之制……迂延而入之"，《史记》则说明堂"从西南入"。

[13] 王鲁民、范沛沛：《祭祀与疆域：中国上古空间考古六题》，大象出版社，2021，第146-178页。

[14] 王鲁民：《塑造中国：东亚大陆腹地早期聚落组织与空间架构》，第86-88页。

[15] 虚，同墟，本意为山丘，衍生意可指聚落或墓地。《左传·昭公十七年》说："郑，祝融之虚也。"《汉书·地理志》说："今河南之新郑，本高辛氏之火正祝融之虚也。"据此，新郑成为祝融之墟是黄帝以后的事。因为设围基址是相应人群的祭祀中心，在祭祀为国之大事的背景下，设围基址所在即相应人群居地的中心所在，祝融一世之设围基址出现在河汾之间及洛阳一带，所以在帝喾一世之前的相当长的时间里，河汾之间及洛阳一带才是祝融之墟。

[16] 王国维撰，黄永年校点《古本竹书纪年辑校·今本竹书纪年疏证》，辽宁教育出版社，1997，第39-40页。

[17] 徐朝华注《尔雅今注》，南开大学出版社，1994，第235页。

[18] 周明初校注《山海经》，浙江古籍出版社，2000，第102页。

[19] 同上书，第103-106页。

[20] 刘宗迪：《众神的山川：〈山海经〉与上古地理、历史及神话的重建》，商务印书馆，2022，第238-256页。

[21] 王鲁民：《塑造中国：东亚大陆腹地早期聚落组织与空间架构》，第186页。

[22] 班固：《汉书》第六册，中华书局，1962，第1555页。

[23] 国家文物局主编、河南省文物局编制《中国文物地图集（河南分册）》，中国地图出版社，1991。

[24] 许顺湛:《豫晋陕史前聚落研究》,中州古籍出版社,2012。
[25] 王逸章句,曹建国、宋小芹点校《楚辞》,湖北教育出版社,2020,第172页。
[26] 班固:《汉书》第八册,第2599页。
[27] 司马迁:《史记》第九册,中华书局,1959,第3063页。
[28] 司马迁:《史记》第二册,第467-469页。
[29] 李学勤主编《中国古代文明与国家形成研究》,云南人民出版社,1997,第7页。
[30] 同上书,第3-5页。
[31] 埃尔曼·塞维斯:《国家与文明的起源:文化演进的过程》,龚辛、郭璐莎、陈力子译,陈淳审校,上海古籍出版社,2019,第14-15页。
[32] 司马迁:《史记》第一册,中华书局,1959,第1页。
[33] 石磊译注《商君书》,中华书局,2011,第130页。
[34] 司马迁:《史记》第一册,第1页。
[35] 同上书,第3页。
[36] 王鲁民:《塑造中国:东亚大陆腹地早期聚落组织与空间架构》,第89-103页。
[37] 司马迁:《史记》第一册,第6页。
[38] 王鲁民、范沛沛:《祭祀与疆域:中国上古空间考古六题》,第205页。
[39] 王炜林:《瓦窑沟史前遗址发掘取得重要成果》,《中国文物报》1995年5月21日。
[40] 钱耀鹏:《关于环壕聚落的几个问题》,《文物》1997年第8期。
[41] 黄怀信、张懋镕、田旭东:《逸周书汇校集注》,上海古籍出版社,1995,第560-573页。
[42] 司马迁:《史记》第一册,第6页。
[43] 同上。
[44] 王守谦、金秀珍、王凤春译注《左传全译》,贵州人民出版社,1990,第1270页。
[45] 司马迁:《史记》第一册,第7页。

第四章

五帝时代（下）：大型权力单位间的碰撞与协同

中国地势图

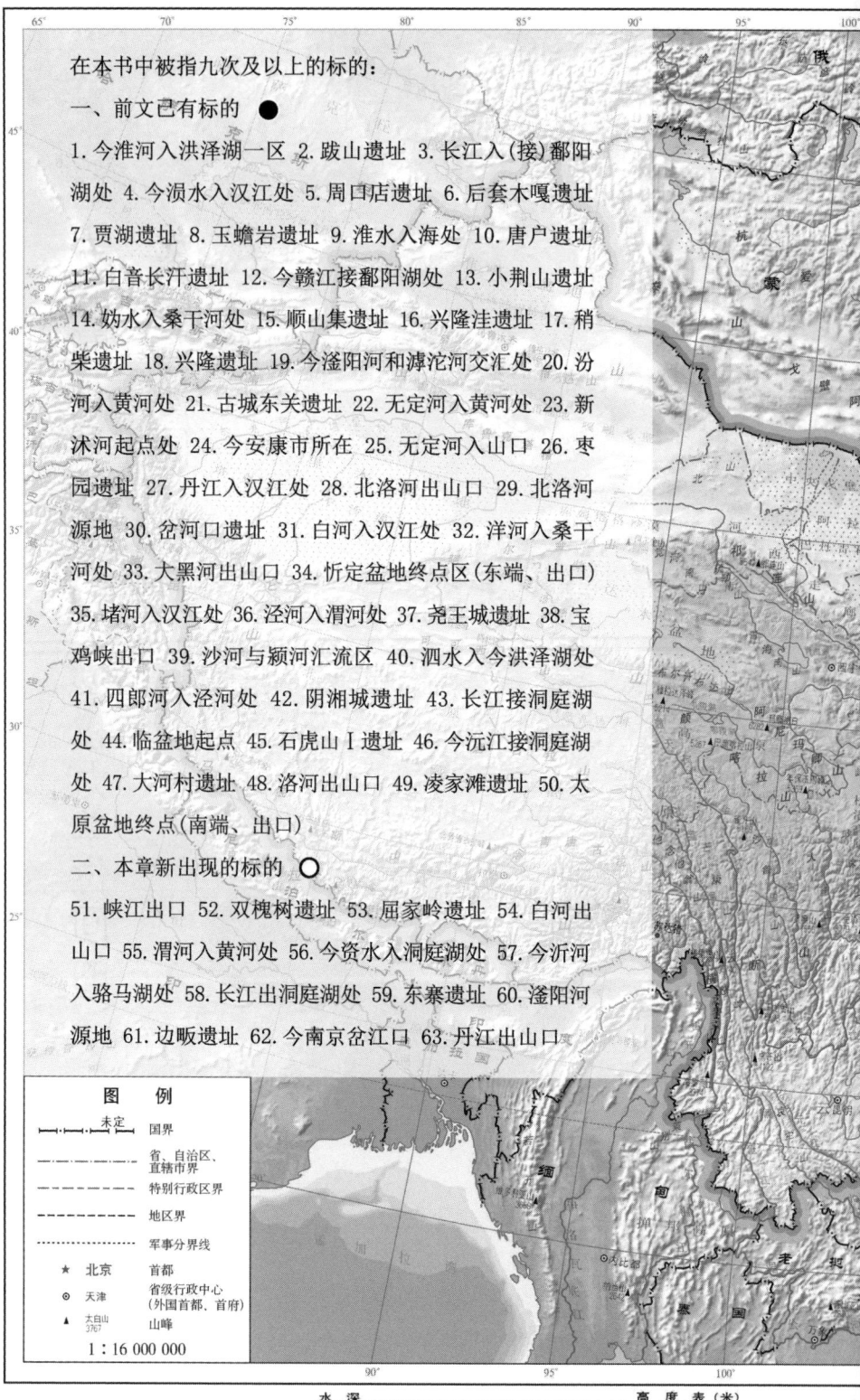

在本书中被指九次及以上的标的：

一、前文已有标的 ●

1. 今淮河入洪泽湖一区 2. 跋山遗址 3. 长江入(接)鄱阳湖处 4. 今洓水入汉江处 5. 周口店遗址 6. 后套木嘎遗址 7. 贾湖遗址 8. 玉蟾岩遗址 9. 淮水入海处 10. 唐户遗址 11. 白音长汗遗址 12. 今赣江接鄱阳湖处 13. 小荆山遗址 14. 妫水入桑干河处 15. 顺山集遗址 16. 兴隆洼遗址 17. 稍柴遗址 18. 兴隆遗址 19. 今滹阳河和滹沱河交汇处 20. 汾河入黄河处 21. 古城东关遗址 22. 无定河入黄河处 23. 新沭河起点处 24. 今安康市所在 25. 无定河入山口 26. 枣园遗址 27. 丹江入汉江处 28. 北洛河出山口 29. 北洛河源地 30. 岔河口遗址 31. 白河入汉江处 32. 洋河入桑干河处 33. 大黑河出山口 34. 忻定盆地终点区(东端、出口) 35. 堵河入汉江处 36. 泾河入渭河处 37. 尧王城遗址 38. 宝鸡峡出口 39. 沙河与颍河汇流区 40. 泗水入今洪泽湖处 41. 四郎河入泾河处 42. 阴湘城遗址 43. 长江接洞庭湖处 44. 临盆地起点 45. 石虎山Ⅰ遗址 46. 今沅江接洞庭湖处 47. 大河村遗址 48. 洛河出山口 49. 凌家滩遗址 50. 太原盆地终点(南端、出口)

二、本章新出现的标的 ○

51. 峡江出口 52. 双槐树遗址 53. 屈家岭遗址 54. 白河出山口 55. 渭河入黄河处 56. 今资水入洞庭湖处 57. 今沂河入骆马湖处 58. 长江出洞庭湖处 59. 东寨遗址 60. 滏阳河源地 61. 边畈遗址 62. 今南京岔江口 63. 丹江出山口

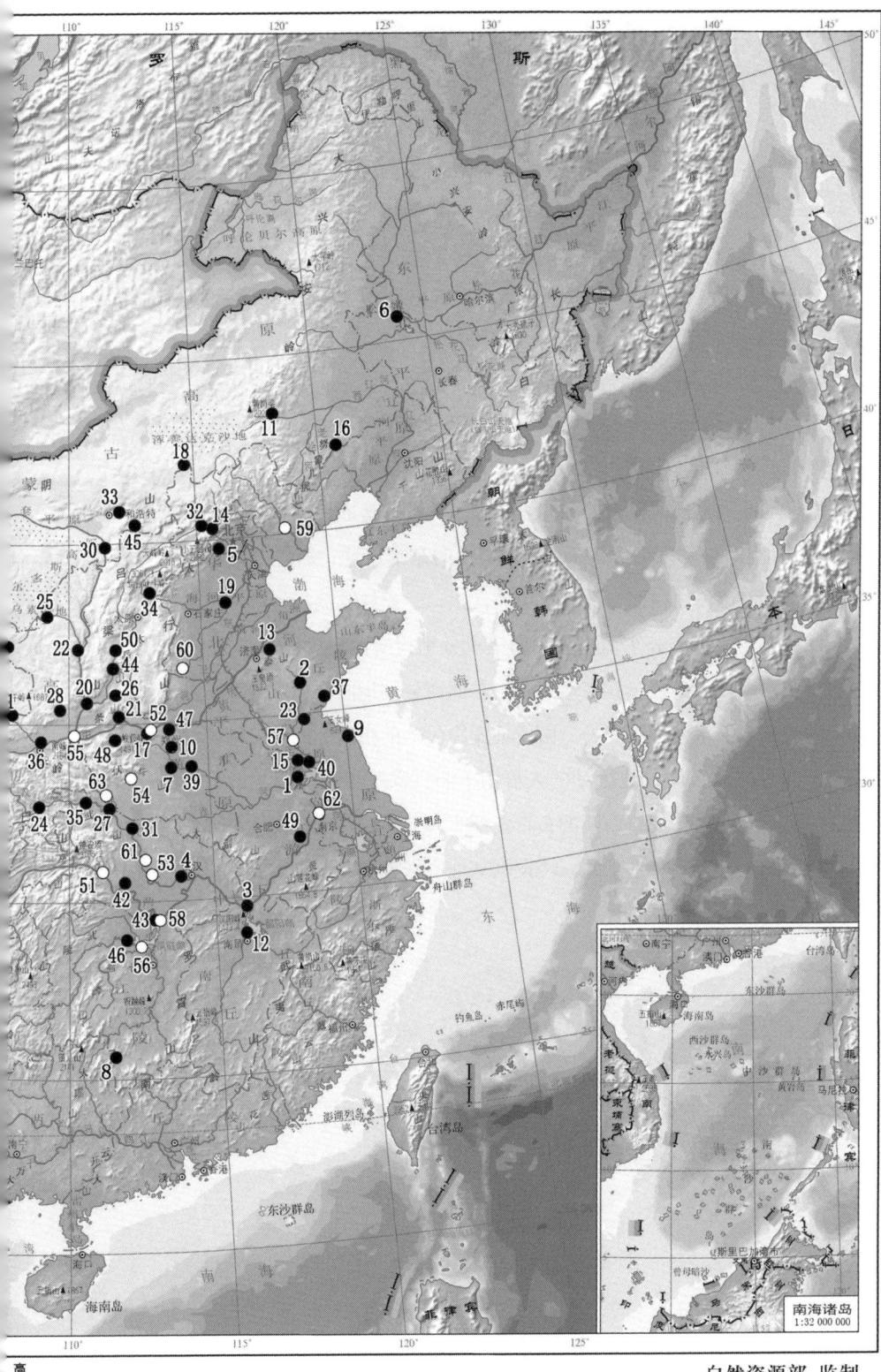

自然资源部 监制

本章出现的主要营造设置指向标的分布示意图

应该与庞大的仰韶文化中、晚期设围基址群出现相关，公元前3500年前后，在澧阳平原的城头山遗址附近出现了湖南澧县三元宫设围基址；在汉江一线，原来的龙嘴设围基址则由规模较大的湖北天门谭家岭设围基址代替。

谭家岭遗址[1]的西垣诸段由南而北分别指向东寨遗址、唐户遗址和尧王城遗址所在。其北垣诸段由西而东分别指向峡江出口、长江支流清江源地、双槐树遗址、长江接鄱阳湖处。其东垣由北而南诸段分别指向白河源地、双槐树遗址、沅江出山口及酉水接沅江处。其南垣诸段由东而西分别指向今涢水入汉江处、长江接鄱阳湖处和今修水入鄱阳湖处。由遗址圈围段落的指向标的看，谭家岭遗址的主张者应是原本在黄河一线活动的人群南下与江汉平原及周边人群结合的产物。前引《史记》文提到，源自西陵的黄帝正妃生有二子，一为青阳，其降居江水。据之也许可以认为，青阳一系是谭家岭设围基址主张者中的重要成员（图4-1）。

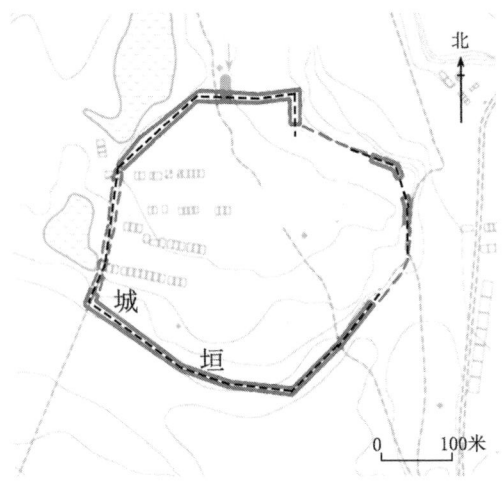

图4-1 谭家岭遗址圈围段落归纳图

与江汉平原上的设围基址变动大致同时，原本在华阳一区的属于仰韶文化的设围基址由两个变为三个。新增加的河南淅川龙山岗遗址坐落在丹江出山口处[2-3]，与既有的沟湾设围基址和冢洼设围基址组成一个协同单元。龙山岗遗址上的南壕残段东北指向双槐树遗址，东壕残段东南指向白河入汉江处。这样的指向构造与位置指示着其在联络郑洛一线以及江汉平原势力上具有积极意义。

在公元前3300年左右，在澧阳平原既有的属于油子岭文化的三元宫和城头山两个设围基址之间，出现了湖南澧县鸡叫城设围基址[4-5]。鸡叫城遗址油子岭文化晚期开掘的环壕的西壕诸段由南而北分别指向小荆山遗址、城头山遗址和贾湖遗址。北壕诸段由西而东分别指向赣江出山口（今万安附近）、修水出山口。东壕诸段分别指向兴隆遗址与清江入长江处。南壕诸段由东而西分别指向酉水源地、今信江入鄱阳湖处和赣江出山口（今万安附近）。公元前3200年左右，鸡叫城所在进入屈家岭文化时期，在鸡叫城已有的环壕的外部加设了又一重环壕和城垣。新的环壕西壕指向贾湖遗址。北壕诸段分别指向今淮河入洪泽湖处、今洞庭湖南湖与西湖交接处。东壕指向浊漳河北源入干流处。南壕诸段分别指向今涢水入汉江处、酉水源地和赣江出山口。与谭家岭遗址相比，鸡叫城是更具在地性的设置（图4-2）。

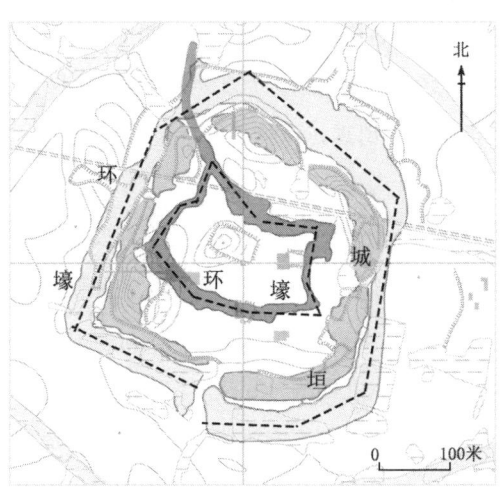

图4-2　鸡叫城遗址油子岭和屈家岭文化时期圈围段落归纳图

公元前3200年左右，在汉江以北、谭家岭遗址以西不远处，出现了湖北京山屈家岭设围基址[6-7]。屈家岭遗址之西壕南指赣江出山口处（今万安附近）。北壕指向城头山遗址或胡家屋场遗址。东壕诸壕段由北而南分别指向衢江源地、长江接鄱阳湖处和抚河出山口。南壕东段指向甑皮岩遗址，南壕西段指向阴湘城遗址。在圈围的西部，发现有大型建筑，其东南—西北轴线正与龙嘴遗址相对，其东北—西南轴线正指向汤家岗遗址。屈家岭遗址与谭家岭遗址毗邻，其圈围段落指向标的只与长江一线要点相关。这似乎意味着，在江汉平原活动的人群与中原的关系经历了由服从到博弈的改变。

甑皮岩是一处洞穴，位于湘江源地附近的西江支流——漓江源地的河道剧烈转折处。据之既可以方便地通过漓江进入岭南，又可以顺湘江北上，对中原施加影响。甑皮岩遗址文化堆积最厚处达3.2米，发现有墓葬、灶址、灰坑等遗迹和大量人工制品及动植物遗存。文化堆积可以分为五期，第一期至第四期（距今8000~12 000年）表现出从旧石器时代向新石器时代过渡的特征。在距今11 000~12 000年的第一期堆积中，人们发现了陶片以及石制、骨制和蚌制工具。石器以打制为主，继承了华南地区更新世晚期盛行的打制石器传统。石器遗存包括大量的卵石、坯料、石片和废料。有些石片可以拼合，表明石器就是在遗址制作的。石器的原料主要得自附近的漓江。第二期至第四期，打制石器传统仍然延续，出现了石斧、石锛等磨制石器，且比例逐渐增高[8]。甑皮岩遗址作为屈家岭遗址的圈围段落指向标的出现，意味着湘江流域已经成为了相应人群的重要关切。

大致与屈家岭设围基址出现同时，在汉江与白河交汇点以北，出现了属于屈家岭文化的湖北襄阳凤凰咀设围基址[9]。测量显示，凤凰咀遗址的西环壕诸段由南而北分别指向玉蟾岩遗址、跛山遗址、双槐树遗址。其北壕指向凌家滩遗址和淮河出山口处。其东壕诸段由北而南分别指向古城东关遗址、钱塘江出山口、今沅江接洞庭湖处、淮河出山口处、双槐树遗址。南壕由东而西两段分别指向凌家滩遗址和堵河入汉江处。如果将其与江汉平原诸设围基址在地性提升和随后与中原关系更为密切的位于华阳一线的设围基址群衰落结合起来看，相应的指向结构和具体的坐落应该意味着其与中原势力争夺人口资源（图4-3）。

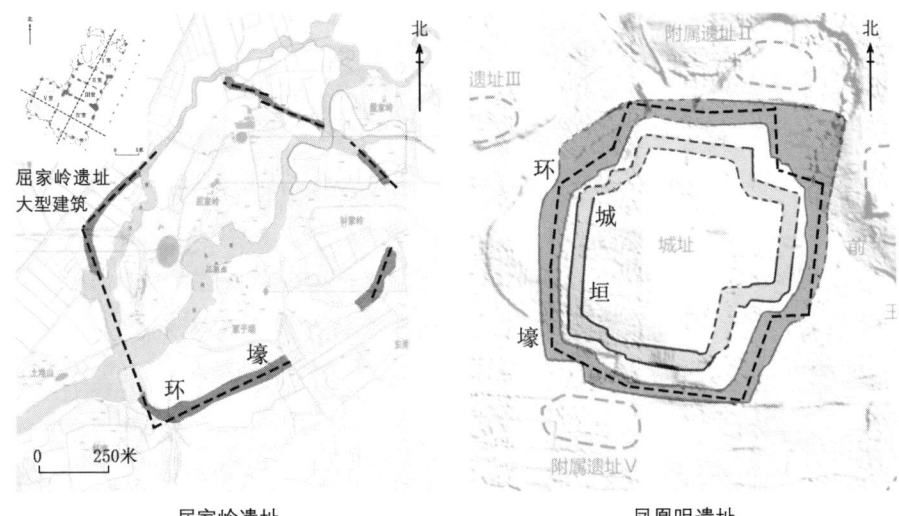

图 4-3　凤凰咀遗址和屈家岭遗址圈围段落及主要建筑轴线归纳图

公元前 3400 年，在燕山以北红山文化的设围基址由 2 个增长为 6 个，并且形成了由内蒙古敖汉旗七家、兴隆沟第二地点、刘家屯遗址群和西台遗址构成的设围基址密集区。加上属于哈民忙哈文化的内蒙古科尔沁左翼中旗哈民忙哈设围基址以及长期存在于东北大平原的后套木嘎设围基址，可以认为，这里存在着一股重要的地方势力。不仅如此，此时，在岔河口设围基址东北的岱海地区及周边，出现了仰韶文化晚期海生不浪类型的内蒙古察右前旗大坝沟及内蒙古凉城王墓山坡中两个设围基址。这些设围基址的存在，应该给黄帝一族造成了压力。公元前 3200 年前后，位于郑洛一线的设围基址群进行了整顿：双槐树遗址上出现了外环壕；在双槐树遗址以西，加设了河南孟津妯娌设围基址；在汪沟和青台组合以东，取消了尚岗杨设围基址，设置由河南郑州西山、建业壹号城邦小区、大河村诸设围基址构成的组团。

双槐树遗址外壕的指向格局前已述及。如果单从其圈围的场地包括状况着眼，它的设置主要与圈围中壕以外的三个墓区相关。考虑到遗址功能的连续性，似可认为在外壕未建之前这三个墓区已经存在。外壕的建设，在于提升这些墓区的祭祀等级，这本身就意味着双槐树人面对严峻的挑战。进一步观察，可发现双槐树外壕圈围的三个墓区分布在中壕以外东南、西南和西北，联系此时岱海地区、江汉平原和长江下游异文化设围基址群的存在，可推测双槐树遗址的压力应该主要来自东南、西南和西北三个方向。也就是说，这三块墓地有不同的地域针对性。由于位于西北的墓葬一区的面积为位于西南的墓葬三区及位于东南的墓葬四区面积之和的3倍，所以西北方向是双槐树遗址乃至其侧身其中的仰韶文化晚期设围基址群的主要压力来源。

大河村设围基址、西山设围基址和建业壹号城邦小区设围基址对尚岗杨设围基址的取代，应该意味着对于此时的黄帝一族来自东北方向的压力也不容小觑。

大河村遗址处在黄河中游与下游的折点处。测量显示，其坐落点正在后套木嘎遗址与东寨遗址间连线的延长线上，该连线的延长线的主要段落大体上与当时的黄河下游河道对应。这样，大河村遗址就很自然地成为由黄河中下游河道构成的与北斗星斗魁对应图形上的要点[10]。具体地说，在古人那里，大河村可以代表北斗七星中的天璇星，这使其在相当程度上与一般的设围基址有所不同。

大河村遗址[11]上的初建的环壕的西壕由南而北诸壕段分别指向临汾盆地起点、屈家岭遗址、妫水入桑干河处，北壕由西而东诸壕段分别指向汉中盆地和安康盆地之间、古城东关遗址，东壕主体部分由北而南诸壕段分别指向唐户遗址、妫水入桑干河处、白河出山口，东环壕的凸出部分由南而北诸段分别指向枣园遗址、丹江入汉江处，南环壕由东而西诸段分别指向新沭河起点、今安康所在、古城东关遗址、无定河入山口和古城东关遗址。在环壕建成一段时间以后，人们又在既有圈围的中央偏西建设了一圈城垣。城垣的建设对于提升基址的防御能力应有积极意义。该城垣的西垣由南而北诸段依次指向唐户遗址、周口店遗址和妫水入桑干河处。北垣由西而东诸段分别指向新沭河起点与泗水入今洪泽湖处，东垣诸段由北而南依次指向贾湖遗址、周口店遗址、唐户遗址、贾湖遗址和妫水入桑干河处，南垣由东而西诸段落分别指向今汉中所在、安康盆地起点和渭河入黄河处。

西山遗址[12-13]拥有两道环壕，内环壕残存壕段由西而东顺时针旋转诸壕段分别指向白河出山口、浊漳河北源入干流处、堵河入汉江处、渭河入黄河处、新沭河起点、汾河入黄河处、太原盆地终点。外环壕残存壕段由西而东，分别指向姜寨遗址、四郎河入泾河处、无定河入黄河处、太原盆地终点（图4-4）。

第四章 　081
五帝时代（下）：大型权力单位间的碰撞与协同

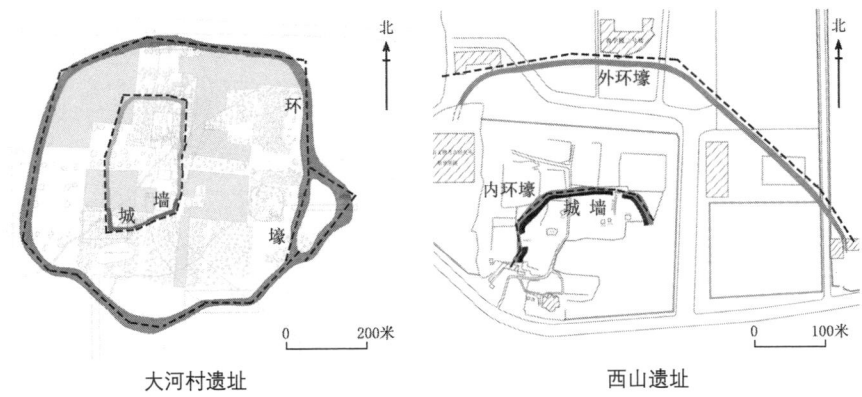

图 4-4　大河村、西山遗址圈围段落归纳图

将大河村遗址和西山遗址圈围指向系统与尚岗杨遗址圈围指向系统比较，可看到其间存有某种连续性，但与大河村遗址和西山遗址对应的人群空间渊源更加多元。圈围指向的标的中桑干河及相关地区、渭河一线和汉江上游重要地点的出现，以及与汉江下游关联地点的减少，不仅指示着为了因应外部压力需要动员更多的资源，而且指示着外部环境的改变。

公元前 3400 年前后，在长江下游出现了凌家滩文化的安徽含山凌家滩设围基址[14]。凌家滩遗址位于长江以北巢湖连接长江的河道上，长江对面的芜湖，则是长江一线东向勾连环太湖地区的要点。凌家滩遗址的遗址规模达到了 160 万平方米，遗址上见有两道深壕，内壕西南部缺失，外壕仅存西部一段。测量显示，其内壕西壕残段由南而北诸壕段分别指向今信江入鄱阳湖处和富屯溪入闽江处。北壕由西而东诸壕段分别指向溳水出山口处、白河入汉江处、白河出山口、溳水源地、白河入汉江处。东壕诸段由北而南分别指向衢江源地、新安江出山口。南壕残段自东向西分别指向澧水出山口和今资水入洞庭湖处。残存之外壕由南至北诸段分别指向今修水入鄱阳湖处、修水出山口处、今抚河接鄱阳湖处和今修水接鄱阳湖处。总的来看，这是一个人口来源与长江中下游地区、钱塘江流域以及八闽之地相关的设置。这样的人口来源，在相当程度上构成了凌家滩文化最终与在环太湖地区活动的崧泽文化、与八闽之地相关的河姆渡文化结合的基础（图 4-5）。

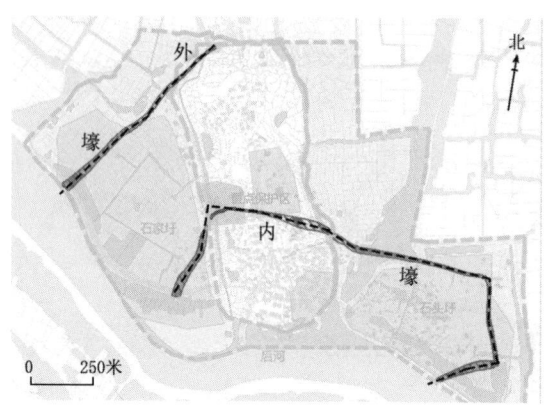

图 4-5　凌家滩遗址圈围段落归纳图

公元前 3300 年前后，与黄帝接万神异曲同工，凌家滩文化、崧泽文化和河姆渡文化实行联合，形成了涉及范围 10 余万平方千米的良渚文化[15]。在良渚文化区的南部，远离异文化人群的可能侵袭，设置了浙江杭州玉架山环壕基址群。考虑到玉架山设围基址的特殊位置和其在整个良渚文化存续时期持续的存在，可以认为它是良渚文化人群的核心祭地（图 4-6）。

玉架山遗址[16-18]坐落在钱塘江出山口处，遗址面积为 15 万平方米。该遗址由多个环壕地段构成，其在概念上源于白音长汗遗址和仰韶早期的设围基址组合。参考姜寨遗址的具体安排，玉架山遗址当是面对整个良渚文化覆盖区的公共性的祭祀中心，遗址上的单个环壕地段，均与良渚文化的某一区域性势力对

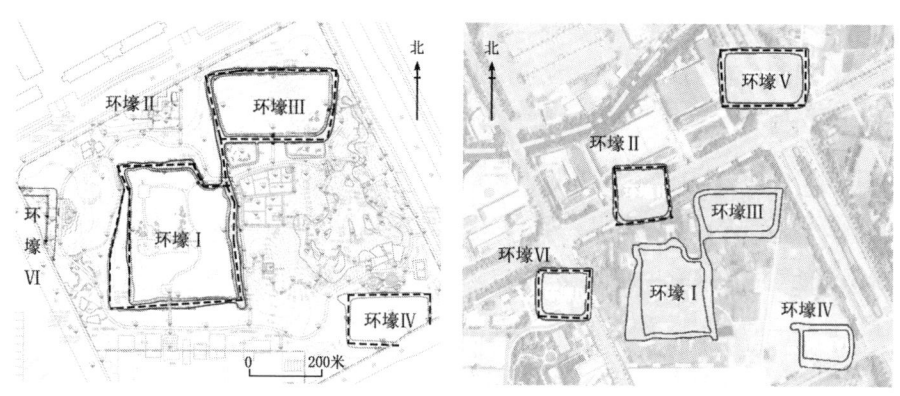

环壕Ⅰ、Ⅲ、Ⅳ归纳图　　　　　环壕Ⅱ、Ⅴ、Ⅵ归纳图

图 4-6　玉架山遗址圈围段落归纳图

应[19]。着眼于设置的必要性，或许可以认为它与设在对应地区的设围基址配合，形成其主张者要求的完整的祭祀系统。

公元前 3300 年前后，玉架山环壕基址群包括了环壕Ⅰ、环壕Ⅱ、环壕Ⅴ和环壕Ⅵ等四个圈围地段。其中环壕Ⅰ规模最大，处于中央位置，可以认为其为核心单位。

环壕Ⅰ的西环壕与其他环壕部分显著不同，壕沟的两壁间的距离有较大的变化。其东壁的主体部分，指向淮水入海处，其西壁由南而北诸段分别指向淮水入海处、桥头遗址、今沂河入骆马湖处。其北壕诸段由西而东分别指向涪江、渠江和嘉陵江三江并流处，太湖与宜溧山地相夹处，涪江、渠江和嘉陵江三江并流处。其东壕诸段由北而南分别指向太湖与宜溧山地相夹处、淮水入海处和白音长汗遗址。其南壕指向嘉陵江入长江处。环壕Ⅱ位于环壕Ⅰ的西北，其西环壕指向瓯江出山口，北壕指向涪江、渠江和嘉陵江三江并流处，东壕指向白音长汗遗址，南壕指向长江出洞庭湖处。环壕Ⅴ在环壕Ⅰ的东北方，其西壕指向瓯江出山口，东壕均指向淮水入海处，北壕和南壕指向峡江口处之河道剧烈转折段。环壕Ⅵ位于环壕Ⅰ西边，其西壕指向淮水入海处，北壕指向峡江出口处之河道转折段，东壕指向瓯江要点，南壕指向今溳水入汉江处。

与此前的一系列设围基址不同，在这里，设壕地段均为一重圈围且圈围平面大体为四边形。这种圈围形态导致了圈围段落的指向标的大幅减少，在当时条件下，应该支持其与另外的设围基址配合，共同承担完整的对应人群空间渊源标示任务的推想。由于玉架山遗址是整个良渚文化区的中心设置，可以认为在这里得到表达的是对应人群的最为核心部分的来历。总的看来，认为良渚文化的主导人群主要来自长江上、中游及周边地区应该问题不大。

与玉架山遗址大体同时出现的属于良渚文化的设围基址还有江苏常州象墩遗址[20]和江苏昆山赵陵山遗址[21]。

赵陵山遗址上保有祭台遗存，其北向指向五莲山与大海相夹处的尧王城遗址所在，西向则指向宜溧山地与太湖相夹处。象墩遗址环壕所圈围土台上的中心建筑台基（F5），短边轴向西南指向衢江出山口，长边轴向则西北指向唐户遗址。象墩遗址上的环壕之西壕由南而北诸段分别指向钱塘江出山口处，仙人洞、吊桶环遗址和今赣江入鄱阳湖处。北壕、南壕指向唐户遗址。东壕指向瓯江源地、钱塘江出山口处和仙人洞、吊桶环遗址（图4-7）。

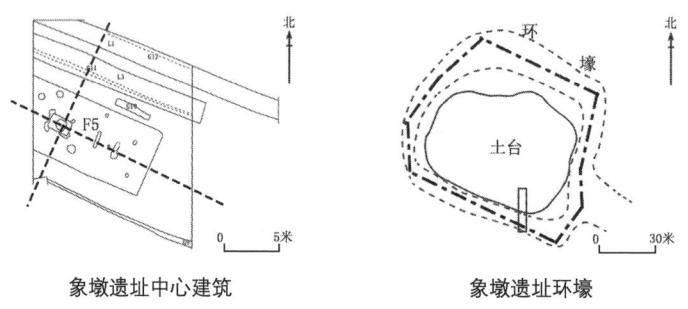

象墩遗址中心建筑　　　　　象墩遗址环壕

图 4-7　象墩遗址圈围段落及建筑轴线归纳图

由上可见：一、良渚文化与凌家滩文化的人口来源有关联；二、玉架山遗址与象墩遗址的人口来源标识的差异提高了其为匹配性组合的可能性。

公元前 2900 年前后，在玉架山设壕地段群上新添加了设壕地段Ⅲ和设壕地段Ⅳ。环壕地段Ⅲ位于环壕Ⅰ的东北方，其西环壕与环壕地段Ⅰ东环壕相连，二者共同形成了更为强势的中心地段。环壕地段Ⅰ和环壕地段Ⅲ的连接段北指尧王城遗址；其西环壕北向正指跂山遗址；其北环壕由西而东诸段分别指向长江出洞庭湖处和峡江出口河道剧烈转折段；其东环壕由北而南诸段分别指向瓯江要点和桥头遗址；南环壕指向峡江出口处河道剧烈转折段。环壕Ⅳ位于环壕Ⅰ的东南，其东、西壕皆指向淮水入海处，其北壕指向峡江口区河道剧烈转折段，南壕指向峡江出口。

大体上，新出设置的关涉人群的空间渊源与既有人群高度相关。注意到此时在泰山南部的大汶口文化安徽宿州金寨设围基址消失，似乎尧王城遗址和跂山遗址出现在玉架山遗址圈围指向标的序列中是良渚文化人群北向拓展取得成绩的表示。

与玉架山遗址新的环壕地段出现配合，在赵陵山遗址附近出现了江苏昆山朱墓村设围基址[22]。遗址上存有西壕和北壕的部分残存。测量显示，其西壕由南而北两段分别指向赵陵山遗址和灵江入海口，其北壕指向龙嘴遗址。

同样与玉架山遗址的变动配合，公元前 2900 年前后，在玉架山遗址以西 26 千米处，出现了规模巨大的杭州良渚古城[23-24]。此时的良渚古城只有环壕，圈围范围达到150万平方米。在环壕区的东部，设有规模巨大的皇坟山台地和莫角山台地。以后世之建筑制度为据，可以认为位于莫角山台地东北部的大莫角山一区由内壕圈围的建筑基址为宗庙组合，在莫角山台地南边的皇坟山台地上，由西南而东北展开的建筑基址是明堂组合。在大莫角山西侧的乌龟山和小莫角山则与朝寝组合对应[25]。良渚古城的内壕平面大体为规则矩形，测量表明，其西壕由南而北两段分别指向尧王城遗址所在和瓯江中游折点。其北壕和南壕均指向阴湘城遗址。其东壕则指向瓯江折点（今丽水市所在）。其外壕之西壕由南而北诸壕段分别指向忻定盆地滹沱河入山口处、富春江出山口、丹江入汉江处。其北壕诸段由西而东分别指向新安江出山口、新安江接富春江处、修水出山口、丹江入汉江处、唐户遗址。其东壕诸段分别指向新沭河起点、瓯江出山口。其南壕由东而西两段分别指向今赣江入鄱阳湖处和长江接鄱阳湖处（图4-8）。

此时，东亚大陆腹地核心区的设围基址系统正经历着深刻的变动，以此为背景，可以认为良渚古城的建设是良渚文化人群因应新的形势进行大规模秩序整理的成果。大规模的城池建设指示着集中程度更高的权力出现，标识着良渚文化发展新的阶段，作为良渚文化的全新的象征。它与玉架山遗址并行，构成强势的综

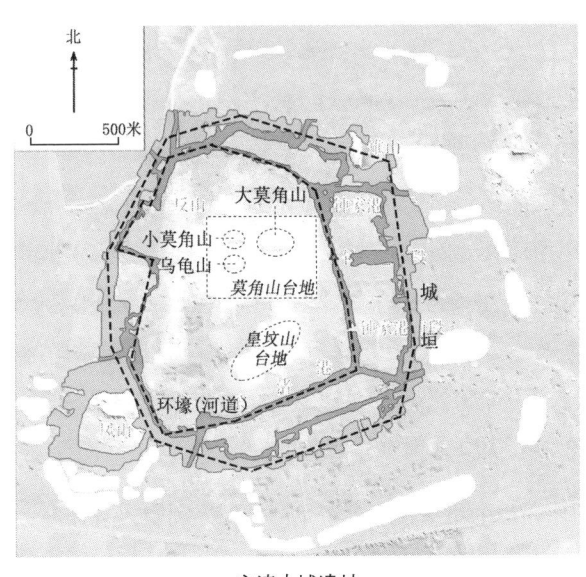

良渚古城遗址

良渚古城之大莫角山

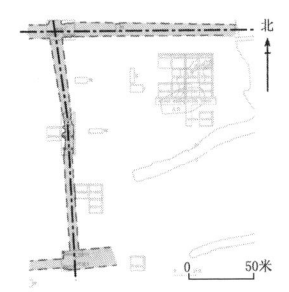

朱墓村遗址

图4-8 良渚古城、朱墓村遗址圈围段落归纳图

合性中心，共同支撑着良渚文化的发展[26]。

公元前3000年前后东亚大陆腹地设围基址系统变动的最为主要的内容，是已经存在了1400年左右的西辽河流域红山文化设围基址系统的完结，岱海地区长期存在的仰韶文化海生不浪类型王墓山坡中和大坝沟两个设围基址的消失，以及与上述设围基址系统崩溃呼应的位于托克托河口上下、在文化内涵上更多区别于中原地区城址的阿善文化的石城群的出现。

应该与上述变动相关，泰山与济水相夹处，在早于焦家遗址3000年左右的后李文化小荆山遗址出现地以西不远，出现了大汶口文化的山东济南焦家设围基址[27]。焦家遗址较小荆山遗址更向西，显示出相应人群更为积极地实行对环泰山地区的防护。该遗址拥有主环壕一道，在主环壕北边，对着主环壕开口，另有一段壕沟，形成大致类似瓮城的格局。焦家遗址主环壕的西壕由南而北诸壕段依次指向今漯阳河入滹沱河处、东寨遗址和后套木嘎遗址。北壕两段由西而东分别指向丸山和临汾盆地起点。东壕由北而南两段分别指向新沭河起点和东寨遗址。南壕由东而西诸段落依次指向临汾盆地起点及颍河源地。在主壕北边的独立壕段指向漯阳河源地（图4-9）。

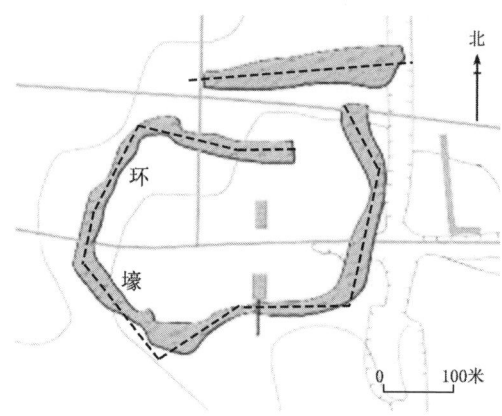

图4-9 焦家遗址圈围段落归纳图

值得特别提及的是，丸山作为标的出现在焦家遗址的指向序列中，应该进一步表明了《史记》中黄帝东巡狩登丸山的记述确为历史事实。

丸山在焦家遗址的圈围指向标的中出现，可与《今本竹书纪年》提到的景星色黄相互支持，表明当时环泰山地区人群与在豫、晋、陕诸地活动的人群间为特殊的协同关系。按照史籍，在黄帝之后，曾有短暂的主要在环泰山地区北部活动的少昊氏主导中原地区的时段。因而，在一定的时间里，豫、晋、陕诸地的设围基址圈围段落指向标的中环泰山地区及周边的地点的存在，以及环泰山地区的设围基址圈围段落指向标的中豫、晋、陕诸地的地点的存在，在许多时候可以认为是相互间人口调动的表现。总的来看，焦家遗址的主张者是一个有着古远历史渊源、与中原地区相互资助、关切在地人群吸纳的集团。

东亚大陆腹地设围基址深刻变动的另一方面，是公元前3000年前后，长江以南的屈家岭文化的设围基址数量快速地由4个变为6个。

从位置上看，新出的湖南南县卢保山[28]和湖南华容七星墩[29]设围基址，当有补充长江中游开始段没有设围基址造成的空间空缺的价值（图4-10）。

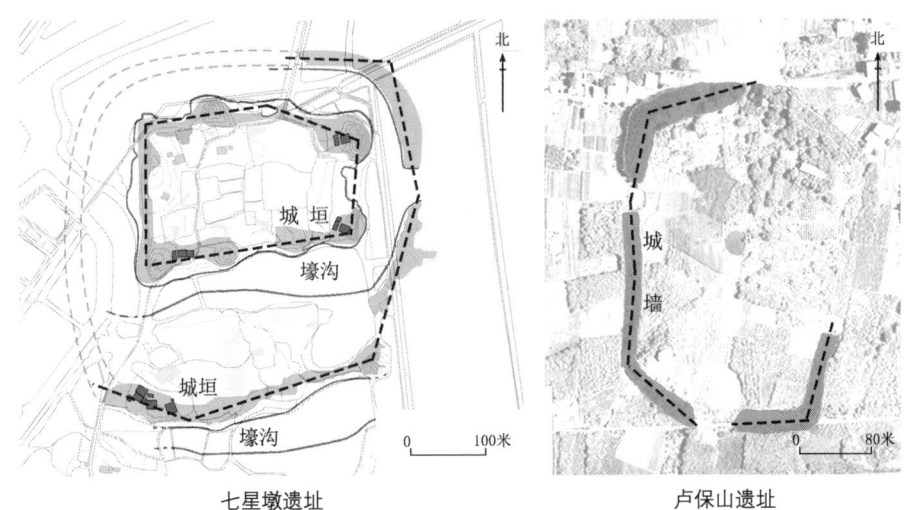

图4-10　卢保山、七星墩遗址圈围段落归纳图

卢保山遗址西垣由南而北诸段分别指向今洞庭西湖与南湖交接地、后出之稍柴设围基址所在、湘江出山口处、唐户遗址。北垣残段指向宜溧山地与太湖相夹处。东垣残段指向周口店遗址。南垣指向长江出洞庭湖处。

七星墩遗址内城西垣指向石虎山Ⅰ遗址，北垣诸段由西而东分别指向澧水出山口及今赣江接鄱阳湖处，东垣指向湘江出山口处，南垣指向澧水出山口。外城残部由北垣东段开始顺时针旋转，诸垣段分别指向新安江入富春江处、白河入汉江处、玉蟾岩遗址（及潮白河出山口）、长江入海口处、今赣江入鄱阳湖处。

以稍柴遗址、唐户遗址、周口店遗址、石虎山Ⅰ遗址等作为指向标的，或许是相应地区社会动荡、相关人员南迁的表现。

公元前3000年前后，双槐树遗址上贯通内壕东西的长墙毁弃，遗址上的建筑也多为规格较低的建筑替代，应该意味着其开始衰败。由于双槐树遗址置身其中的由西安延及郑州一线的仰韶文化晚期设围基址群整体上于公元前2800年前后解体，根据双槐树遗址的情况可以推想该设围基址群经历了同样的衰败过程。

重心位于郑洛一线的仰韶文化晚期设围基址群的解体意味着黄帝之世的结束，颛顼时代的到来[30]。

与以汪沟与青台遗址为中心的仰韶文化晚期设围基址群解体大致同步，在西河一线的长城垭口以南，距上述的阿善文化设围基址超过110千米，出现了包括陕西神木寨峁，山西兴县白崖沟，陕西吴堡后寨子峁，陕西榆林青龙山、寨山、金山寨等6个与后期仰韶文化关联密切的设围基址。从布局上看，可以把上述6个设围基址分作两组，寨峁遗址和白崖沟遗址为北组，后寨子峁遗址、青龙山遗址、寨山遗址、金山寨遗址为南组，二者相距约150千米。除了离开阿善文化设围基址250千米以上的后寨子峁遗址，其他遗址均避离黄河主道坐落。离黄河主道最近的白崖沟遗址，与黄河主道的直线距离约为35千米。这种设置格局应该表明它们与位于上游的阿善文化设围基址群之间为博弈关系（图4-11）。

《史记·五帝本纪》说："帝颛顼高阳者，黄帝之孙而昌意之子也。"《今本竹书纪年》云："（颛顼）首戴干戈，有圣德。生十年而佐少昊氏。"《国语·楚语》说："及少皞（昊）之衰也。九黎乱德，民神杂糅，不可方物……颛顼受之，乃命南正重司天以属神，命火正黎司地以属民，使复旧常，无相侵渎，是谓绝地天通。"韦昭注云："九黎，……蚩尤之徒也。"[31-33] 过去，人们常把"绝地天通"理解为颛顼实行高规格祭祀活动的专断，但把"绝地天通"与公元前2800年前后西河长城垭口以南设围基址群的出现联系起来，并考虑南与乾对，乾为天，北与坤对，坤为地，故而，"绝地天通"其实是动员"重""黎"阻止"蚩尤之徒"或阿善文化人群南下的行动[34]。

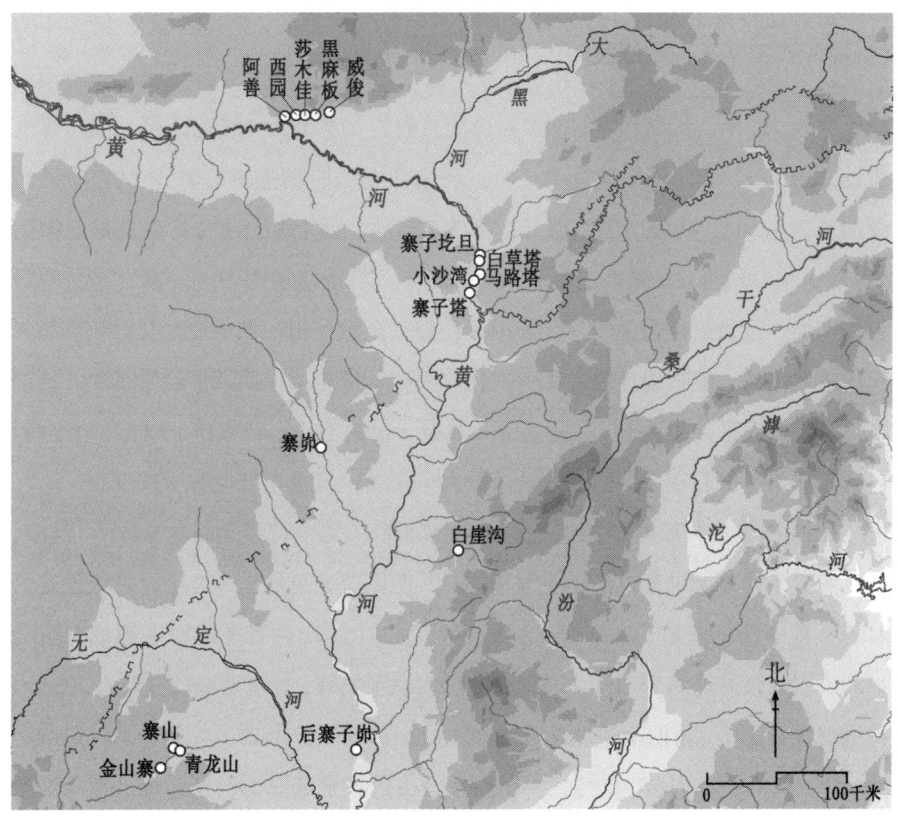

图 4-11 公元前 2800 年前后西河一线设围基址分布示意图

依据《国语·楚语》的提示,上述在西河上长城垭口以南出现设围基址中,由寨峁和白崖沟遗址构成的北组应与"黎"对应,由后寨子峁、青龙山、寨山和金山寨诸遗址构成的南组则与"重"有关[35]。

以青台遗址和汪沟遗址为中心的仰韶文化晚期的设围基址群解体后,公元前3200 年前后设置的大河村设围基址和妯娌设围基址继续使用。应该是为了加强郑洛一线与西河一线间的联系,在仰韶文化初期出现的古城东关设围基址消失了1500 年以后,此时,在相应遗址上,又出现了庙底沟二期文化的圈围。这在相当程度上显示了古城东关遗址所在地点在古人眼中的特异性。

设围基址是强势族群的祭祀中心,在上古,它们的存在对于相应人群的驻地选择具有指引意义。故而,汪沟、青台等设围基址的退出和寨峁、白崖沟等设围基址的出现,必然导致相关地区人口向西河一线迁移。

现有的材料表明，河南省仰韶时期遗址数为736个，遗址面积为50万平方米及以上的特级遗址14个。其中，豫东遗址总数为25个，无特级遗址；豫南遗址总数为111个，无特级遗址；豫西遗址总数为519个，特级遗址为12个；豫北遗址总数为81个，特级遗址为2个。河南省龙山时期遗址总数为1437个，特级遗址为15个。其中，豫东遗址总数为136个，无特级遗址；豫南遗址总数为423个，无特级遗址；豫西遗址总数为611个，特级遗址为10个；豫北遗址总数为267个，特级遗址为5个[36-37]。两相比较，全域龙山时期的遗址总数较仰韶时代成倍地增长，但特级遗址数无大变化。其中，豫东、豫南遗址数量有3~4倍的增长，特级遗址仍然为0；豫北遗址总数有2倍的增长，特级遗址增长了1.5倍。包含着郑州、洛阳在内的豫西遗址总数大体不变，特级遗址也有所减少。

山西省现知仰韶时期的遗址总数为508个，其中特级遗址为24个。其中，晋北和晋东南均无仰韶文化的遗址发现；晋西南遗址总数为387个，特级遗址为21个；晋中遗址总数为121个，特级遗址为3个。山西省龙山时期遗址总数为1339个，特级遗址为56个。其中，晋北仍无遗址发现，晋东南遗址总数为105个，特级遗址为2个；晋西南遗址总数为703个，特级遗址为27个；晋中遗址总数为531个，特级遗址为27个[38]。两相比较，山西省全域龙山时期遗址总数相当于仰韶时期的约2.6倍，特级遗址数也有一定的增长。晋东南遗址数从0增为105个，包括2个特级遗址；晋西南遗址数增加不足1倍，特级遗址略有增加；晋中遗址总数增加约3.4倍，特级遗址增加8倍之多。

陕西省现知仰韶时期遗址总数为1998个，特级遗址为41个。其中，陕南遗址总数为133个，无特级遗址；关中遗址总数为1192个，特级遗址为32个；陕北遗址总数为673个，特级遗址为9个。龙山时期全省遗址总数为2149个，特级遗址为29个。其中，陕南遗址总数为49个，无特级遗址；关中遗址总数为678个，特级遗址为14个；陕北遗址总数为1422个，特级遗址为15个[39]。两相比较，全省遗址总数基本不变，龙山时期特级遗址数仅为仰韶文化时期的约3/4。其中，陕南遗址数量相当于原来的37%，仍无特级遗址；关中遗址总数相当于仰韶时期的57%，特级遗址数不足原来的一半；陕北遗址总数有1倍以上的增长，特级遗址由9个增加为15个。

如果将豫、晋、陕三省作为一个统一的地理单元，由上列统计可以看出，由仰韶而龙山，遗址数量在南部、东南部和北部实现了增长，在区域的北部，特级遗址数量增长明显。西南部不仅没有增长，反而有所减缩，尤其是在相对富庶的关中地区，遗址数量和特级遗址的数量大幅度减少。如果遗址的数量和规模与人口数量正相关，那么上述情况意味着包括寨峁等6个设围基址在内的设围基址群的存在，引发了相应地区的人口持续地向西河一线及相关地区转移。

需要说明的是：一、常备军有限的情况下，向冲突地区移民，提升聚落密度是国土防卫的基本手段；二、大型居址的形成和维护代价高昂，但它却有较强的防卫能力，故而可以视为军事重镇；三、总体来看，陕北、晋中在气候上较关中、晋南、豫西等地区更寒冷，且地形条件畸零，不利于农耕。

这也就是说，由仰韶而龙山，豫、晋、陕三省的人口持续地、大规模地向气候相对寒冷、不利于农耕、资源相对贫瘠、并且有战争风险的地区迁徙。在传统的农耕社会，族群迁徙的成本巨大，普通民众安土重迁，更不用说向生存条件相对较差的地区迁徙了。所以，这种迁徙，尤其是将关中地区及郑洛一线的人口转移至西河一线，必然以强制性权力大规模的操作为根据。具体地说，这种强制性的迁徙的实施，不仅需要系统的武力支持，而且要以复杂的行政操作为基础。众多设围基址在西河一线出现以及随后的人口分布结构的变动，应是大型的具有突出强制性和执行能力的权力系统存在的证明。

在豫、晋、陕人口向西河一线迁移的时候。陕南的遗址数量大幅减少，且持续地大型遗址缺失。豫南、豫东遗址数量虽有较大幅度的增长，但大型遗址的数目为零。这些情况应该表明在相当长的时间里，中原的权力执掌者将主要力量投向北方，对来自南方和东南方的压力应对相对消极。这种情况的存在，可能意味着此时在长江中游活动的人群与中原权力的敌对程度较弱，来自长江下游及环太湖地区的压力则主要由环泰山地区人群承担。

公元前2800年前后，应该是为了应对良渚人群的北上，泰沂山区以南设围基址数爆发性增长，陆续出现了山东滕州岗上、山东滕州西康留、山东枣庄建新、安徽蒙城尉迟寺、安徽蒙城刘堌堆、山东日照尧王城、山东五莲丹土等设围基址，其中，带有可辨方向要素者有西康留[40]、岗上[41]、尧王城[42-43]、丹土[44]和尉迟寺[45-46]诸遗址（图4-12）。

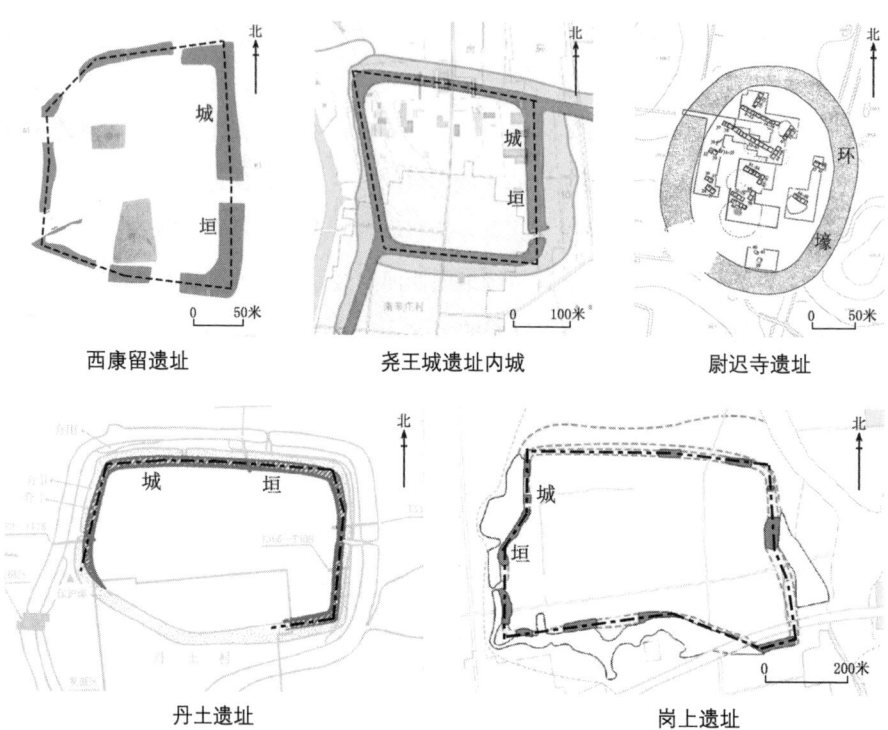

图 4-12 大汶口文化西康留、岗上、尧王城、丹土、尉迟寺诸遗址圈围段落归纳图

西康留遗址的遗址面积约 5 万平方米，拥有一道城垣。其西垣南北两段分别指向白音长汗遗址和滦河入山口。其北垣由西而东两段分别指向跋山遗址和尧王城遗址。东垣由北而南两段分别指向潮白河出山口和焦家遗址，南垣由东而西两段分别指向新沭河起点和浊漳河南源。由其指向标的看，其与由燕山南北南下之人群与本地人群的结合相关。

岗上遗址的遗址面积约 80 万平方米，城址面积 40 万平方米，西垣由南而北诸垣段分别指向焦家遗址、长江入洞庭湖处和焦家遗址。其北垣由西而东诸垣段分别指向古城东关遗址和枣园遗址。其东垣由北而南诸垣段分别指向潮白河出山口、顺山集遗址和衢江源地。南垣诸垣段由东而西分别指向唐户遗址、临汾盆地起点和尧王城遗址。与西康留遗址相比，圈围段落指向标的中有一系列与长江有关的地点出现，应该是与相关地区人群博弈取得成果的表示。

岗上设围基址存在的时间十分有限，岗上设围基址退出后，在其东北方五莲山与大海相夹处有尧王城和丹土设围基址相继出现。

尧王城遗址坐落在五莲山与大海相夹处，这个地方，在旧石器时代就持续地有人活动。大汶口文化时期的尧王城遗址核心区面积为 56 万平方米，并建设了内城。尧王城遗址之内城西垣指向滦河入山口。其北垣由西而东两段分别指向汾河入黄河处和枣园遗址。其东垣北指东寨遗址。其南垣西指古城东关遗址。与岗上设围基址不同，尧王城的主张者强调了其与北方要点的关系。

随后出现的丹土设围基址位于尧王城遗址东北方 37 千米处，其遗址面积约为 33 万平方米。其西垣残段指向尧王城遗址。北垣诸段由西而东分别指向洛河出山口、古城东关遗址和四郎河入泾河处。其东垣由北而南诸段分别指向淮水入海处、新安江入富春江处。其南垣残段指向唐户遗址。

如果把尧王城遗址与丹土遗址的圈围段落标的结合起来，可以看到其在结构上与岗上设围基址的圈围段落指向标的有所照应。如果考虑丹土遗址与尧王城遗址相距的 37 千米，大体等于 355 米的 100 倍，也许可以认为二者是一个源自岗上遗址、在地域针对性上有区别的专设组合。

尉迟寺遗址上的环壕为圆滑的无法进行指向段落归纳的椭圆形，遗址上延展水平可观的排房为同时期少见。测量表明，尉迟寺遗址上的建筑明确地坐向沂河上游的跋山遗址群，朝向玉蟾岩遗址，其横轴西与枣园遗址相值，东与今太湖东缘与运河相夹处相关。独特的形式特征强调出其为东亚大陆腹地古老部族与华夏一系神灵祭祀的专置空间。它在泰山以南乃至更大的地区的设围基址群中具有枢纽地位。

公元前 2800 年前后，良渚古城在已有的环壕外侧，加设了一道城垣，使得良渚古城的圈围范围接近 300 万平方米。测量显示，城垣段落的指向标的大多与环壕重复，只有西垣上一段和南垣增加了新的标的点：老哈河上游出山口和今修水入鄱阳湖处。虽然对应的族群数量多了 2 个，可注意到在城垣的西南，有一系列城垣的缺失且没有与城垣同时设置的新环壕。就此或可认为这次加建并未使得良渚古城的祭祀等级明确提升，反而让它成为了在政治上向某一势力示弱的"轩城"[47]。

公元前 2600 年前后，环泰沂山系地区南部的大汶口文化晚期设围基址由

3个变为6个；与此同时，良渚文化的设围基址由6个变成3个。这种空间毗邻条件下的变动，十分明确地显示了良渚文化的衰落与环泰山地区势力的压迫有关。

公元前2600年前后，黄河下游改道，由原来在郑州以下东北向入海，改为流向东南借淮水河道入海[48-49]，这一涉及整个东亚大陆腹地地理要素的结构性改变，严重削弱了郑洛一线在东亚大陆腹地空间控制上的地位，使其神圣地位受到了严峻的挑战。

也许与黄河改道相关，公元前2600年前后，江汉平原属于屈家岭文化的设围基址数量爆发式增长，一个包括了20个设围基址的，在汉江以北、长江一线以及澧阳平原各重要空间环节有序展开，各设围基址间紧密关联的重心向北的庞大的设围基址群，应该意味着新的族群格局的形成。它的出现，应该对中原地区形成了重大的挑战。

东亚大陆腹地空间结构的重大改变导致了颛顼时代的结束，和帝喾时代的开启。按照《史记》记载，帝喾为黄帝之子青阳之孙。青阳降居于长江中游，这样，帝喾的上位应该是中原人群加大对江汉平原关注水平的表现。

江汉平原新出现的设围基址中，湖北公安鸡鸣城遗址、湖北沙洋城河遗址、湖北天门石家河遗址和笑城遗址、湖北应城陶家湖遗址及门板湾遗址、湖北孝感叶家庙遗址及杨家嘴遗址、湖北随州黄土岗遗址上有可以进行朝向辨识的遗存[50-55]（图4-13）。

鸡鸣城遗址，坐落在长江和澧水之间，它的存在，可以起两方面的空间看护作用。鸡鸣城遗址面积约21万平方米，拥有一道城垣。测量表明其西垣南北两段分别指向兴隆遗址和唐户遗址。北垣由西而东两段分别指向今赣江入鄱阳湖处和今汉中所在。东垣残段指向洋水入桑干河处。南垣东、西两段分别指向凌家滩遗址和今赣江入鄱阳湖处。由圈围的指向标的看，鸡鸣城的主张者为北方南下者与本地人群的结合。

城河遗址，坐落于江汉之间，遗址面积70万平方米，有两道环壕。外壕内侧设有城垣，圈围与东部和北部的自然岗地结合起到了强化防御能力的作用。壕沟用分水沟与南部自然河流相连，起到排涝的作用。城河遗址内壕西壕南北两段

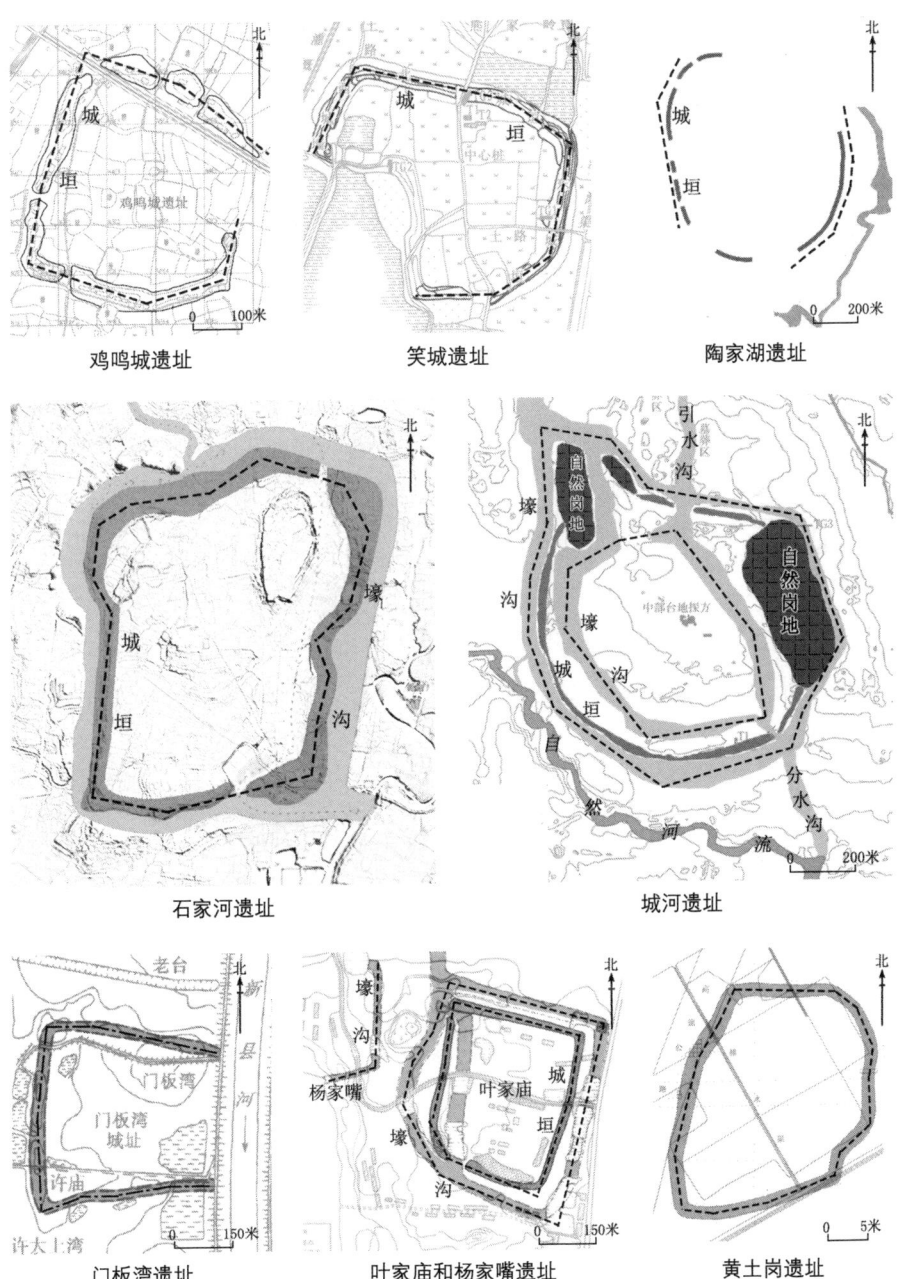

图 4-13　鸡鸣城、城河、石家河、笑城、陶家湖、门板湾、叶家庙、杨家嘴、黄土岗诸遗址圈围段落归纳图

分别指向杨官寨遗址和白河出山口处，北壕由西而东两段分别指向今淮河入洪泽湖处及凌家滩遗址，东壕由北而南两段分别指向杨官寨遗址和白河入汉江处，南壕指向凌家滩遗址。外壕西壕由南而北诸段分别指向今安康所在、长江接洞庭湖处、白河出山口、周口店遗址和西江与北江的交汇处，北壕由西而东诸段分别指向峡江出口、杨官寨遗址和峡江出口，东壕指向长江接洞庭湖处，南壕由东而西诸段分别指向淮河出山口、周口店遗址和阴湘城遗址。屈家岭时期的大型建筑基址的一条轴线指向今淮河接洪泽湖处，另一条轴线南指长江出洞庭湖处。

　　位于汉江以北的石家河遗址的遗址面积达到180万平方米，规模巨大，应该有特殊的军事价值。遗址上见有一道城垣。其西垣由南而北诸垣段分别指向大致同期出现的黄土岗设围基址、修水源地、唐户遗址。北垣由西而东诸垣段分别指向顺山集遗址、凌家滩遗址、顺山集遗址和屈家岭遗址。东垣由北而南诸垣段分别指向修水源地、周口店遗址、鸡叫城遗址、天门河源头、周口店遗址、黄土岗遗址。南垣由东而西诸段分别指向清江与长江交汇处和沮漳河出山口。

　　位于石家河遗址东北约23千米处的笑城遗址，遗址面积不足10万平方米。存留城垣由西垣开始顺时针旋转，诸垣段分别指向今资水入洞庭湖处、沮漳河出山口、仙人洞和吊桶环遗址、长江出洞庭湖处、澧水出山口和峡江出口。

　　陶家湖遗址，位于笑城遗址东北方10.3千米处，亦即355米一里的30倍，或者古人所说的"一舍"。这样的安排，似乎陶家湖遗址与笑城遗址之间有某种特别的关系。陶家湖遗址的遗址面积约67万平方米，遗址上见有一道城垣。测量显示其西垣南北两段分别指向岔河口遗址和兴隆洼遗址。其北垣残缺，状况不明。其东垣由北而南诸垣段分别指向岔河口遗址、贾湖遗址、今资水入洞庭湖处和澧水出山口。

　　门板湾遗址，位于陶家湖遗址东不足16千米处，其遗址面积达到110万平方米，遗址的壕沟东部缺失。其西壕由南而北两段分别指向忻定盆地东端和今株洲所在。北壕由西而东两壕段分别指向陶家湖遗址和边畈遗址。南壕由东而西诸壕段分别指向陶家湖遗址、屈家岭遗址、陶家湖遗址和谭家岭遗址。门板湾遗址位于北方势力南下要道的涢水入汉江处西北山麓，在防护江汉平原及澧阳平原上价值突出，这在一定程度上可以解释其遗址面积较大的原因。

第四章
五帝时代（下）：大型权力单位间的碰撞与协同

杨家嘴遗址，坐落在门板湾遗址以东约 35 千米处，遗址面积 7.5 万平方米。其东壕北指淮河出山口，南壕残段西指阴湘城遗址。

叶家庙遗址，位于杨家嘴遗址以东数十米处，很可能二者是一个功能上相互补充的组合。叶家庙遗址的遗址面积约 30 万平方米。圈围包括一重环壕，环壕内有一道城垣。在城内西侧有一道用于排水的沟渠。其环壕的西壕由南而北诸段分别指向汾河入黄河处、周口店遗址、顶蛳山遗址和白音长汗遗址。其北壕指向其东面的随后出现的湖北武汉张西湾设围基址所在地。其东壕北指周口店遗址。其南壕指向桥头遗址。其城垣西垣诸垣段由南而北分别指向汾河入黄河处、周口店遗址和滏阳河源地。其北垣指向张西湾遗址。其东垣由北而南两段分别指向滏阳河源地和白音长汗遗址。南垣由东而西两段分别指向边畈遗址和湖西遗址。

叶家庙遗址和杨家嘴遗址位于涢水东侧，二者与涢水的距离与位于涢水西侧的门板湾遗址基本相等，这意味着相应族群在防卫上有着相互支持的关系。

黄土岗遗址，位于叶家庙遗址以北近 100 千米的涢水折点附近，其在涢水一线的防护上有着重要的意义。黄土岗遗址的遗址面积约 8 万平方米，拥有一道环壕。测量显示其西壕由南而北诸壕段依次指向沁河源地、玉蟾岩遗址、沅江出山口处、东寨遗址。北壕指向凌家滩遗址。东壕诸段由北而南依次指向长江接鄱阳处、无定河入黄河处、谭家岭遗址、石虎山Ⅰ遗址、泗水出今微山湖处和贾湖遗址。南壕由东而西诸壕段分别指向泗水入今洪泽湖处、其东侧随后出现的湖北大悟土城设围基址和太湖南岸与天目山脉相夹处。

大约此时，鸡叫城遗址上油子岭文化时开挖的内壕被放弃，只剩下屈家岭文化早期开挖的环壕及城垣。由建筑基址的情况看，大致此时建造的编号 F63 的建筑朝向贾湖遗址，坐向顶蛳山遗址。

《国语·楚语》云："三苗复九黎之德。"《尚书·舜典》说："窜三苗于三危。"郭静云主张"三危"在鄂西山区[56]。江汉平原处在由西河、丹江、汉江等构成的可以勾连欧亚草原的南北向交通轴线上，故而本在欧亚草原上活动的"九黎"一系在不断的社会震荡过程中，由北而南进入江汉平原实属自然。上列的江汉平原新出之设围基址的圈围段落指向标的中众多北方要点的存在，就是这种迁徙活动大量存在的表现。如果把公元前 2600 年前后江汉平原及左近地区的设围基址群新增的单位集中在汉江以北，同时在华阳一线的原本属于仰韶文化的冢洼设围基址消失和原本属于仰韶文化的龙山岗设围基址转为屈家岭文化所有，以及屈家岭文化的遗存大量进入河南南部等结合起来看，可以认为，基于历史的恩怨，"九黎"或"三苗"在"三危"立足成功后，中原人群成为了其争斗、博弈的焦点。

公元前 2500 年前后，在四川盆地西侧的岷江出山口以下，出现了由四川新津宝墩遗址、大邑高山古城遗址、大邑盐店遗址、崇州紫竹遗址等构成的宝墩文化设围基址群。这些设围基址集中在岷江以西的一个十分有限的区域里布置，设围基址间最大间距不超过 30 千米，据之可以认为它们之间为协同关系。其中宝墩古城规模最大，拥有两套城垣，故其为主导单位无疑（图 4-14）。

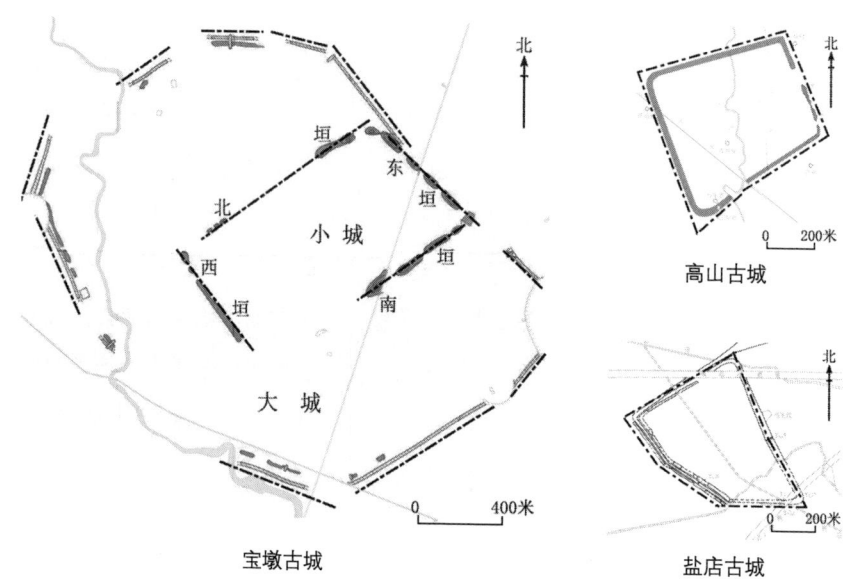

图 4-14　宝墩、高山古城、盐店古城圈围段落归纳图

宝墩古城[57]小城西垣（即发掘报告所称之"南"垣）东南指向釜溪河入沱江处，小城北垣和南垣均指向古城东关遗址，小城东垣指向甑皮岩遗址。宝墩古城大城的西垣由南而北诸垣段分别指向嘉陵江入长江处、长江入四川盆地起点。大城北垣诸段落由西而东指向沱江源地、古城东关遗址、玉架山遗址和乌江入长江处。大城东垣诸段由北而南分别指向郁江与黔江交汇点和甑皮岩遗址。大城南垣由东而西诸垣段分别指向汉江源地和青白江等入沱江处。宝墩小城内鼓墩子

地点所见大型房址 F1[58], 其短轴正对玉架山遗址, 长轴则与岷江干流方向一致。宝墩小城内冶龙桥地点所见大型房址 F6[59], 其短轴正对汾河出山口河道的剧烈转折点, 其长轴则与甑皮岩遗址相关。小城内田角林地点残房基 F22[60], 其短轴指向临汾盆地起点, 长轴则与沱江入长江处相值。

在宝墩古城正西不远, 见有高山古城[61]。高山古城遗址面积约 35 万平方米, 遗址上见有一道城垣。测量显示, 高山古城西垣南指横江与金沙江交汇处, 北垣东指沂山南部今骆马湖一区, 东垣指向横江与金沙江交汇处, 南垣东西两段分别指向古城东关遗址和汾河入黄河处。

盐店古城遗址面积约 16 万平方米[62]。其西垣由南而北两段分别指向宝墩遗址和沅江源地, 其北垣指向安康盆地起点和古城东关遗址, 其东垣由北而南两段分别指向横江与金沙江交汇处和顶蛳山遗址, 其南垣指向汉江入长江处。

总括地看, 宝墩文化当是来自中原地区、环泰沂山系、长江中下游和岭南的人群与本地人群结合的产物。其中, 本地人群的所占比重不容小觑。

宝墩文化的设围基址群出现以后, 中心位于江汉平原的设围基址群的前锋单位——在坐落上与华阳一区相关的龙山岗设围基址和凤凰咀设围基址消失了。从空间关联着眼, 这应该与来自四川盆地的压力有关。注意到宝墩古城、高山古城和盐店古城之圈围段落及建筑轴线的指向标的中均有古城东关设围基址出现, 提示宝墩文化与《史记》提及的"降居若水"的黄帝之子昌意的关联, 据之设想其与中原势力的某种协同似无大的问题。

从平面形态看, 应为中心单位的宝墩古城最为复杂, 高山古城和盐店古城的平面接近规则矩形或三角形。若考虑其与长江下游人群的关联, 那么很可能这里的安排和良渚文化玉架山遗址上的圈围指向与其对应地区的在地遗址的圈围指向相互补充一样, 即宝墩古城的圈围指向与高山古城等的圈围指向为相互补充的关系。

公元前 2500 年前后, 在鸡叫城遗址上, 在屈家岭文化早期开挖的环壕以外又开挖了第二重环壕和第三重环壕, 使得遗址的祭祀等级大幅提高（图 4-15）。测量显示, 第二重环壕由西壕开始顺时针旋转诸壕段分别指向贾湖遗址、泗水入今洪泽湖处、今赣江入鄱阳湖处、今汉中所在、北洛河入渭河处、贾湖遗址、城头山遗址和今汉中所在。第三重壕残段由南而北诸壕段分别指向修水出山口处、

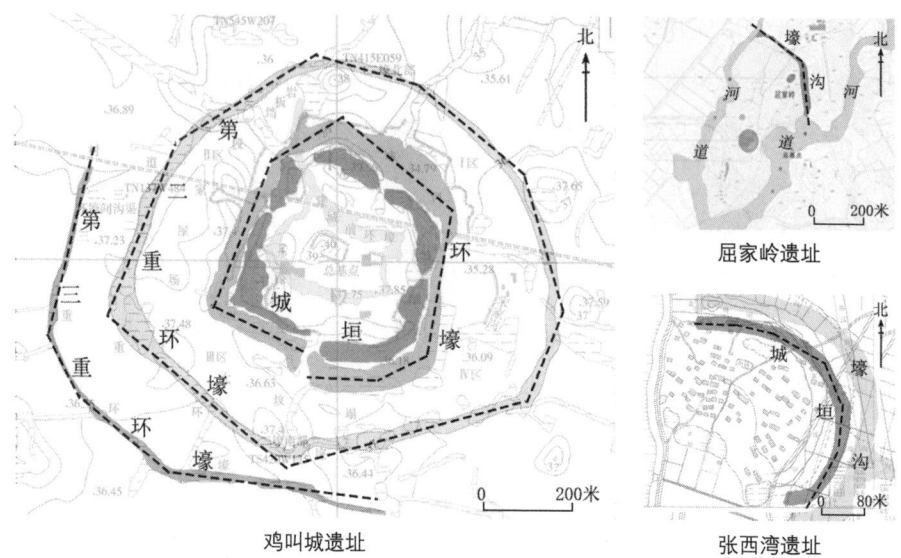

图 4-15 石家河文化时期的鸡叫城、屈家岭和张西湾遗址圈围段落归纳图

今汉中所在、今资水入洞庭湖处和阴湘城遗址。

大致与鸡叫城遗址上的变动发生同时,屈家岭遗址上原有的环壕被放弃了。新设的两段壕沟与既有的河道结合,框出了一片禁地。从范围上看,新的地段还不及原来壕沟圈出地段的 1/3,这应该意味着其重要性大大降低。新设壕段分别指向修水出山口和长江出洞庭湖处。

把鸡叫城遗址上的变动和屈家岭遗址上的变动结合起来,可以认为此时江汉平原设围基址群的重心向南迁移,与其所有的龙山岗设围基址和凤凰咀设围基址的消失一样,上述变动的缘由应该是来自四川盆地的压力。

公元前 2300 年前后,在叶家庙遗址以东 40 余千米处出现了张西湾设围基址[63]。这是屈家岭–石家河文化设围基址群最东边的一个。张西湾遗址的遗址面积约 10 万平方米,拥有一道城垣。现存城垣由西而东顺时针旋转诸垣段分别指向峡江地区、堵河源地、白河入汉江处、枣园遗址、沙河与颍河汇流区和今湘江入洞庭湖处。从张西湾设围基址坐落的位置看,此时,在江汉平原活动的人群承受着更大的来自中原地区的压力。

公元前 2400 年前后,在托克托河口以上的阿善文化石城消失了。取而代之的是在岱海地区，一系列老虎山文化的石城出现。位于托克托河口以下的阿善文化石城也多为老虎山文化石城替代。应该是对上述变化的反映，公元前2300年前后，长城垭口以下的设围基址进行了大规模的调整。这次调整最为重要的结果是陕西神木石峁、山西襄汾陶寺和陕西延安芦山峁等大型设围基址的出现（图4-16）。

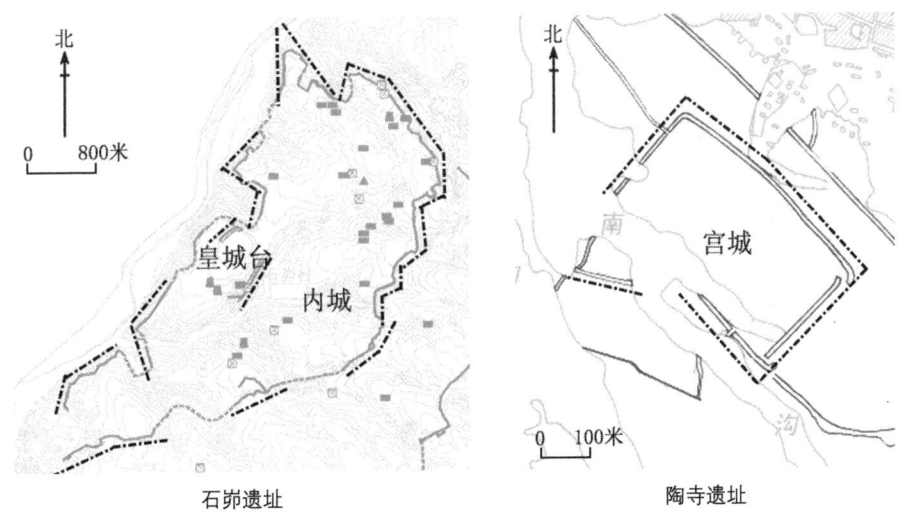

图4-16 石峁遗址皇城台和内城、陶寺遗址宫城圈围段落归纳图

与其他地方使用夯土或堆土不同，石峁古城[64-67]的城垣由石块堆叠而成。公元前2300年，其拥有三重城垣。圈围范围约200万平方米。与在西河一线出现的其他石城相比，石峁古城的圈围平面有更多的中原色彩。该城垣系统的西部缺失，留有尺度可观的缺口，应为"轩城"。测量表明，石峁古城的皇城台北缘西南指向无定河入山口处，皇城台南缘西南指向四郎河入泾河处。内城北垣残存段落由西而东诸垣段依次指向泾河入渭河处、北洛河源地、古城东关遗址、大黑河源地、泾河入渭河处、滏阳河源地、石虎山Ⅰ遗址、渭河入黄河处。内城东垣残存段落由北而南诸垣段依次指向大河村遗址、泾河入渭河处、汾河出山口剧烈转折处和大河村遗址。内城南垣残存段落由东而西诸垣段依次指向渭河入黄河处、妫水入桑干河处、汾河入黄河处、无定河源地、渭河入黄河处、妫水入桑干河处、渭河入黄河处、大黑河出山口处、北洛河源地、妫水入桑干河处、汾河源地和桑干河源地交接处、妫水入桑干河处。这样的指向标的系统与上文提示的龙山时期

原本在南河一线尤其是关中地区活动的人群持续地向陕北迁移的情况呼应。

陶寺遗址此时只设有宫城，圈围范围 13 万平方米[68-70]。测量表明，陶寺宫城西垣（即考古报告所称之"南垣"）由南而北诸段依次指向颍河上后出之王城岗设围基址所在、淮水入海处。北垣指向北洛河入渭河处。东垣由北而南两段依次指向玉架山遗址和王城岗设围基址所在。南垣指向安康盆地起点。与石峁古城相比，陶寺古城的主张者中以淮河要点为空间渊源的部分比较突出。

值得一提的是，与公元前 2300 年前后良渚文化的设围基址全数消失对应的陶寺遗址圈围段落指向标的中玉架山遗址的出现。这应该意味着，良渚文化衰落后，帝尧有条件征调相关人群进入西河之地。

从设围基址或强势族群分布的空间关联及态势看，良渚文化的衰落，主要是环泰山地区人群努力的结果。所以帝尧征调以玉架山遗址为空间渊源的人口，应该表明了其有支配在环泰山地区活动的人群的能力。据此，也就可以认为，在良渚文化衰落后，在空间上与良渚文化区毗邻的泰山南部的设围基址大幅增加，是应帝尧之命所致。这样安排的目的，是与西河一线的动作配合，应对老虎山文化的压力。

笔者注意到，石峁遗址坐落地点与前文述及之"重、黎"的"黎"之所在相关，陶寺遗址的坐落地点与前文述及之"重、黎"的"重"之所在相关。《史记正义》引《吕刑传》云："重即羲，黎即和。"《扬子法言》说："羲近重，和近黎。"《国语·楚语下》曰："尧复育重、黎之后不忘旧者，使复典之。"[71-73] 据之，可以认为陶寺遗址与"重"或"羲"相关，石峁遗址与"黎"或"和"相关。

《尚书·尧典》云："（帝尧）乃命羲、和，钦若昊天历象——日月星辰，敬授民时。分命羲仲宅嵎夷曰旸谷，寅宾出日，平秩东作。日中、星鸟，以殷仲春。厥民析，鸟兽孳尾……"[74] 文中"宅"，即"居"，意为"管控"。"嵎夷"为东夷之地。故而，陶寺遗址上之圈围段落指向标的中玉架山遗址的存在，也可以作为其为羲仲所有的一种证据。

本书主张，与《尚书》所说帝尧"乃命羲和，钦若昊天历象——日月星辰，敬授民时"对应的其实是帝尧为应对老虎山文化人群南下而进行一次大规模的战略调整[75]。依托既有结构，征调相关区域的人口，充实西河一线，在恰切安排的基础上形成新的居址系统，是该调整的重要内容。

《今本竹书纪年》说："（帝尧）五十年，帝游于首山。乘素车玄驹。五十三年，帝祭于洛。"《今本竹书纪年》又说："伊挚将应汤命，梦乘船过日月之傍，汤乃东至于洛，观帝尧之坛，沈璧退立，黄鱼双踊，黑鸟随之，止于坛，化为黑玉。"[76] 其时，商汤驻扎在伊汭附近之亳坂。故今在亳坂之东、伊洛河入山口处发现的出现于石峁设围基址之后的河南巩义稍柴设围基址当为"帝尧之坛"之所在无疑。

稍柴遗址[77]的遗址面积约为100万平方米，在遗址上发现了东西连接自然冲沟、长度1200余米的深壕。这段壕沟由西而东，分别指向今沂河入骆马湖处、北洛河出山口、古城东关遗址、枣园遗址、顺山集遗址、泾河出山口和今沂河入骆马湖处。

与稍柴设围基址的设置大致同时，持续存在的古城东关遗址和姗娌两个设围基址退出历史舞台，河南渑池仰韶村[78]、河南淮阳平粮台[79]以及安徽蚌埠禹会村[80]诸设围基址相继出现。这些设围基址的出现表明了帝尧更多地将注意力投向江淮一线（图4-17）。

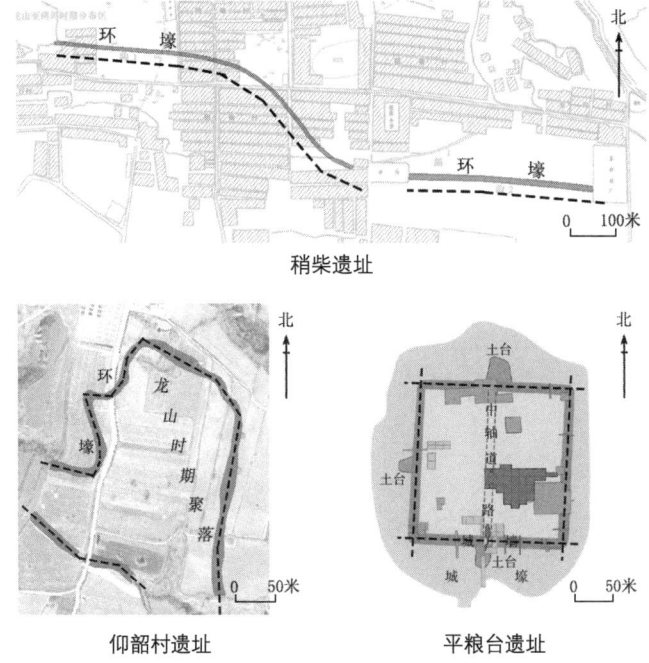

图4-17　稍柴、仰韶村、平粮台遗址圈围段落归纳图

仰韶村遗址西壕诸段落由南向北分别指向位于泾河上游的甘肃庆阳南佐遗址、堵河入汉江处、白河出山口、稍柴遗址、洛河出山口、汾河出山口处折点和洛河出山口。北壕由西而东诸段落分别指向沙河与颍河汇流区和长江接鄱阳湖处。东壕由北而南两段分别指向汾河出山口折点和阴湘城遗址（或岔河口遗址）。南壕由东而西诸段落分别指向贾湖遗址、稍柴遗址和贾湖遗址。这样的指向系统显示了对长江一线的关切。

平粮台遗址城廓平面接近规则矩形。其南、北垣东指顺山集遗址，东、西垣北指洋河入桑干河处。由这样的指向标的，可见其主张者与北方南下与在地人群相关。平粮台的圈围似乎是迄今为止发现的最早的规则矩形平面，这似乎与在特殊情况下的权力集中相关。

禹会村遗址留存之东垣指向桑干河出山口处。

应该稍晚于稍柴设围基址出现的山西沁水八里坪设围基址[81]，拥有三道环壕（图 4-18）。外壕内面积约 46 万平方米，规格颇高。其内壕西壕指向东寨遗址，北壕由西而东两段分别指向沙河与颍河汇流区、稍柴遗址，东壕指向兴隆遗址，南壕由东而西两段依次指向今沂河入骆马湖处和贾湖遗址。中壕西壕南北两段依次指向汉江出山口和潮白河出山口，中壕之北壕指向今骆马湖出口、今南京岔江

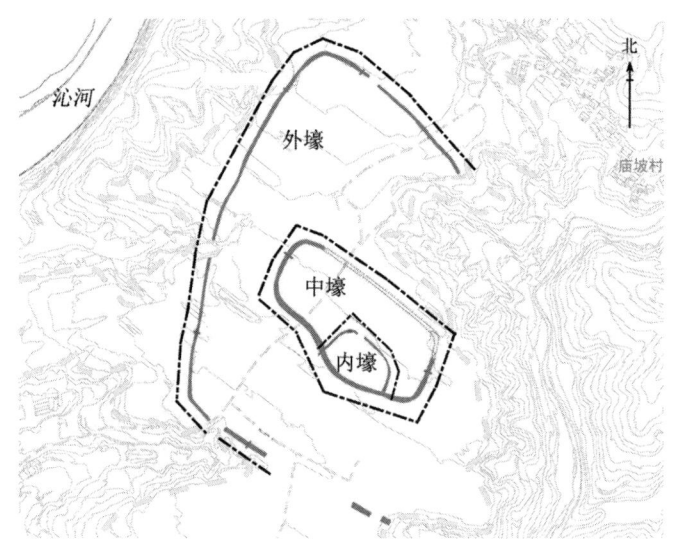

图 4-18　八里坪遗址圈围段落归纳图

口处、无定河入黄河处，中壕东壕指向丹江出山口和妫水入桑干河处，中壕南壕由东而西分别指向今沂河入骆马湖处、贾湖遗址和大河村遗址。外壕由残存之南壕开始，顺时针旋转诸壕段分别指向今南京一区幕府山与长江相夹处、新安江接富春江处、阴湘城遗址、丹江入汉江处、澧水出山口、丹江入汉江处、妫水入桑干河处、古城东关遗址、泾河入渭河处、今骆马湖出口、大河村遗址和无定河入山口处。八里坪设围基址的圈围段落指向标的涉及范围十分广泛，结合其出现的时间、坐落地点和较高的规格，或可认为其为帝舜之都。

南京坐落在长江南岸，位于长江东北向流段转而正东的节点上，因为具体的地质条件，长江在这一带形成岔流。水势变化的江流与沿长江分布的一系列山体结合，造就了既可以据之有效阻抗西方势力东向进入环太湖地区、又可以凭借相关河道压制环太湖地区的空间控制优势。与此前出现的遗址圈围段落指向标的相比，南京所在的空间结构更加开敞，周围有更多的压力来源，对相应地区的控制需更强的实力和更加仔细的安排。这就是其被认作强势人群空间渊源较晚的缘由之一。不过，作为指向标的的南京一经出现，就在随后的大约 2000 年的时间里，在整体标的系统中的地位十分突显，被一系列重要的设围基址作为标的，说明了南京在长江下游乃至东亚大陆腹地的空间塑造上的价值非同一般。

河南辉县孟庄设围基址应为帝舜所有[82]。孟庄遗址的遗址面积约为 30 万平方米，遗址上见有一道城池，垣内面积约为 13 万平方米[83]（图 4-19）。测量表明，孟庄遗址的西垣指向大河村遗址，北垣由西而东两段分别指向泗河出山口处和四

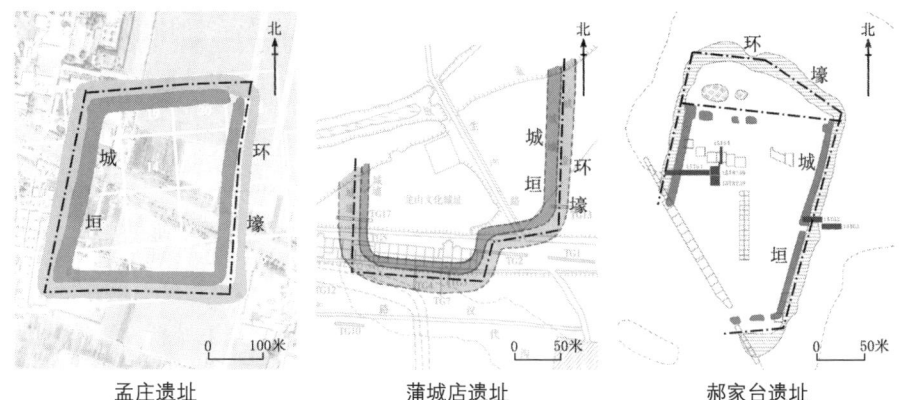

图 4-19　孟庄、蒲城店、郝家台遗址圈围段落归纳图

郎河入泾河处，东垣由北而南两段依次指向后来出现的河南平顶山蒲城店设围基址和贾湖遗址，南垣由东而西两段分别指向尧王城遗址和北洛河出山口。

《史记正义》引《帝王纪》说："禹受封为夏伯，在豫州外方之南。"[84] 与这一记述对应，公元前2150年前后，在外方山以南，出现了河南平顶山蒲城店、漯河郝家台和叶县余庄等设围基址。在这些设围基址出现前后，江汉平原的设围基址数量大幅度减少，表明了夏伯的任务之一，在于压制江汉平原。

蒲城店遗址[85]的圈围只保有原来的南半。由其西南隅突出看，其祭祀等级颇高。蒲城店遗址的东、西垣的残留段均北指忻定盆地终点，南垣东段指向新沭河起点、西段指向沙河出山口，南垣东、西段的衔接段北指孟庄遗址。从指向系统看，其与孟庄遗址关系密切。相对于这一时期在同一区域的余庄、郝家台和平粮台等设围基址，蒲城店遗址占据着上游的位置，如果其他设围基址为大禹主导，那么蒲城店遗址应是帝舜监控这一地区的据点。

郝家台遗址[86]的遗址面积不足7万平方米，遗址上见有一道城垣。存留的西垣指向长江接洞庭湖处，北垣指向今淮河入洪泽湖处，东垣指向今资水入洞庭湖处，南垣指向贾湖遗址。在上述城垣以外，另有一道环壕，该环壕的东西两边与相应的城垣指向一致，其北壕由西而东两段分别指向今淮河入洪泽湖处和凌家滩遗址。位于中原腹地、考古学文化属于王湾三期文化的郝家台遗址上的圈围段落指向标的均与长江及淮河有关。这似乎应该是大禹一族出自长江上游地区，并且对来自长江一线的人群具有号召力的表现。

公元前2300年以后，随着良渚文化的崩溃，应该是受帝尧的指派，在泰山以南及淮河沿线的南城孜、垓下、赵庄、西康留和建新诸设围基址退出历史舞台。泰沂山系东南的尧王城进行了加建，在尧王城和丹土遗址附近出现了山东日照两城镇、日照大桃园和莒县薄板台等设围基址。在泰沂山系北部，原来只有焦家一个设围基址，此时成为由山东济南城子崖、邹平丁公、桓台李寨、临淄桐林、寿光边线王、临朐西朱封、招远老店、莱州吕村等八个设围基址构成的庞大群体。现在有可辨识指向的圈围段落及建筑遗存者在泰山东南有尧王城新设置外城和两城镇遗址[87]，在泰山北部有城子崖[88]、边线王[89]、西朱封[90]和吕村遗址[91]（图4-20）。

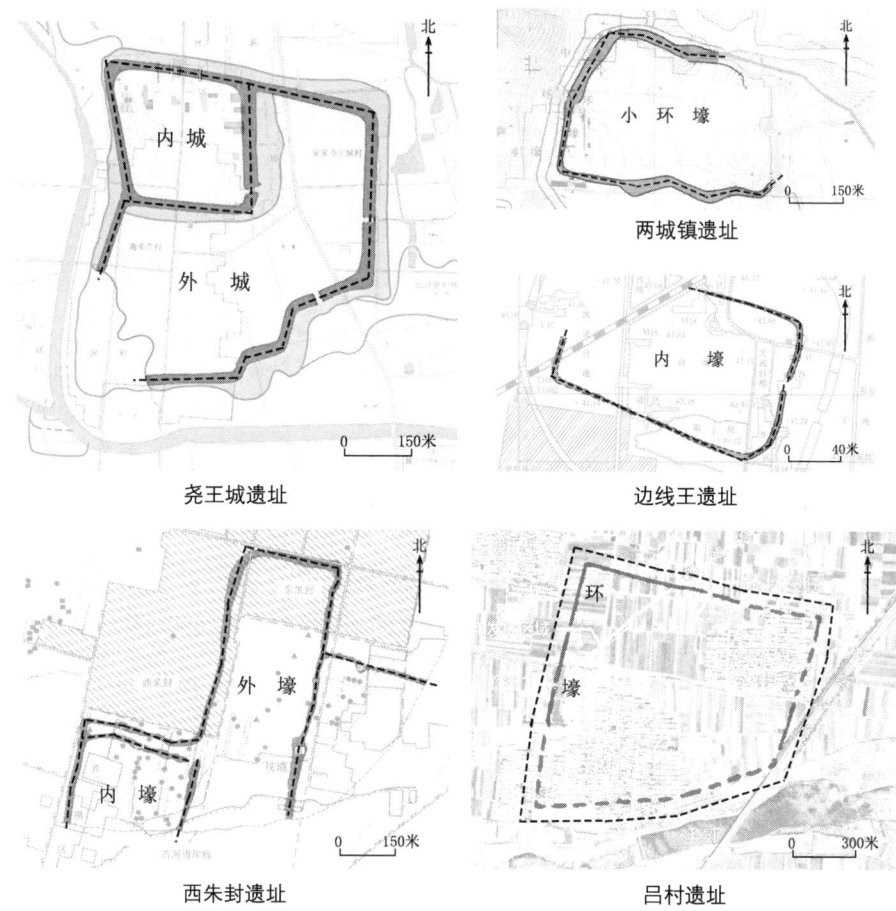

图 4-20　尧王城、两城镇、边线王、西朱封、吕村遗址圈围段落归纳图

公元前 2300 年前后，尧王城遗址在内城的基础上加设了外城。外城西垣残段指向泗水入今洪泽湖处。外城北垣指向北洛河甘泉峡折点。外城东垣指向老哈河源地。外城南垣诸段由东而西分别指向白河入汉江处、兴隆洼遗址、沙河与颍河汇流区、凌家滩遗址和洛河出山口处。新增加的圈围段落指向标的显示了其涉及的人群更加广泛。

两城镇遗址此时建设了小环壕。小环壕西壕诸段落由南而北分别指向今扬州所在、尧王城遗址。北壕残存段落由西而东分别指向四郎河入泾河处、跋山遗址和四郎河入泾河处。东壕缺失。南壕诸段落由东而西分别指向今澧水接洞庭湖处、北洛河甘泉峡折点、丹江出山口、跋山遗址、唐户遗址、北洛河甘泉峡折点所在。

与尧王城相比，两城镇遗址的设置凸显了与长江流域重要地点的关联。

扬州与南京类似，地处相对开敞的平原地区。其所在位置与自然形成的可勾连淮河、长江乃至环太湖地区的水体系统相关，使其在空间控制上地位特殊。两城镇遗址圈围上指向扬州所在的圈围段落出现，一方面是中原－环泰山势力对于环太湖地区乃至钱塘江下游地区的关切水平大幅提升的具体反映，另一方面，从空间控制的角度看，位于长江以北紧贴长江的扬州和位于长江以南紧贴长江的南京成为指向标的，也是长江下游地区战略地位大幅提升的表现。

城子崖遗址上存有一道城垣，圈围范围约20万平方米。残存东、西城垣段落均指向白音长汗遗址。

公元前2300年左右，吕村遗址修造了一道环壕，壕内总面积约87万平方米，是目前胶东半岛发现的这一时期规模最大的聚落遗址。遗址上出土的带有"日、火、山"（即"岳"字）刻划符号的大口尊，为胶东地区首次发现。此外，在遗址上还发现了精巧的陶箫、滑石制的牙璧、小巧精美的玉饰件以及淮河流域出土量较大的鹿角靴形器、鲸鱼椎骨、各式的磨制石器等。这些都指示着该遗址的特异之处。吕村遗址环壕之西壕诸段落分别指向今扬州所在和今南京岔江口处。其北壕诸段分别指向忻定盆地之滹沱河入山口、今衡水所在、今滏阳河与滹沱河交汇处和今衡水所在。其东壕北段指向今扬州所在，东壕南段与今淮河入洪泽湖一区相关。其南壕诸段落由东而西分别指向古城东关遗址、临汾盆地起点和北洛河源地。

西朱封遗址的遗址面积约60万平方米，遗址上的圈围由两道深壕构成。环壕现存状况为南部残缺。测量显示，残存内壕之西壕由南而北诸壕段分别指向东寨遗址、今信江入鄱阳湖处和跋山遗址。北壕由西而东诸壕段分别指向泾河出山口、焦家遗址、滏阳河折点（今河北省邢台市）。东壕由北而南诸段分别指向今骆马湖和今信江入鄱阳湖处。西朱封遗址上之外壕大体为一几字形，由西而东顺时针旋转诸壕段分别指向跋山遗址、滏阳河源地、无定河入山口、泾河出山口、今骆马湖、今信江入鄱阳湖处、东寨遗址、今信江入鄱阳湖处、太原盆地终点、泗水入今洪泽湖处、今微山湖东端、跋山遗址、今信江入鄱阳湖处、东寨遗址、今信江入鄱阳湖处、跋山遗址。此外，在外壕的东壕东侧，由一道东西走向之壕沟，其指向滏阳河要点（今河北省邢台市）。

边线王遗址距西朱封遗址不足 40 千米，遗址面积 10 万平方米。此时，这里兴造了内壕。现状内壕的西北部缺失。残余西壕指向涡河入淮河处。残余之北壕西指汾河出山口剧烈转折点和今衡水所在。东壕诸段由北而南分别指向跋山遗址、修水出山口、仙人洞和吊桶环遗址、修水出山口及颍河出山口。南壕西指忻定盆地之滹沱河入山口处。

上列诸遗址的圈围段落指向标的似乎特点有二。一是滏阳河—滹沱河相对凸显，这应该是该地区社会动荡，相关人群向环泰山地区迁移的表现。二是鄱阳湖环太湖地区的要点反复出现，这意味着良渚文化崩溃以后，在长江下游活动的人群被征调至环泰山地区，成为了相应人群重要的扩充实力的手段。

公元前 2150 年前后，与外方山一线设围基址群出现同步，泰山南部的设围基址群扩张。在泰山东南，新加设了山东费县防故城、日照苏家村、青岛南营和江苏连云港藤花落诸设围基址。其中，藤花落遗址[92]和苏家村遗址[93]有设置指向材料可以使用。此外，丹土、尧王城、两城镇等遗址也有一些加设或改建活动发生（图 4-21）。

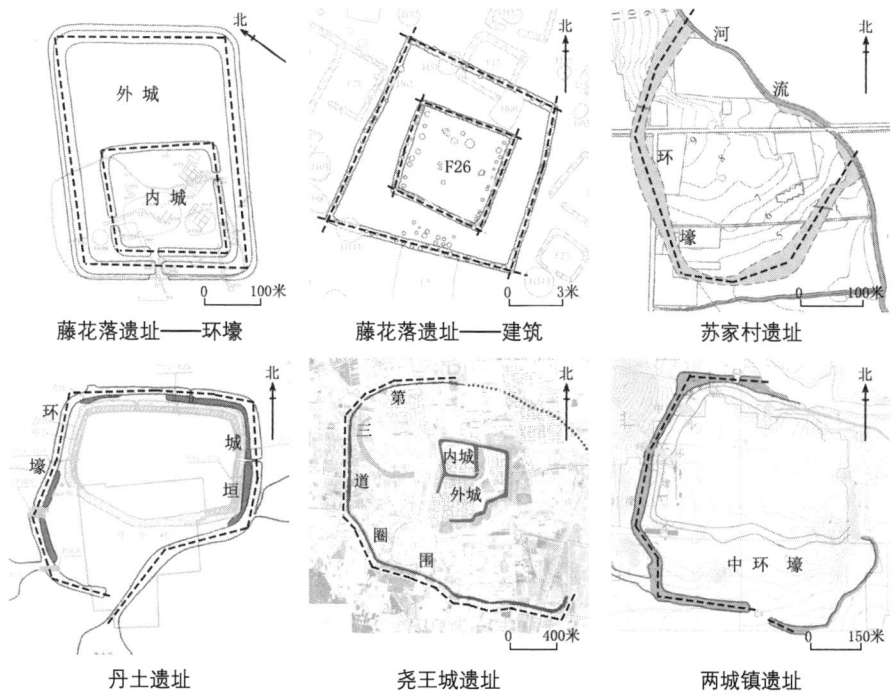

图 4-21　藤花落、苏家村、丹土、尧王城、两城镇遗址圈围段落与建筑轴线归纳图

藤花落遗址在尧王城遗址以南90千米处，遗址上存有两道城垣，圈围范围约14万平方米。内城西垣指向小荆山遗址，北垣指向长江接入洞庭湖处，东垣指今滏阳河与滹沱河交汇处，南垣指向涢水接汉江处。外城西垣指向小荆山遗址，北垣指向涢水入汉江处，东垣指向小荆山遗址，南垣指向沅江出山口。参考后世的宫城内建筑的位置安排，藤花落遗址内城南部Ⅱ号台基上的编号为F26的房址也许为宗庙。该房址有内外两圈基槽。无论是内槽还是外槽均约为四边之间相互不平行的四边形，且内、外基槽对应边之间也不平行，显示出更细致地提供指向的意图。其内槽南槽指向泗河出山口处折点，西槽由南而北两段分别指向查海遗址和凌家滩遗址，北槽指向太原盆地终点，东槽指向今信江入鄱阳湖处。外槽南槽指向浊漳河南源，西槽指向今赣江接鄱阳湖处，北槽指向滏阳河源地，东槽北段指向今南京岔江口、南段指向凌家滩遗址。大体上看，其主张者主要以环泰山地区和长江一线为空间渊源。

苏家村遗址在两城镇遗址以南10千米处，遗址上有深壕一道，现状北壕缺失，但环壕的北部有自然河流，从现有的迹象看，很有可能原有的北壕走势与河道走势一致。苏家村遗址上现存环壕的西壕由南而北分别指向淮水入海处、今南京之岔江口和今修水入鄱阳湖处。东壕指向今修水接鄱阳湖处。南壕东段指向泗水出今微山湖处、西段指向枣园遗址。

此时，丹土遗址在已放弃的内城之外新建了一道圈围。其城垣由西而南顺时针旋转诸垣段分别指向滦河源地、尧王城遗址、兴隆洼遗址、渭河接黄河处、北洛河出山口、北洛河甘泉峡折点、东寨遗址、兴隆洼遗址、堵河入汉江处、今沂河入骆马湖处。丹土遗址新设之城垣的平面形态明确地在西南隅凸出，其新加的圈围段落指向标的涉及范围广大，促成其向更具综合性的祭祀中心转变。

公元前2150年前后，尧王城遗址上加设了第三道圈围。此道圈围由东而西顺时针旋转，诸段落依次指向今淮河入洪泽湖处、北洛河甘泉峡折点、唐户遗址、浊漳河南源、古城东关遗址、忻定盆地终点、太原盆地终点、浊漳河南源、洋河入桑干河处、跛山遗址、今扬州所在、涡河入淮河处、淮河源地和颍河源地。尧王城遗址上第三道圈围的出现不仅大幅提升了基址的等级，而且显示出更积极地吸纳江淮地区人群的姿态。

此时，两城镇遗址上废弃了小环壕，并建设了中环壕。中环壕的西壕诸段由南而北依次指向玉架山遗址、丸山、北城子遗址、今抚河入鄱阳湖处，其北壕残段指向四郎河入泾河处。南壕残段由东而西两段分别指向跋山遗址和枣园遗址。

把此时环泰山地区东南的设围基址群扩张及新的圈围段落指向标的中长江流域要点相对凸显，与江汉平原设围基址群的衰落结合起来看，似乎可以认为在大禹一系与江汉平原博弈造成的社会动荡中，在环泰山地区东南活动的人群获益颇多。

公元前2150年前后，在泰沂山系以北的丁公遗址上，早先修造的内城被放弃，建造了圈围范围达10万平方米的外城[94]（图4-22）。丁公遗址外城西垣由南而北两段分别指向跋山遗址和东寨遗址。其北垣由西而东诸段分别指向城子崖遗址、今邢台一带、今滏阳河与滹沱河交汇处和尧王城遗址。东垣指向泗河源地。南垣指向无定河入黄河处。

此时，泰山以北的边线王遗址上加设了外壕。其西壕由南而北诸壕段分别指向兴隆遗址、新沭河起点、涡河入淮河处、汉江入长江处、丹江入汉江处。北壕由西而东诸段分别指向西河上长城豁口、托克托河口、大黑河出山口和周口店遗址。东壕由北而南依次指向今信江入鄱阳湖处、涡河入淮河处、查海遗址和后出之王城岗设围基址所在。南壕由东而西两段分别指向桑干河源地和大黑河出山口。

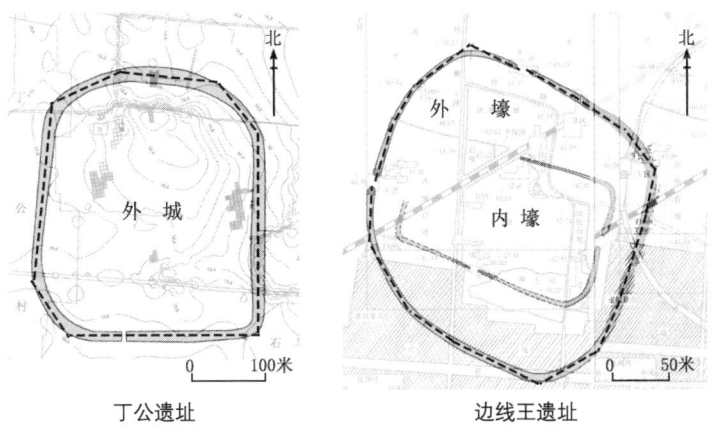

丁公遗址　　　　　　边线王遗址

图 4-22　丁公、边线王遗址圈围段落归纳图

在上列的圈围段落指向标的中，有诸多地点和此时东亚大陆腹地的空间博弈焦点地区、西河周边地区及江汉平原周边地区相关。这应是相应人群积极吸纳因社会动荡而进行迁徙的人群的成果。

空间位置和相应的设围基址分布，决定了在此时东亚大陆腹地的空间博弈中，在环泰山地区活动的人员并不处在第一线，故而上列的相应地区设围基址群的扩张和新增加设置的指向标的应表明了其有条件以较小的代价大量地接收由战乱而迁徙的人群，形成与大禹一系竞争的资源。这当然会引起大禹一系的不满。《史记·夏本纪》叙述中显示的大禹与环泰山地区北部活动的皋陶关系微妙，以及后来夏启囚禁在环泰山地区南部活动的益，应该均与此相关。

公元前2100年前后，石峁遗址上加设了外城（图4-23）。外城的由东而西诸垣段分别指向钱塘江入海口区、泾河源地、大河村遗址、泾河入渭河处、后套木嘎遗址、石虎山Ⅰ遗址、唐户遗址、㶟水入桑干河处、渭河入黄河处、小荆山遗址、桑干河源地、尧王城遗址、汾河源地与桑干河源地交接处和宝鸡峡出口。石峁遗址上外城的设置，提高了城池的等级。钱塘江入海口区、小荆山遗址、尧王城遗址、大河村遗址和唐户遗址作为圈围段落指向标的的出现，也许意味着基址的主张者努力发掘人口资源。

石峁遗址上外城加设之后，在西河一线后世长城以外的持续存在了数百年的

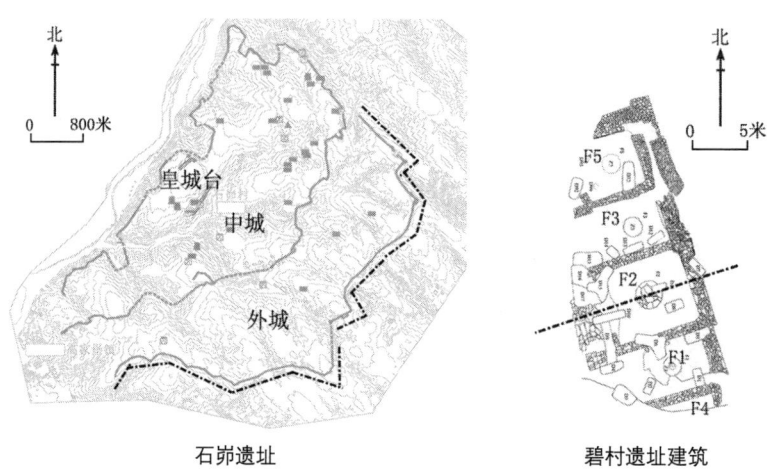

图4-23 石峁外城、碧村遗址建筑轴线归纳图

老虎山文化设围基址群消失了。大致同时，在长城以内沿西河展开的设围基址群发生变动，并且数量由原来的 11 个设围基址减少为 6 个。同时，在外方山一线和太行山东南都有一系列新的设围基址出现。这种变动也许意味着在西河一线活动的人群逐步地向这两个地区搬迁。

在西河一线新出的山西兴县碧村遗址坐落在黄河以东，取代山西保德林遮峪遗址，成为山西境内沿西河一线的新的祭祀重心[95]。碧村遗址城垣圈围范围达 75 万平方米，现存状态明确的两段城垣，一条西南指向泾河出山口，一条东南指向稍柴遗址。碧村遗址城内的小玉梁建筑基址群保存较好[96]。这时的 F1~F5 石砌房址背向汾河、滹沱河及桑干河源地交结区，门向无定河入山口。稍柴是帝尧祭祀洛河的地点。汾河、滹沱河与桑干河的源头地交结区当是古人所谓的"三河"地区。《今本竹书纪年》说："（帝尧）母曰庆都，生于斗维之野，……及长，观于三河，常有龙随之。"[97] 可见，三河一区是帝尧的重要据点，考虑到帝尧一直在山西活动，加上"三河"为遗址指向标的，似乎碧村遗址的主张者与帝尧一系有特殊关联。

长城以外的老虎山文化设围基址群的消失，使得帝舜、大禹一系可以专心于应对已经接近崩溃的在江汉平原活动的势力。随着江汉平原地区的设围基址群的最终消失，历史进入了一个新的阶段。

注释

[1] 湖北省文物考古研究所、北京大学考古文博学院、天门市博物馆：《湖北天门石家河谭家岭城址 2015~2016 年发掘简报》，《江汉考古》2017 年第 5 期。

[2] 许宏：《先秦城邑考古》，西苑出版社、金城出版社，2017，第 60 页。

[3] 梁法伟：《河南淅川龙山岗仰韶时代晚期城址发掘收获》，《中国文物报》2013 年 3 月 29 日。

[4] 湖北省文物考古研究院、四川大学考古文博学院鸡叫城考古队、湖南大学岳麓书院：《湖南澧县鸡叫城聚落群调查、勘探与试掘》，《考古》2023 年第 5 期。

[5] 湖北省文物考古研究院、四川大学考古文博学院鸡叫城考古队、湖南大学岳麓书院：《湖南澧县鸡叫城遗址新石器时代大型木构建筑 F63》，《考古》2023 年第 5 期。

[6] 湖北省文物考古研究院：《湖北荆门屈家岭遗址考古新发现》，《中国文物报》2024 年 1 月 19 日。

[7] 湖北省文物考古研究所、荆门市博物馆、屈家岭遗址管理处:《湖北荆门市屈家岭遗址 2015~2017 年发掘简报》,《考古》2019 年第 3 期。

[8] 刘莉、陈星灿:《中国考古学——旧石器时代晚期到早期青铜时代》,生活·读书·新知三联书店,2017,第 65 页。

[9] 向其芳:《襄阳凤凰咀城址的确认与意义》,《中国文物报》2019 年 8 月 9 日。

[10] 王鲁民:《塑造中国:东亚大陆腹地早期聚落组织与空间架构》,大象出版社,2023,第 120-121 页。

[11] 顾万发:《郑州地区仰韶文化中晚期重要考古发现及相关问题初步研究》,《黄河科技学院学报》2023 年第 6 期。

[12] 同上。

[13] 顾万发:《文明之光:古都郑州探索与研究》,科学出版社,2016 年,第 254-255 页。

[14] 王虎:《含山县凌家滩遗址保护规划研究》,硕士学位论文,安徽建筑大学,2019。

[15] 王鲁民、范沛沛:《祭祀与疆域:中国上古空间考古六题》,大象出版社,2021,第 110-118 页。

[16] 杭州市规划和自然资源局:《余杭区良渚文化玉架山考古遗址公园(博物馆)一期》,杭州市规划和自然资源局网站(http://ghzy.hangzhou.gov.cn/art/2021/10/29/art_1229003146_69469.html)。

[17] 金兰兰:《遗址的景观重构方法及价值呈现——基于复写理论的玉架山考古遗址公园景观营建研究》,《中国园林》2022 年第 S2 期。

[18] 王宁远:《何以良渚》,浙江大学出版社,2019。

[19] 王鲁民、范沛沛:《祭祀与疆域:中国上古空间考古六题》,第 119-141 页。

[20] 南京博物院、常州博物馆、常州市考古研究所:《江苏常州新北区象墩遗址发掘简报》,《东南文化》2022 年第 5 期。

[21] 南京博物院:《赵陵山:1990—1995 年度发掘报告》,文物出版社,2012。

[22] 苏州市考古研究所、昆山市文物管理所:《江苏昆山朱墓村遗址发掘简报》,《东南文化》2014 年第 2 期。

[23] 浙江省文物考古研究所:《杭州市余杭区良渚古城钟家港南段 2016 年的发掘》,《考古》2023 年第 1 期。

[24] 浙江省文物考古研究所:《良渚古城综合研究报告》,文物出版社,2019。

[25] 王鲁民、范沛沛:《祭祀与疆域:中国上古空间考古六题》,第 130-131 页。

[26] 同上书,第 129-135 页。

[27] 山东大学考古学与博物馆学系、济南市章丘区城子崖遗址博物馆:《济南市章丘区焦家新石器时代遗址》,《考古》2018 年第 7 期。

[28] 何赞、余晓福:《湖南南县卢保山遗址发现湖南第四座史前城址》,《中国文物报》2020 年 3 月 6 日。

[29] 湖南省文物考古研究所：《湖南华容县七星墩遗址 2018 年调查、勘探和发掘简报》，《考古》2021 年第 2 期。

[30] 王鲁民：《塑造中国：东亚大陆腹地早期聚落组织与空间架构》，第 141-144、366 页。

[31] 司马迁：《史记》第一册，中华书局，1959，第 11 页。

[32] 王国维撰、黄永年校点《古本竹书纪年辑校·今本竹书纪年疏证》，辽宁教育出版社，1997，第 41 页。

[33] 徐元诰撰，王树民、沈长云点校《国语集解》，中华书局，2002，第 514-515 页。

[34] 王鲁民：《塑造中国：东亚大陆腹地早期聚落组织与空间架构》，第 144-146 页。

[35] 同上书，第 145 页。

[36] 国家文物局主编、河南省文物局编制《中国文物地图集（河南分册）》，中国地图出版社，1991。

[37] 许顺湛：《豫晋陕史前聚落研究》，中州古籍出版社，2012，第 73-88、119-142 页。

[38] 遗址数依据以下文献整理：许顺湛：《豫晋陕史前聚落研究》，中州古籍出版社，2012，第 189-254 页。

[39] 遗址数依据以下文献整理：许顺湛：《豫晋陕史前聚落研究》，第 379-400 页。

[40] 王永波、王传昌编著《山东古城古国考略》，文物出版社，2016，第 47-52 页。

[41] 山东省文物考古研究院、滕州市文物局、山亭区文化和旅游局：《山东省滕州市岗上遗址考古勘探报告》，《南方文物》2024 年第 2 期。

[42] 岚山区文化服务中心：《龙山古国的"都城"——尧王城》，岚山区文化服务中心微信公众号，2020 年 2 月 20 日。

[43] 文旅日照：《日照新增一遛娃好去处！跟着历史课本来打卡》，"文旅日照"微信公众号，2024 年 10 月 14 日。

[44] 王永波、王传昌编著《山东古城古国考略》，第 52-61 页。

[45] 中国社会科学院考古研究所：《蒙城尉迟寺：皖北新石器时代聚落遗存的发掘与研究》，科学出版社，2001。

[46] 中国社会科学院考古研究所、安徽省蒙城县文化局：《蒙城尉迟寺（第二部）》，科学出版社，2007。

[47] 《春秋公羊传》何休注说："天子周城，诸侯轩城，轩城者，缺南面以受过也。"据之并参考考古遗存，本书把刻意留下空缺，进行防御能力让渡的城垣称作"轩城"。关于良渚古城为"轩城"的讨论见王鲁民：《营国：东汉以前华夏聚落景观规制与秩序》，同济大学出版社，2017，第 77 页。

[48] 王青：《试论史前黄河下游的改道与古文化的发展》，《中原文物》1993 年第 4 期。

[49] Pauline Sebillaud（史宝琳）：《中原地区公元前三千纪下半叶和公元前两千纪的聚落分布研究》，博士学位论文，吉林大学考古学及博物馆学系，2014，第 143 页。

[50] 湖北省文物考古研究院、北京大学考古文博学院：《天门石家河城址及水利系统的考古

收获》,《江汉考古》2023 年第 1 期。

[51] 中国社会科学院考古研究所、湖北省文物考古研究所、荆门市博物馆、沙洋县文物管理所:《湖北沙洋县城河新石器时代城址发掘简报》,《考古》2018 年第 9 期。

[52] 湖北省文物考古研究所、中央民族大学民族学与社会学学院、武汉大学历史学院:《大洪山南麓陶家湖-笑城区域系统调查》,《江汉考古》2017 年第 5 期。

[53] 荆州博物馆、公安县博物馆:《荆州公安鸡鸣城遗址考古勘探试掘简报》,《江汉考古》2017 年第 2 期。

[54] 叶家庙和杨家嘴城址的资料参见刘辉主编,湖北省文物考古研究所、孝感市博物馆、孝感市孝南区博物馆编著《孝感叶家庙》,科学出版社,2016。

[55] 笑城、门板湾、黄土岗址资料可参考许宏:《先秦城邑考古》,第 78-86 页。

[56] 郭静云:《夏商周:从神话到史实》,上海古籍出版社,2013,第 18 页。

[57] 成都文物考古研究所、新津县文物管理所:《新津县宝墩遗址 2012—2013 年度考古发掘简报》,载成都文物考古研究所编著《2014 成都考古发现》,科学出版社,2016。

[58] 成都文物考古研究所、新津县文物管理所:《新津县宝墩遗址鼓墩子 2010 年发掘报告》,载成都文物考古研究所编著《2012 成都考古发现》,科学出版社,2014。

[59] 成都文物考古研究所、新津县文物管理所:《成都市新津县宝墩遗址治龙桥地点的发掘》,《考古》2018 年第 1 期。

[60] 四川大学历史文化学院考古学系、成都文物考古研究院、新津县文物管理所:《成都市新津县宝墩遗址田角林地点 2013 年的发掘》,《考古》2018 年第 3 期。

[61] 成都文物考古研究院:《成都大邑县高山古城孙家堰地点调查试掘简报》,《中原文物》2023 年第 4 期。

[62] 成都文物考古研究所、大邑县文物管理所:《大邑县盐店古城遗址 2002—2003 年发掘简报》,载成都文物考古研究所编著《2014 成都考古发现》,科学出版社,2016。

[63] 湖北省文物考古研究所、武汉市黄陂区文物管理所:《武汉市黄陂区张西湾新石器时代城址发掘简报》,《考古》2012 年第 8 期。

[64] 邵晶:《试论石峁城址的年代及修建过程》,《考古与文物》2016 年第 4 期。

[65] 孙周勇、邵晶、邸楠:《石峁遗址的考古发现与研究综述》,《中原文物》2020 年第 1 期。

[66] 陕西省考古研究院、榆林市文物考古勘探工作队、神木市石峁遗址管理处:《石峁遗址皇城台地点 2016—2019 年度考古新发现》,《考古与文物》2020 年第 4 期。

[67] 孙周勇、邵晶、邸楠:《石峁文化的命名、范围及年代》,《考古》2020 年第 8 期。

[68] 何努:《对于陶寺文化晚期聚落形态与社会变化的新认识》,《新世纪的中国考古学(续)》,科学出版社,2015,第 158-171 页。

[69] 何驽、高江涛:《薪火相传探尧都——陶寺遗址发掘与研究四十年历史述略》,《南方文

物》2018 年第 4 期。

[70] 何努：《尧舜"中国"——陶寺遗址发掘与研究》，《艺术博物馆》2022 年第 6 期。

[71] 司马迁：《史记》第一册，中华书局，1959，第 17 页。

[72] 杨雄撰，黄寿成校点《扬子法言》，辽宁教育出版社，1998，第 22 页。

[73] 徐元诰撰，王树民、沈长云点校《国语集解》，中华书局，2002，第 516 页。

[74] 顾颉刚、刘起釪：《尚书校释译论》，中华书局，2005，第 32 页。

[75] 王鲁民：《塑造中国：东亚大陆腹地早期聚落组织与空间架构》，第 165-166 页。

[76] 王国维撰、黄永年校点《古本竹书纪年辑校·今本竹书纪年疏证》，第 43-44，62 页。

[77] 顾万发：《文明之光：古都郑州探索与研究》，第 26-28 页。

[78] 河南省文物考古研究院、三门峡市文物考古研究所、渑池县文化广电和旅游局：《河南渑池县仰韶村遗址考古勘探报告》，《华夏考古》2020 年第 2 期。

[79] 北京大学考古文博学院、河南省文物考古研究院、周口市文物考古所、淮阳区平粮台古城遗址博物馆：《河南周口市淮阳平粮台遗址龙山文化遗存的发掘》，《考古》2022 年第 1 期。

[80] 李政：《安徽蚌埠禹会村遗址聚落考古新发现学术交流会召开》，《中国文物报》2020 年 11 月 3 日。

[81] 山西省考古研究院、山东大学文化遗产研究院、晋城市文物保护研究中心：《山西沁水八里坪遗址环壕聚落》，《文物季刊》2023 年第 3 期。

[82] 王鲁民：《塑造中国：东亚大陆腹地早期聚落组织与空间架构》，第 174 页。

[83] 耿同、杨瑞霞、杨树刚：《早期考古发掘遗址重定位方法研究》，《中国科学院大学学报》2020 年第 3 期。

[84] 司马迁：《史记》第一册，第 49 页。

[85] 河南省文物考古研究所、平顶山市文物局：《河南平顶山蒲城店遗址发掘简报》，《文物》2008 年第 5 期。

[86] 北京大学考古文博学院、河南省文物考古研究院、漯河市文物考古研究所：《河南漯河郝家台遗址 2015~2016 年田野考古主要收获》，《华夏考古》2017 年第 3 期。

[87] 中美联合考古队、栾丰实、文德安，等：《两城镇：1988~2001 年发掘报告》，文物出版社，2016。

[88] 山东省文物考古研究院、北京大学考古文博学院：《济南市章丘区城子崖遗址 2013~2015 年发掘简报》，《考古》2019 年第 4 期。

[89] 王永波、王传昌编著《山东古城古国考略》，第 76-92 页。

[90] 同上书，第 92-99 页。

[91] 考宣：《2021年度山东省田野考古工作汇报会顺利闭幕！"2021年度山东省考古新发现""2020—2021年优秀田野考古工地"揭晓》，"山东考古"微信公众号，2022年2月19日。

[92] 南京博物院、连云港市博物馆编著《藤花落：连云港市新石器时代遗址发掘报告》，科学出版社，2014。

[93] 山东大学考古学与博物馆学系、山东省文物考古研究院：《山东日照苏家村遗址2019年发掘简报》，《考古》2022年第8期。

[94] 王永波、王传昌编著《山东古城古国考略》，第99-107页。

[95] 碧村遗址城墙平面图和小玉梁地点建筑基址群平面图的详细资料参见山西省考古研究院《十大考古终评项目 | 背后依黄河 梁上垒石城——山西兴县碧村遗址》，国家文物局微信公众号，2023年3月21日。

[96] 山西省考古研究所、山西大学历史文化学院考古系、兴县文物旅游局：《2016年山西兴县碧村遗址发掘简报》，《中原文物》2017年第6期。

[97] 王国维撰，黄永年校点《古本竹书纪年辑校·今本竹书纪年疏证》，第42页。

第五章

夏、商、西周：错综复杂的北上与南下

中国地势图

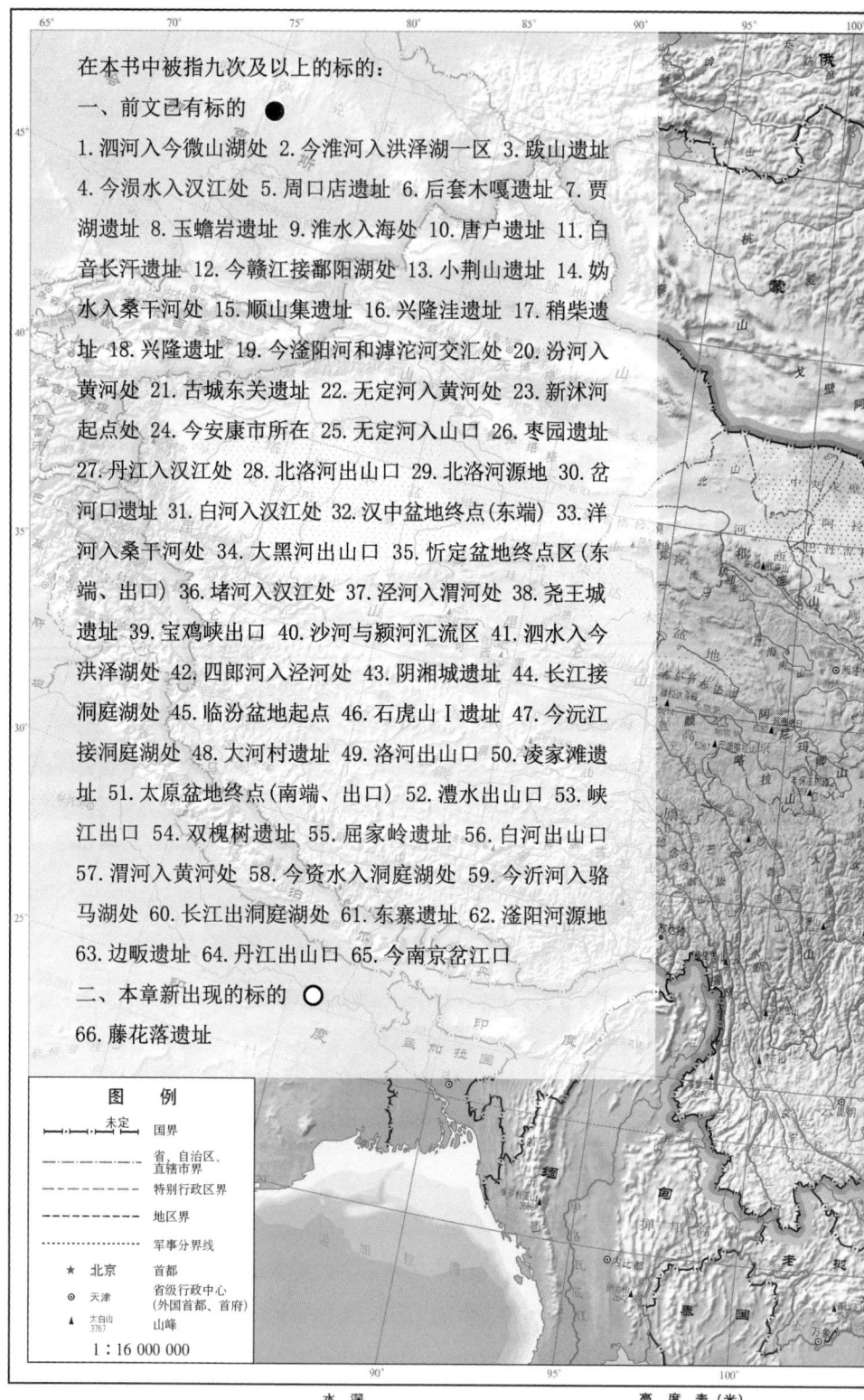

在本书中被指九次及以上的标的:
一、前文已有标的 ●
1. 泗河入今微山湖处 2. 今淮河入洪泽湖一区 3. 跋山遗址 4. 今涢水入汉江处 5. 周口店遗址 6. 后套木嘎遗址 7. 贾湖遗址 8. 玉蟾岩遗址 9. 淮水入海处 10. 唐户遗址 11. 白音长汗遗址 12. 今赣江接鄱阳湖处 13. 小荆山遗址 14. 妫水入桑干河处 15. 顺山集遗址 16. 兴隆洼遗址 17. 稍柴遗址 18. 兴隆遗址 19. 今滏阳河和滹沱河交汇处 20. 汾河入黄河处 21. 古城东关遗址 22. 无定河入黄河处 23. 新沭河起点处 24. 今安康市所在 25. 无定河入山口 26. 枣园遗址 27. 丹江入汉江处 28. 北洛河出山口 29. 北洛河源地 30. 岔河口遗址 31. 白河入汉江处 32. 汉中盆地终点(东端) 33. 洋河入桑干河处 34. 大黑河出山口 35. 忻定盆地终点区(东端、出口) 36. 堵河入汉江处 37. 泾河入渭河处 38. 尧王城遗址 39. 宝鸡峡出口 40. 沙河与颍河汇流区 41. 泗水入今洪泽湖处 42. 四郎河入泾河处 43. 阴湘城遗址 44. 长江接洞庭湖处 45. 临汾盆地起点 46. 石虎山Ⅰ遗址 47. 今沅江接洞庭湖处 48. 大河村遗址 49. 洛河出山口 50. 凌家滩遗址 51. 太原盆地终点(南端、出口) 52. 澧水出山口 53. 峡江出口 54. 双槐树遗址 55. 屈家岭遗址 56. 白河出山口 57. 渭河入黄河处 58. 今资水入洞庭湖处 59. 今沂河入骆马湖处 60. 长江出洞庭湖处 61. 东寨遗址 62. 滏阳河源地 63. 边畈遗址 64. 丹江出山口 65. 今南京岔江口

二、本章新出现的标的 ○
66. 藤花落遗址

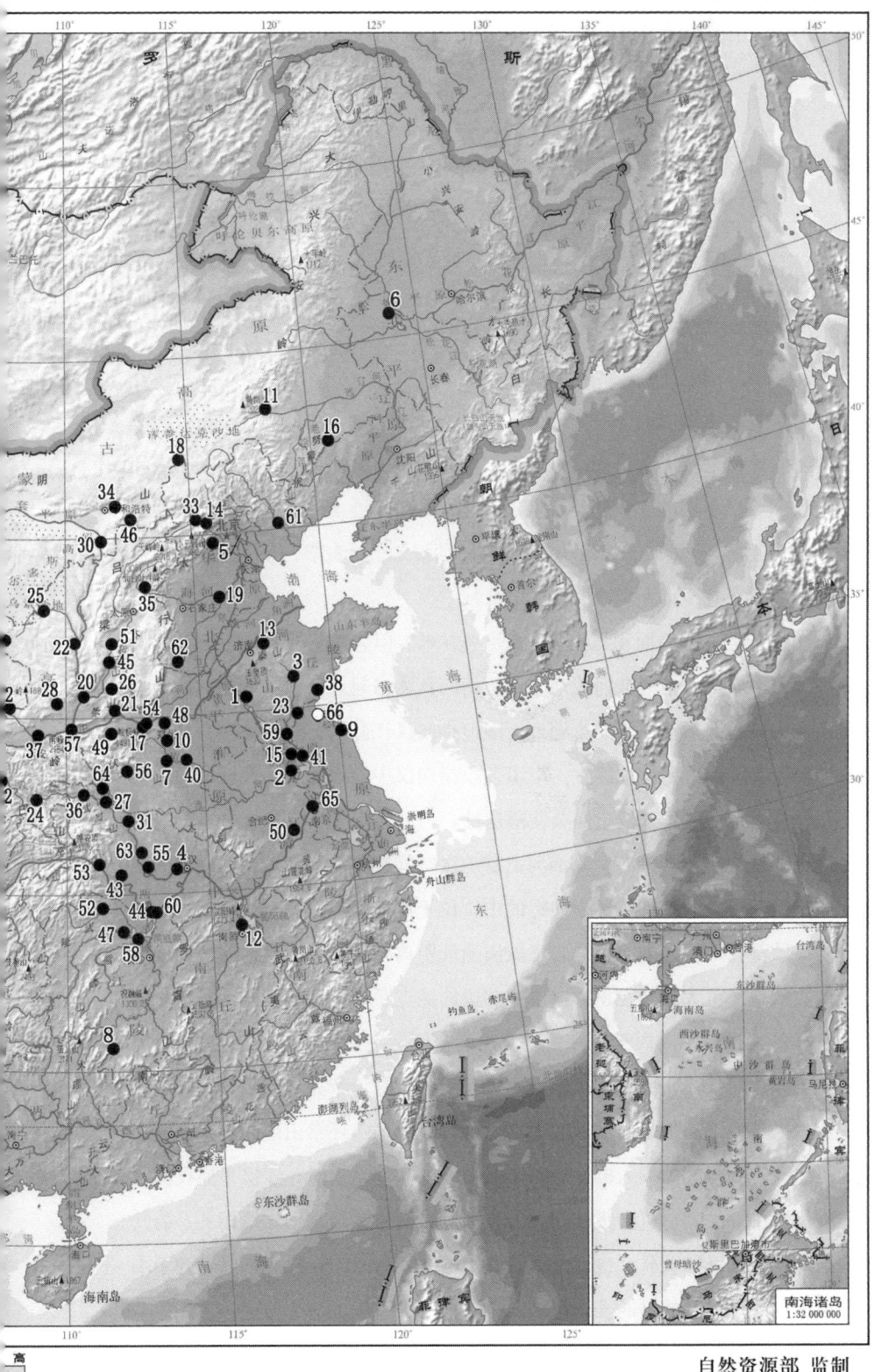

本章出现的主要营造设置指向标的分布示意图

坐落、位置、建造时间和相关记述表明，公元前 2100 年以后出现在颍河源地一区的河南登封王城岗设围基址为禹都阳城。王城岗遗址上先后设置了小城和大城两道城垣[1]。小城的建设稍早，与《今本竹书纪年》所载之"（舜）命禹代虞事"在时间上相合；大城的建设稍晚，与舜死后，"三年丧毕，（禹）都于阳城"在时间上相应[2]（图 5-1）。

王城岗遗址上的小城面积虽然仅 1.5 万平方米，但为东、西并列之双城，规格很高。其西小城西垣指向淮河源地，北垣指向新沭河起点区，东垣北指忻定盆地滹沱河入山口、南指长江出洞庭湖处，南垣指向汉江源地。东小城残存之西垣即西小城东垣，北指忻定盆地终点，南垣残段指向汉中盆地起点。大城的西垣残段指向双槐树遗址，北垣残段指向藤花落遗址。

王城岗遗址位于颍河上游，是淮河上游地区空间控制的要点。虽然现存的圈围不完整，但其提供的圈围段落指向标的中，位于遗址西边的地点与位于遗址东边的地点大致都在正方向上，且约与王城岗遗址距离相同。位于遗址北边的地点与位于南边的地点也大致处在正方向上，北边的地点距王城岗遗址的距离略小于南边。这样的安排提示其居于中央、坐北控南空间塑造意图的存在。根据史籍，大禹产于蜀地，而汉江是中原连接四川的要点。大禹曾为帝尧之臣属，曾在晋地活动，相关人员有来自忻定盆地者实属自然。大禹与来自环泰山地区东南的益为同僚，可想其曾获得相关的人群支持。王城岗设围基址设立时，江汉平原设围基址群正在崩溃中，故其有机会吸收相关人员。王城岗所在与祝融之地相关，故其要建立与双槐树遗址的关联。也就是说，其坐落方式和圈围设置，正好契合于刚刚脱颖而出的大禹一系的可能表达意愿。

第五章
夏、商、西周：错综复杂的北上与南下

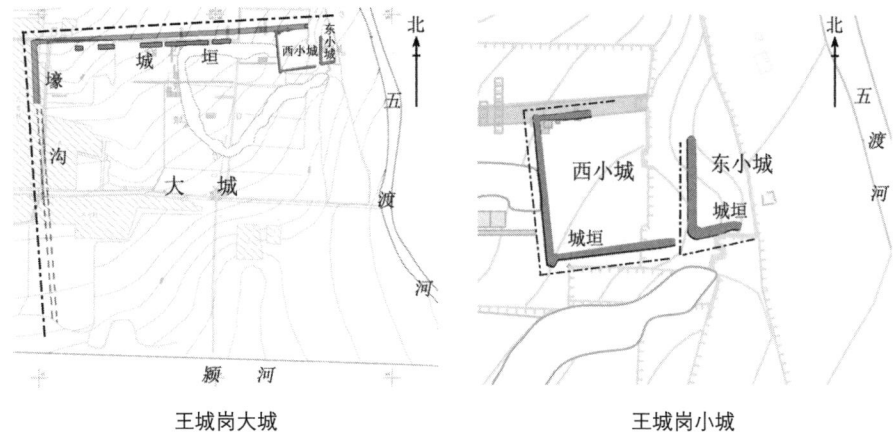

图 5-1 王城岗遗址圈围段落归纳图

随着包括了王城岗设围基址在内的，含有河南淮阳平粮台、舞阳大杜庄、叶县余庄、平顶山蒲城店、漯河郝家台、方城平高台、登封王城岗、巩义稍柴、郑州大河村、渑池仰韶村、博爱西金城、辉县孟庄、安阳后岗等遗址的庞大的设围基址系统的出现，江汉平原石家河文化曾经存在的庞大的设围基址群迅速解体。公元前 2050 年时，只存留有湖北京山屈家岭、沙洋城河、公安青河和湖南华容七星墩 4 个设围基址。

公元前 2000 年左右，曾经存在过的石家河文化设围基址全数消失，澧阳平原上出现了后石家河文化的湖南澧县孙家岗设围基址[3]。孙家岗设围基址的遗址面积约 23 万平方米，设有一道环壕，平面大体为圆弧对着西南方的扇形（图 5-2）。由扇形圆弧的东南角开始顺时针旋转，其圈围段落分别指向今抚河入鄱阳湖处、今澧水入洞庭湖处、今资水入洞庭湖处、峡江出口、白河入汉江、㵚水出山口、今信江入鄱阳湖处、边畈遗址、今抚河入鄱阳湖处、白河出山口、堵河入汉江、今抚河入鄱阳湖处、阴湘城遗址、今㵚水入汉江处和边畈遗址。由圈围段落指向标的看，这是一个地方性很强的设置，如果把孙家岗设围基址理解成石家河文化被征服后，在中原势力管控下的石家河文化后继者的祭祀要地，那么相应的安排似乎可以被理解为其没有空间野心的表示。

至此，在前仰韶文化时代就已存在的依托峡江出口及洞庭湖周边地区的、相对独立、有条件与在黄河中游地区活动的强势族群抗衡的异质人群不复存在。长江、黄河两大流域人群间的互动与交融进入了一个全新的历史时期。

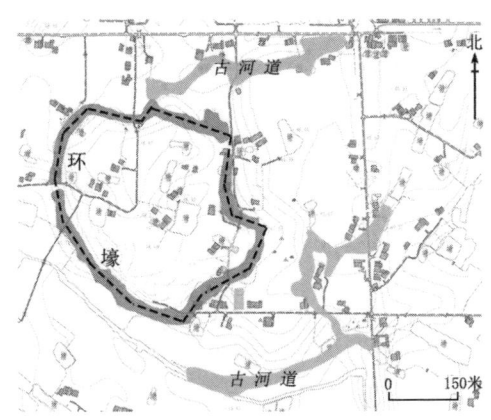

图 5-2　孙家岗遗址圈围段落归纳图

大致在王城岗遗址主导的庞大的设围基址群兴起的同时，陶寺遗址上修造了大城，使其圈围范围达到了约 280 万平方米（图 5-3）。陶寺大城设有北、东、南三面城垣，西部以天然沟壑阻隔。按照古人的说法，其当为"轩城"。陶寺遗址上的南垣设有两道城墙，内、外城墙之间是一个置有高规格墓地和特殊祭祀设施的"夹城"。夹城位于东南方的安排，可以作为其为羲仲所有的进一步证明。测量显示，陶寺大城之北垣残段指向嘉陵江源地及滏阳河源地。东垣残段由北而南两段分别指向沁河出山口和稍柴遗址。其南垣诸段由东而西分别指向阴湘城遗址、汾河源地、周口店遗址、妫水入桑干河处（及渠江、涪江和嘉陵江三江并流处）、枣园遗址、妫水入桑干河处（及渠江、涪江和嘉陵江三江并流处）、杨官寨遗址、宝鸡峡出口。其南垣之内侧城垣由东而西诸垣段分别指向尧王城遗址、浊漳河南源、渭河入黄河处、安康盆地起点、汉中、汉中盆地终点、今滏阳河与滹沱河交汇处和宝鸡峡出口。陶寺遗址大城的修造不仅提高了设置的祭祀等级，而且在相当程度上意味着其吸纳新的人群，这一行动当会引起敌对者的警惕。

公元前 2000 年前后，陶寺遗址遭到暴力平毁[4]。随后，在陶寺遗址的南边约 40 千米处，出现了考古学文化类型与陶寺遗址相同的山西绛县周家庄设围基址[5]。

周家庄遗址的遗址规模和圈围范围均与陶寺遗址大体相同，今在遗址上见有两道环壕。其西壕残段指向涢水入汉江处。其北壕为相互平行之两重，北壕残有

第五章
夏、商、西周：错综复杂的北上与南下

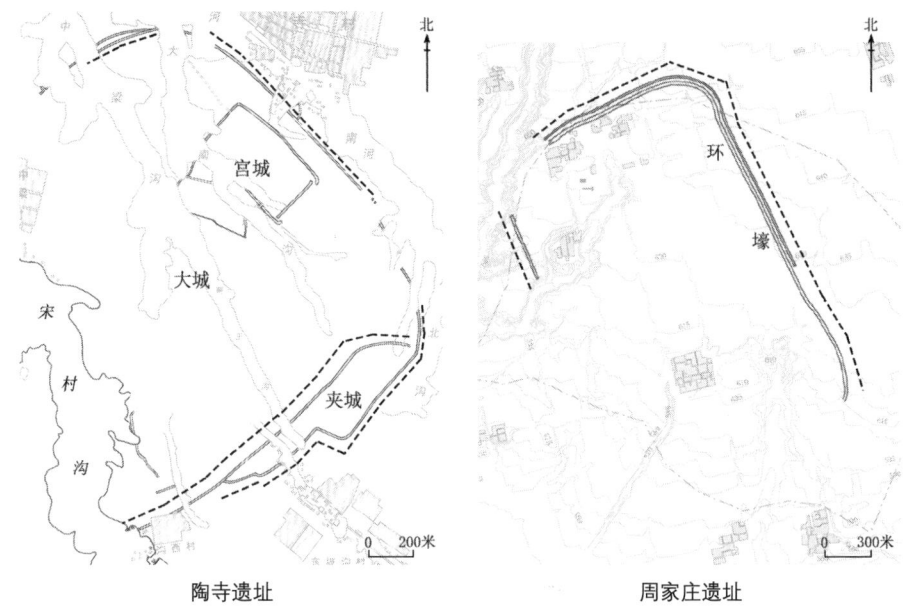

图 5-3　陶寺大城及周家庄遗址圈围段落归纳图

段落由西而东诸壕段分别指向今滹阳河入滹沱河处、泾河出山口和滹阳河源地。其北壕与东壕的衔接段指向大河村遗址。其东壕北半为相互平行之两重，东壕由北而南诸垣段分别指向石峁遗址、沙河源地、今信江入鄱阳湖处和石峁遗址。圈围上两次出现与石峁遗址相关的段落，似乎表明了以石峁遗址为空间渊源者在周家庄设围基址的主张者中占有重要地位。由此推测，对陶寺遗址实施暴力平毁的人员应当来自石峁遗址[6]。

西河一线的变动显然引起了夏王的关注，《史记》说的"帝中康时，羲、和湎淫，废时乱日"[7]，应可理解为中原统治者对事态的反应。

公元前2050年前后，在泰山北部设围基址群的西部，逼近王城岗遗址主导的设围基址群，出现了山东阳谷景阳岗城址[8]（图5-4）。遗址上有城垣一道，圈围范围38万平方米。其西南垣指向尧王城遗址和泗河出山口折点。西北垣由西而东诸垣段分别指向焦家遗址（或小荆山遗址）、白河出山口处折点、丹江入汉江处、乌江入长江处、堵河入汉江处。东北垣指向泗河源地。东南垣由东而西诸垣段分别指向边畈遗址、清江入长江处、白河入汉江处、白河出山口处折点、乌江入长江处、大河村遗址、焦家遗址和双槐树遗址。景阳岗遗址圈围段落指向标的显示其大力吸收来自江汉平原人口的态势，或许不为大禹一系所乐见。

夏代初年，帝启诛杀源自环泰沂山系东南方的益[9]，当是导致环泰沂山系东、南部的设围基址大量灭失的缘由。公元前1950年前后，相应地区只保有了两城镇和大桃园两个设围基址。应该是此时，两城镇遗址上废弃了现存中环壕的西壕，在保留中环壕南壕的基础上扩建形成了大环壕。由大环壕南壕开始顺时针旋转，现存诸壕段依次指向跋山遗址、枣园遗址、无定河入黄河处、济水入海区、古城东关遗址、跋山遗址、玉架山遗址、今扬州所在、钱塘江入海口、今南京之岔江口、今澧水入洞庭湖处、顺山集遗址、唐户遗址和贾湖遗址。由大环壕提供的圈围段落指向标的看，长江下游人群的出现格外引人瞩目。在整体败落的情况下，扩建形成面积更大的环壕，提升基址的祭祀等级进行人群整理或吸纳，当是相关人员心有不甘的表示（图5-5）。

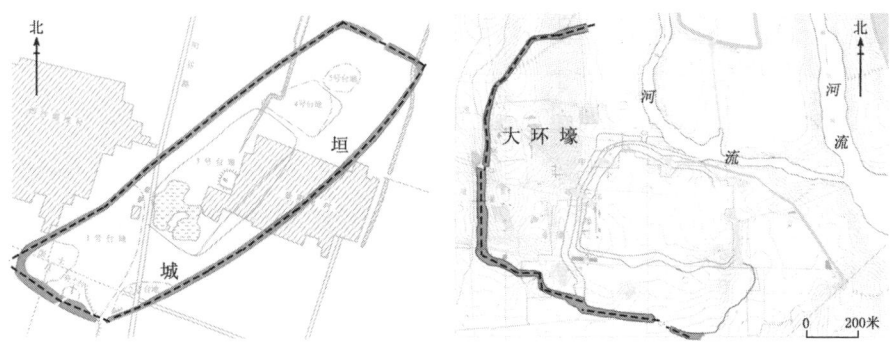

图5-4　景阳岗遗址圈围段落归纳图　　图5-5　两城镇遗址大环壕圈围段落归纳图

石家河文化设围基址系统全面崩溃后，应为大禹一系的设围基址群在结构上进行了大尺度的调整，原来位于外方山以南的连续地由东而西布置的设围基址带消失了。一方面，中原龙山文化设围基址群的南向前锋大幅向前，在淮河以南，出现了属于中原龙山文化的河南信阳孙寨设围基址。另一方面，在嵩山东南和嵩山以北有一系列新的在文化上属于中原龙山文化的设围基址出现，显示出空间重心的北移。在新出现的设围基址中，河南孟州义井遗址[10]及禹寺遗址[11]，河南新密古城寨遗址[12-13]，河南禹州瓦店遗址[14]提供了一定水平的朝向资料（图5-6）。

第五章 夏、商、西周：错综复杂的北上与南下 | 127

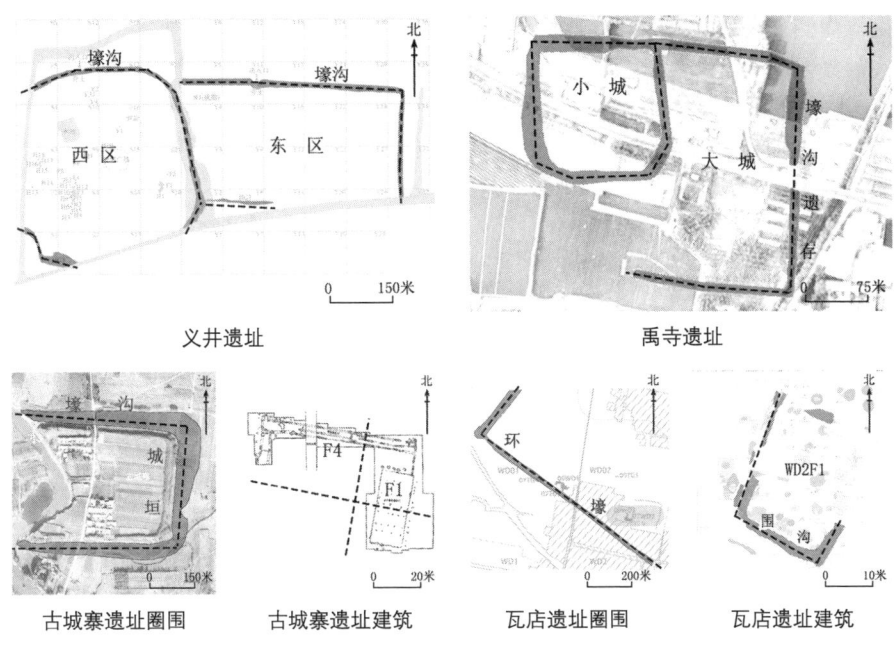

图 5-6 义井、禹寺、古城寨、瓦店遗址圈围段落及建筑轴线归纳图

义井遗址现存遗址面积 45 万平方米。遗址上有东、西两个环壕区，壕沟内总面积 32 万平方米。西区为约略圆形，东区为约略梯形。据考古推测，西区的建设可能稍早。西区的西环壕残存段落诸段由南而北分别指向古城东关遗址、太原盆地南端和汾河入黄河处，残存的北壕诸壕段由西而东分别指向汉中盆地东端、北洛河出山口，东壕诸段落由北而南分别指向唐户遗址、浕水入汉江处及白音长汗遗址。东区的西壕即西区的东壕，东区的北壕指向北洛河出山口和大河村遗址，东壕由北而南两段分别指向边畈遗址和屈家岭遗址，残存的南壕段落指向大河村遗址。

禹寺遗址有两道城墙。小城西垣指向屈家岭遗址，北垣指向古城东关遗址，东垣指向汾河与桑干河源地，南垣诸段由东而西分别指向丹江出山口、尧王城遗址及甘泉峡折点。大城北垣由西而东两段分别指向北洛河出山口和甘泉峡折点，东垣指向边畈遗址，残存的南垣由东而西分别指向古城东关遗址和大河村遗址。

瓦店遗址包括西北台地和东南台地两个部分，遗址面积合计约 90 万平方米。现存环壕的西南壕指向古城东关遗址，西北壕指向白河出山口。在瓦店遗址的西南壕内侧，发现有编号为WD2F1的建筑基址，该基址的西北侧围沟指向周口店遗址，东南侧围沟指向峡江出口，西南侧围沟指向沙河与颍河汇流区。

古城寨遗址的遗址面积约28万平方米，上有一圈城垣，平面接近规则矩形，面积约16万平方米。现存的北垣指向渭河入黄河处，东垣指向唐户遗址，南垣指向泾河入渭河处。在古城寨遗址的东部，见有建筑基址F1和F4，两者似乎构成一个以F1为正殿、面朝西北的廊院。测量显示，F1的短轴西北指向三里桥–庙底沟遗址，其长轴指向大河村遗址和长江接洞庭湖处。

粗略地看，以上几个设围基址上的圈围段落指向标的在结构上具有共性，都可以理解为西河一线的人群与郑洛一线的人群相结合，积极吸收江汉平原人口的成果。这样的结构与大禹一系进入中原后的活动脉络——由冀州出发，在环嵩山地区发展，最终征服江汉平原的历程——高度契合。

因为夏禹贬斥皋陶而夏启杀益，最终引发了大禹一族与在环泰山地区活动的族群间的长期战争。由夏代初年至公元前1850年前后环嵩山地区和环泰山地区的设围基址数量均大幅度减少看，持续的战争导致相关地区人口大减，以至于帝芬三十六年（公元前1838年[15]）"作围土"[16]——设置以社祀为中心设施的河南新密新砦设围基址[17]，强力凸显土地——人口控制的重要性（图5-7）。

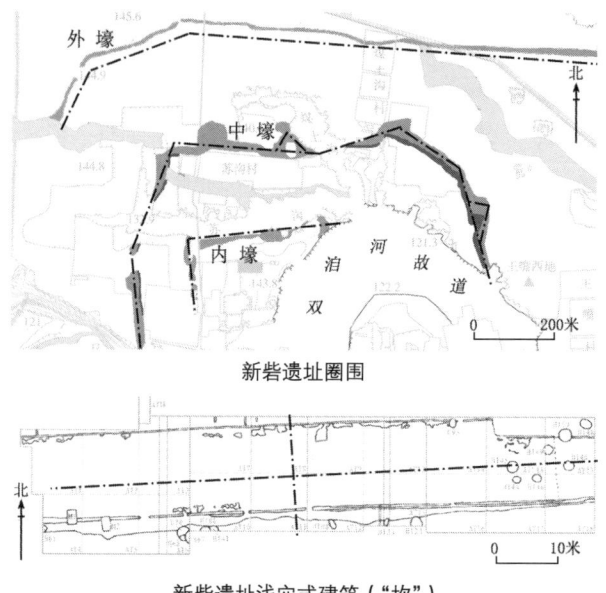

新砦遗址圈围

新砦遗址浅穴式建筑（"坎"）

图5-7 新砦遗址圈围段落及建筑轴线归纳图

新砦遗址[18-19]拥有三道深壕，外壕圈围范围达到了100万平方米，是当时郑洛一线等级最高的设置。测量显示，现存的内壕西壕北指石虎山Ⅰ遗址，南指贾湖遗址；现存内壕北壕东指新沭河起点区，西指洛河出山口。现存中壕的西壕南段的指向与内壕西壕残段相同，北段东北指向白音长汗遗址。中壕北壕西段指向渭河汇入黄河处，中壕北壕东段东指泗河入今微山湖处。中壕北壕中部有一壕沟圈出的凸出部，与之相关的两段壕沟分别指向老哈河源地和枣园遗址。中壕东壕由北而南两段分别指向双槐树遗址和岔河口遗址。在中壕东壕南段上附有一个小的凸出部，与该凸出部相关的两段壕沟分别指向泗水入今洪泽湖处和洋河入桑干河处。外壕残余部分由西而东诸段落分别指向峡江出口、跋山遗址、渭河和黄河交汇点。在内壕中部偏北设置的用于土地祭的"坎"[20-21]，其短轴南指贾湖遗址，北指向忻定盆地出口。如果将新砦遗址的设置指向构成与土地祭祀的目的结合起来，可以认为，相应空间渊源指示的安排意味着其特别关心的是与西北方向及环泰山地区的关联，这与其他夏人主张的遗址上的圈围段落指向标的与长江一线多有关系不同，也许意味着这些地区是其时人口招纳的重点。

这一时期出现的河南郑州东赵小城[22]拥有一道城垣，圈围范围约2万平方米（图5-8）。其西垣由南而北诸垣段依次指向今资水入洞庭湖处、今沅江入洞庭湖处和丹江出山口。北垣由西而东诸段分别指向古城东关遗址、北洛河出山口和枣园遗址。东垣由北而南诸垣段分别指向湘江要点（今株洲市一区）、今沅江入

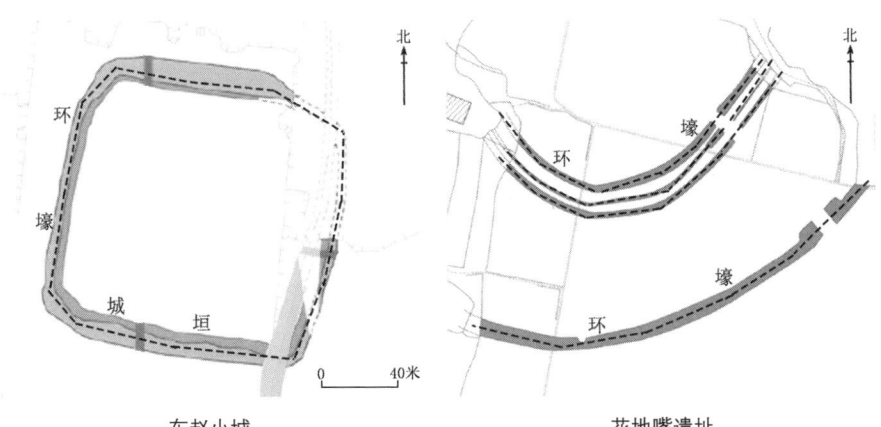

东赵小城　　　　　　　　　　　花地嘴遗址

图 5-8　东赵小城、花地嘴遗址圈围段落归纳图

洞庭湖处和清江入长江处。南垣由东而西诸段分别指向北洛河出山口、古城东关遗址和沙河与颍河汇流区。圈围段落指向显示，以西河周边和洞庭湖周边为空间渊源的人群为其主要的主张者。

按照《今本竹书纪年》，在帝芬作圜土后十余年后，帝芒即位，并"以玄珪宾于河"[23]。基于时间和地点的相应，可以认为人们在有双槐树遗址存在的地块上，发现的属于新砦文化的拥有四重深壕的河南巩义花地嘴遗址就是帝芒举行典礼的场所。特别隆重的设置形式，以及与历史地位极为重要的遗址同出一地，显示了典礼的重要性。

花地嘴遗址的遗址面积为35万平方米[24]，现在所见的环壕应该只是整个圈围的一部分。测量显示，由内而外，其第一道环壕由西而东诸壕段分别指向无定河入黄河处、汾河入黄河处、洛河出山口、白河源地、老哈河源地。第二道环壕由西而东诸壕段分别指向无定河入黄河处、汾河入黄河处、跂山遗址、东寨遗址、丹江入汉江处。第三道环壕由西而东诸壕段分别指向无定河入黄河处、汾河入黄河处、泗河与今微山湖交接区、堵河入汉江处、老哈河源地。第四道环壕由西而东诸壕段分别指向北洛河出山口、跂山遗址、济水入海区、伊河源地和丹江出山口。虽然存留的圈围可能只是整个圈围的一小部分，但是其指向标的的范围已经相当广泛。注意到在其出现后不久，环泰山地区的考古学文化由海岱龙山文化转为岳石文化，结合《今本竹书纪年》"（帝芒）十三年，东狩于海，获大鱼"的记述[25]，应可认为，帝芒"以玄珪宾于河"是广泛地动员相关力量对环泰山地区人群进行冲击的誓师典礼。

岳石文化时期的江苏连云港藤花落遗址上有一道环壕[26]，测量显示，该环壕的西壕分别指向小荆山遗址、跂山遗址、小荆山遗址和钱塘江入海口。北壕由西而东分别指向今修水入鄱阳湖处、长江接洞庭湖处和阴湘城遗址。东壕由北而南诸段落依次指向今太原所在、西河上长城豁口、尧王城遗址、查海遗址、跂山遗址、周口店遗址、忻定盆地终点和滦河源地。南壕指向今淮河接洪泽湖处。大致来看，这是一个在地人群、北方南下人群与长江中下游人群相结合的设置。

岳石文化的山东定陶十里铺北遗址面积为9万余平方米，遗址上残留有部分城垣[27]。其南垣残段西北指向今沂河入骆马湖处，西垣由南而北分别指向妫水入桑干河处和汉江接长江处，北垣残部由西而东分别指向丹江入汉江处、唐户遗址和尧王城遗址。从圈围段落指向标的的构成看，其与藤花落遗址有着类似的人口来源（图5-9）。

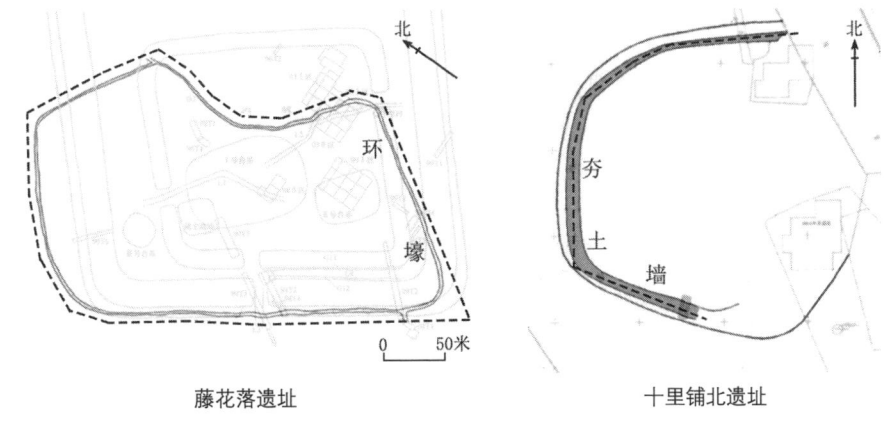

图5-9　藤花落、十里铺北遗址圈围段落归纳图

公元前1735年前后，坐落在洛阳盆地的河南偃师二里头遗址所在的地块上开始出现规模化的人类活动，在不长的时间里，形成了300万平方米的遗址面积[28-30]。较早出现的3号基址的西庑和5号基址的中轴北向与沁河上游干流一线相值，南向对着颍河源地。5号基址西边缘北指大黑河出山口，南指长江出洞庭湖处。5号基址北边缘西段东指大河村遗址，北边缘东段西指洛河出山口。此后出现的宫城中轴北指沁河上游干流一线，南指颍河源地，其北垣指向洛河源地，南垣指向泾河入渭河处。1号基址整体北向沁河上游干流，南向颍河源地。其主殿的台基东、西边缘指向岔河口遗址，主殿台基的南、北边缘指向大河村遗址。1号基址院落的东边缘北段、西边缘与托克托河口相关，东边缘南段指向沁河干流，南、北边缘与大河村遗址相关。2号基址中轴北向沁河上游干流一线，南向颍河源地。其主殿台基南边缘指向大河村遗址、北边缘指向稍柴遗址[31]。总的看来，二里头遗址建筑相关要素的指向标的构成大体上与新砦遗址建筑要素指向标的的构成一致。考虑到二里头遗址上的城廓和建筑的平面都大体与规则矩形相关，很可能为了便于城廓与建筑配合的相对规则的图形的实现，人们对主张者空间渊源的显示应该经过了某种水平的归纳和整理。这种归纳和整理很可能要借助于某种强制性才能实现（图5-10）。

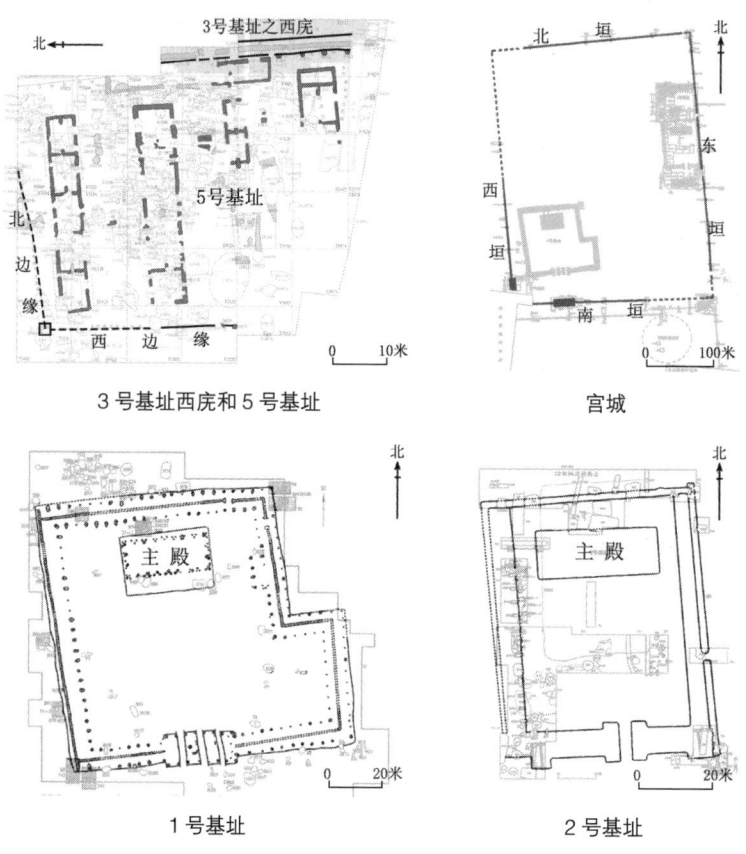

图 5-10　二里头遗址圈围及主要建筑平面图

二里头文化时期，人们在放弃了的蒲城店龙山时期圈围的西南，紧挨着龙山遗址，建设了新的蒲城店设围基址，其平面接近规则的平行四边形，因为圈围面积接近，但不再有明确凸出的西南隅，故规格应较低[32]。其西垣指向忻定盆地东端和今湘江入洞庭湖处。北垣诸段分别指向沙河与颍河汇流区和泾河入渭河处。东垣指向溳水入汉江处。南垣指向沙河与颍河汇流区。

二里头文化二期早段，在伊河的重要支流白降河和颍河源地交接地带出现了河南登封南洼设围基址[33]。考古人员在南洼遗址上发现有三道壕沟。编号G3的是内壕，编号G1的是中壕，这两道壕沟建于二里头文化二期偏早阶段。编号G2的壕沟仅做过勘察，未经解剖，时代不明。由考古材料看，似乎现知的这三道壕沟都不完整。测量显示，G3残存的南壕诸壕段由西而东，分别指向今沂河入骆马湖处和跋山遗址。东壕指向稍柴遗址。北壕诸壕段由东而西分别指向唐户遗址和今沂河入骆马湖处。G1 诸壕段由北而南顺时针旋转分别指向无定河入黄河处、大河村遗址、玉蟾岩遗址、白河出山口、忻定盆地终点、沅江出山口处要点、北洛河出山口、玉蟾岩遗址、今修水接鄱阳湖处、东寨遗址、沅江出山口处要点、今淮河接洪泽湖处、新沭河起点区。G2 由北而南诸壕段分别指向沁河出山口、贾湖遗址、北洛河出山口、枣园遗址、北洛河出山口和忻定盆地终点。因指向的结构与 G1、G3 类同，故 G2 当大致与 G1、G3 同时设置。虽然环壕不全，但指向标的涉及范围广阔，三道环壕的存在，显示其为十分重要的礼仪场合。结合《今本竹书纪年》的记述[34-35]，可以认为其为夏帝不降逊位于帝扃时举行典礼的场所。

较南洼设围基址设置稍晚，在二里头文化二、三期时，在郑洛一线和晋南出现的河南荥阳大师姑设围基址[36] 和郑州东赵中城[37]，山西垣曲古城南关设围基址 [38-40] 和夏县东下冯设围基址[41] 等有可用的指向材料（图 5-11）。

大师姑遗址圈围范围近 50 万平方米。圈围的西南及北垣残缺。其西垣残部指向忻定盆地东端。其北垣的残部由西而东诸段落分别指向紫竹遗址、稍柴遗址、汉中盆地起点、宝鸡峡出口和新沭河起点处。东垣指向今株洲所在和溳水出山口。南垣由东而西诸段落分别指向新沭河起点处、庙底沟–三里桥遗址、忻定盆地东端点、宝鸡峡出口、顺山集遗址和尧王城遗址。从空间上看，大师姑遗址是二里头文化与下七垣文化接触的前哨。考虑到相关人群迁徙路径的可能性，圈围指向标的中紫竹遗址、汉中盆地起点、宝鸡峡出口所暗示的空间线索与昌意—颛顼—大禹一系的活动脉络有着某种关联，而这似乎可以作为认其为夏王朝主导人群所有的支持条件。

此时在东赵遗址上出现的中城范围约 7 万平方米，圈围范围有较明显的扩大。其西垣由南而北诸段落分别指向周口店遗址、丹江与汉江交汇点、白河出山口、洋河入桑干河处、今滏阳河与滹沱河交汇处及今安康所在。北垣诸段由西而东分别指向新沭河起点、今沂河入骆马湖处和顺山集遗址。东垣诸段落由北而南分别指向淮河源地、今资水入洞庭湖处、阴湘城遗址、长江过洞庭湖处、洋河入桑干河处及周口店遗址。南垣诸段由东而西分别指向四郎河入泾河处、北洛河出山口、

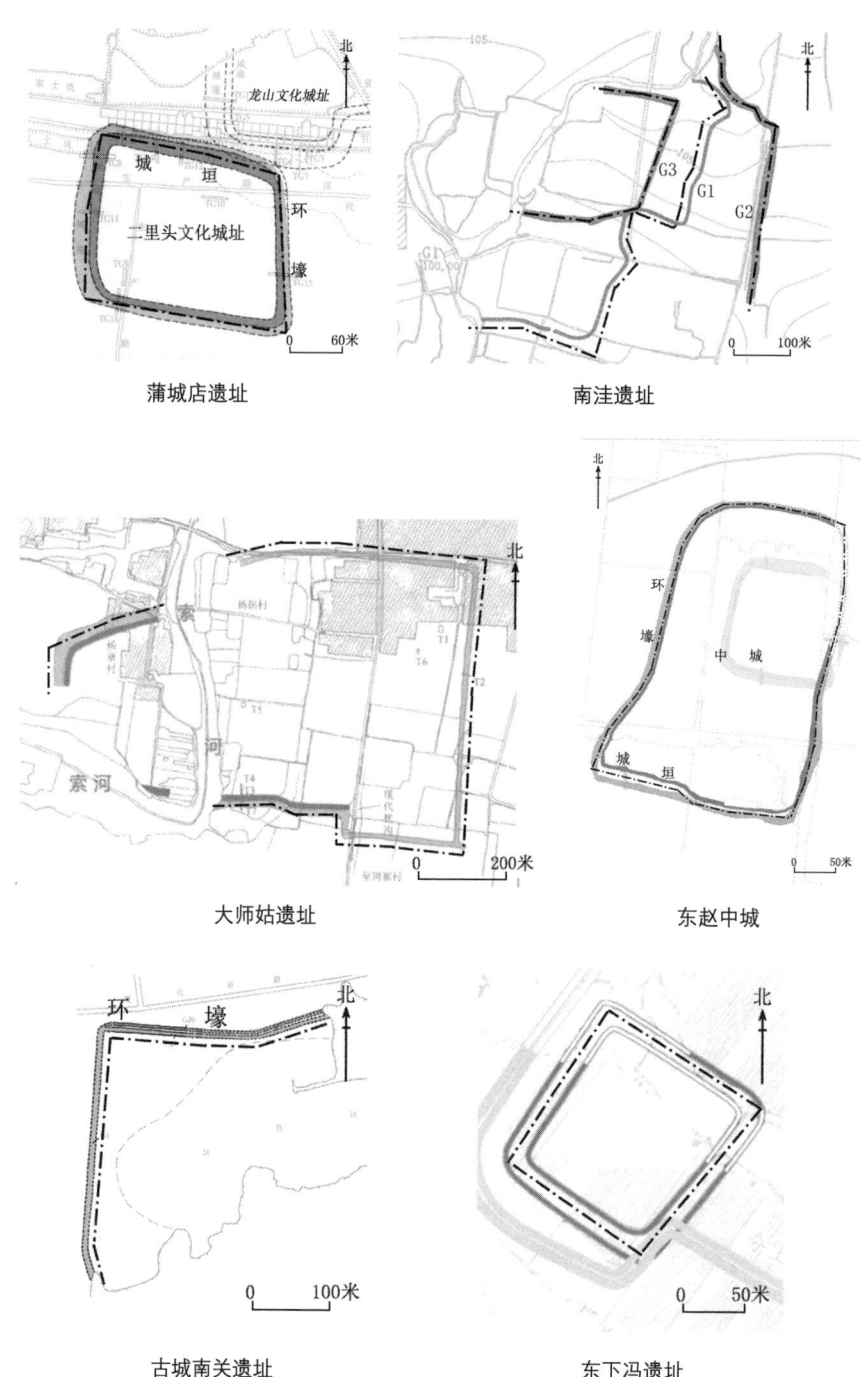

图 5-11　蒲城店、南洼、大师姑、东赵中城、古城南关、东下冯遗址圈围段落归纳图

凌家滩遗址及北洛河出山口。欧亚草原边缘、环泰山地区及江汉平原应是此时东赵遗址对应人口的主要来源。

二里头文化的古城南关遗址只留存西壕和北壕的一部分。测量显示，其西壕残段由南而北诸段落分别指向白河出山口和大黑河出山口。北壕残段由西而东分别指向泗河入今微山湖处、尧王城遗址和渭河入黄河处。虽然留存的圈围段落极不完整，但仅就现存的圈围段落指向标的看，与其照应人员来源的涉及地域相当广泛。

东下冯遗址上见有二里头文化晚期的双重环壕，圈围范围不足3万平方米。虽然面积有限，但其祭祀等级较高。其内、外壕的指向大体相同，所以这里不加区分，统一说明。测量显示，其西南壕东南指向凌家滩遗址，其西北壕东北指向白音长汗遗址，其东北壕西北指向汾河入黄河处，其东南壕指向周口店遗址。上列的圈围指向标的构成与东赵遗址上的圈围段落指向标的构成有一定关联，可以认为这是其为同一群人所支持的表现。东下冯遗址所在当与夏桀在山西的驻地相关。夏桀驻扎晋西南的目的是应对殷人对河汾之地的压力，因而，东下冯遗址在采用指向标的数量严重受限的规则四边形的圈围平面上安排了白音长汗遗址和周口店遗址，应与夏人调动相关地区的人员以对殷人形成夹击相关。

夏代末年在四川盆地北部出现的四川广汉三星堆设围基址的小城平面约为规则梯形，范围约44万平方米[42-43]。它坐落在沱江出山口附近的由多条河流构成的水网地区的中央位置，既有利于防守，又可以顺沱江东南进入嘉陵江流域。三星堆小城背负的鸭子河河道，正好面对由西南而东北的马牧河河段，形成了特别适合明堂设置的场地。测量表明，三星堆小城的西垣北指宝鸡峡出口处、南与宝墩遗址相值，北垣东南指乌江入长江处，东垣指向今西河入岷江处，南垣指向甑皮岩遗址。应该较小城稍晚建设的青关山大型建筑F1，背负汾河与桑干河源地。该圈围段落与建筑主轴指向系统建立了关涉晋、陕，立足所在地，且文化根据渊源久远的意象。考虑到当时的军政形势，在关中平原控制上具有特殊价值的宝鸡峡出口作为圈围段落指向标的的出现，似乎是其与关中之地实际的据有者间博弈关系表达的手段（图5-12）。

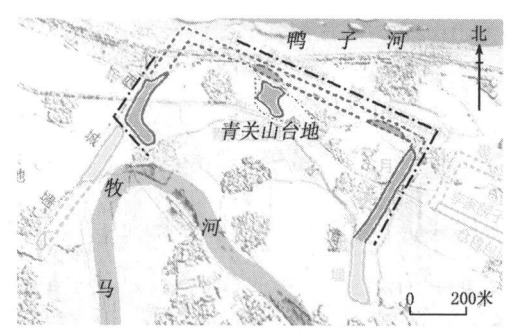

图 5-12　三星堆遗址小城圈围段落归纳图

按照现有的材料，相较于当时郑洛一线以外的设围基址，44万平方米的三星堆小城显得十分突出，加上其设置指向标的系统体现出的空间战略态势，其引起中原王朝的注意并不意外，以至于夏桀命"扁帅师伐岷山"[44]。

进入商代之后，在中原的中心腹地，双洎河支流黄水河边出现的二里头文化的河南新郑望京楼设围基址[45-46]，当为《今本竹书纪年》所说的商汤安置九鼎的"商邑"[47]。望京楼遗址坐落在妫水入桑干河处，殷墟遗址和唐户遗址的连线上。按照《今本竹书纪年》记载，夏帝芒三十三年（公元前1862年）商侯迁于殷[48]，和殷墟的关联使得望京楼遗址与殷人的历史有关系。望京楼设围基址遗址面积为168万平方米。遗址上见有两重圈围，内圈为垣壕，外圈北部为深壕，东、南、西三面为河道修整而成。其内圈平面大体为规则四边形，残留的南、北垣东向指今骆马湖一带。东垣的北段南指长江接洞庭湖处，南段南指滏阳河源地。外圈壕沟残存的北壕由西向东诸壕段分别指向泾河入渭河处、渭河入黄河处和今骆马湖出口。虽然只有部分圈围，但存有指向长江入洞庭湖处和今骆马湖的圈围段落，可与史籍所述商人的始祖殷契始封于华阳一区[49-50]，且曾在环泰山地区活动建立联系（图5-13）。

公元前1500年前后，殷帝太戊当政。在设围基址的安排上，太戊在取消古城南关、东下冯、二里头、稍柴、孟庄诸设围基址的同时，设置了山西平陆粮宿和河南洛阳偃师商城、荥阳唐垌、郑州白寨、郑州商城、焦作府城等设围基址。新的设围基址与保留下来的西吴壁、西史村、大师姑和望京楼诸设围基址一道，构成了前所未有的由晋南延至郑州一线的具有突出凌驾性的二里岗文化的设围基

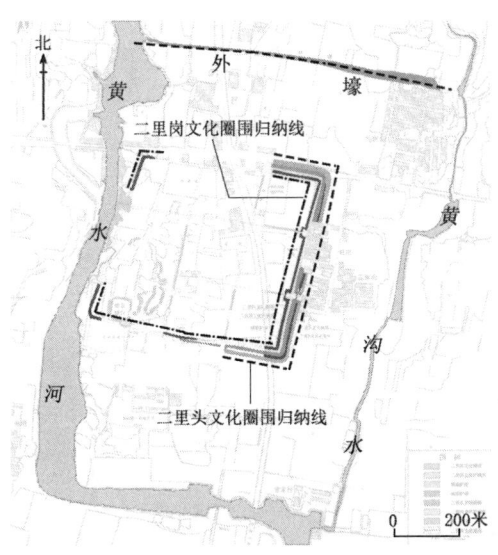

图 5-13 二里头文化与二里岗文化之望京楼遗址圈围段落归纳图

址群。在这些遗址中，有朝向资料的有望京楼、偃师商城、郑州商城、白寨、焦作府城等遗址。

二里岗文化的望京楼遗址在内城上加设了新的城垣。其西垣的残存段南指唐户遗址，北指后出之安阳殷墟以及妫水入桑干河处。其北垣残段东指今骆马湖。东垣北段指向屈家岭遗址，东垣南段指向滏阳河源地。南垣东段指向淮水入海口区，南垣西段指向四郎河接泾河处。在城中发现的大型院落 F10 的西庑指向大河村遗址。

偃师商城有小城、中城和大城三重城垣[51-52]，大城平面西南隅凸出，圈围范围 190 万平方米（图 5-14）。由其圈围设置和规模看，其应是太戊所设设围基址群的中心单位[53]。其建设顺序为先小城和中城，过了一段时间后，又建大城。偃师商城的小城的圈围平面与规则矩形相关。小城内建筑的短轴与小城东、西垣指向一致，长轴与南、北垣指向一致。小城东垣和西垣北指忻定盆地滹沱河入山口处，南指今澧水入洞庭处。小城南垣和北垣东指稍柴遗址，西与函谷关处黄河入山口相值。中城平面为规则矩形的变体，其指向格局与小城相同。大城的西垣及南垣的指向与小城和中城的西垣及南垣相同。大城的北垣由西而东诸垣段指向今骆马湖一带、顺山集遗址，以及沙河与颍河的汇流区。大城东垣北段指向今沅江接洞庭湖处，东垣南段指向今资水入洞庭湖处，东垣的南、北段衔接段由东而西分别指向南郑、石虎山Ⅰ遗址、漳河接黄河区、南郑、洛河出山口、南郑、大河村遗址和跋山遗址。大城的修造较大幅度地提升了设置的族群关涉范围。

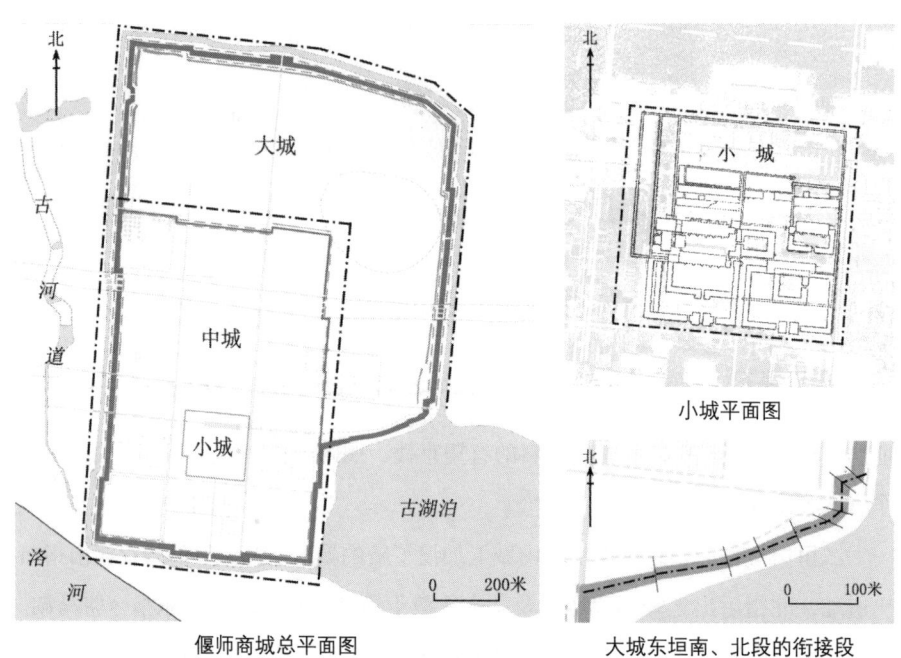

图 5-14　偃师商城圈围段落归纳图

建筑轴线与城廓平行布置，且小城和中城平面与指向标的数量严重受限的规则矩形相关，是对主导族群空间渊源进行一定水平归纳的结果，是商王强势和权力集中的表现。从空间上看，控制忻定盆地是殷人从北向压制夏人据有的河汾之地乃至郑洛一线的重要手段。殷人始封地在华阳一线，作为中原权力之一部，其重要的任务就是压制江汉平原乃至洞庭湖区，澧阳平原作为这一地区强势族群的生发要地，自然是其特殊关注的区域。将这两个地点设为主导性的指向标的，显示着当时殷人空间战略关切的主导方面。

仔细观察，可以注意到西边的函谷关处之黄河进山口与东边的大河村遗址与偃师商城的距离大体相等，南边的洞庭湖一区与偃师商城的距离稍大于忻定盆地与偃师商城的距离。在小城平面接近正方形的基础上,偃师商城坐落于函谷关黄河进山口与大河村遗址连线和澧水入洞庭湖处与忻定盆地东端连线的交点上,不仅强调了偃师商城遗址的中心性,而且符合通常情况下人们寻求安定与瞻望开阔的空间感受要求的常规。

郑州商城[54]的遗址面积达到1500万平方米,拥有两道城垣,内城圈围范围约300万平方米,外城似乎并未形成圈围,且现有材料均为示意图,无法据之进行指向分析。郑州商城内城平面为西南隅收缩、东北角缺失的四边形,圈围范围为300万平方米(图5-15)。虽然圈围范围巨大,但祭祀等级远不及偃师商城。

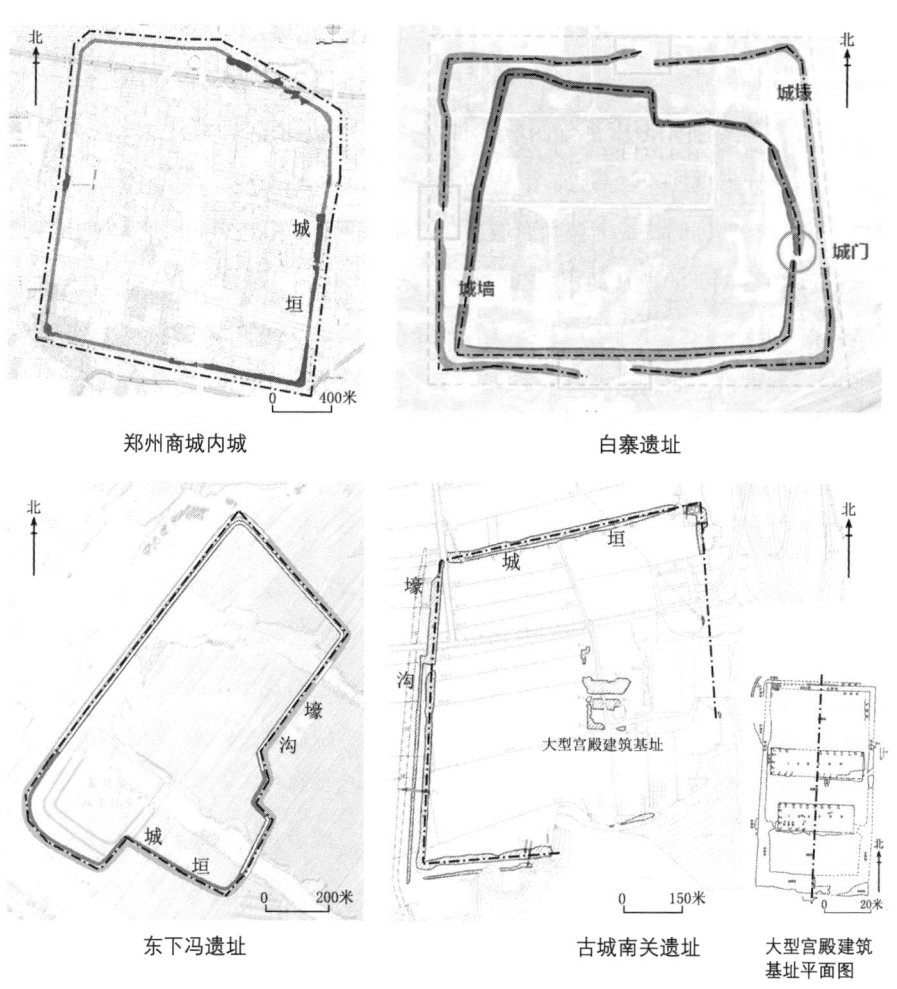

图5-15 郑州商城内城、白寨、东下冯、古城南关遗址圈围段落及建筑轴线归纳图

其西垣由南而北两段分别指向今张家口所在和长江接洞庭湖处。其北垣由西而东诸垣段分别指向堵河入汉江处、淮水入海区、函谷关处黄河入山口、沁河出山口和今南京岔江口处。其东垣由北而南诸段分别指向贾湖遗址、大河村遗址和今湘江入洞庭湖处。南垣指向今骆马湖出口处。郑州商城与偃师商城之大城针对人群在区位结构上相同，具体的地点差异使两者具有一定的相互补充关系。虽然现有的外城材料不能用作圈围指向标的判断的依据，但可以认为它的设置应该具有在一定程度上提升遗址族群关涉范围的价值。

郑州商城的建设时间与偃师商城大城的建设时间相当，二者在规模设置与祭祀等级安排上呈现为某种互补格局，可以认为，它们构成了一个十分强势的中心组合，与偃师商城大城及郑州商城相关的人群对于王朝来说具有特殊的意义。

焦作府城目前只保有部分西垣与北垣[55-56]。西垣指向忻定盆地滹沱河入山口，北垣指向四郎河入泾河处。城中的大型建筑一号基址西回廊指向长江接洞庭湖处。这一指向标的构成与偃师商城、郑州商城的要素指向标的构成相契合。

郑州白寨遗址的遗址面积为20万平方米，上有城垣与壕沟各一道[57]。内城西垣由南而北诸垣段分别指向今资水入洞庭湖处、长江接洞庭湖处、今沅江接洞庭湖处。北垣由西而东诸垣段分别指向藤花落遗址、顺山集遗址、淮水入海口区、忻定盆地出口、藤花落遗址、姜寨遗址、四郎河入泾河处。东垣由北而南诸垣段分别指向玉架山遗址、唐户遗址、溴水出山口、长江出洞庭湖处。南垣由东而西诸垣段分别指向焦家遗址、杨官寨遗址和新沭河起点区。外城西壕由南而北诸垣段分别指向淮河源地、洋河源地、岔河口遗址和今沅江接洞庭湖处。外城北壕诸段分别指向新沭河起点区、北洛河出山口、渭河入黄河处、跋山遗址、杨官寨遗址和跋山遗址。东壕诸段分别指向无定河入黄河处、石虎山I遗址和长江出洞庭湖处。南壕由东而西诸段分别指向渭河入黄河处、跋山遗址、淮水入海口区、北洛河出山口处、四郎河入泾河处和杨官寨遗址。与规模巨大的郑州商城相比，规模远小的白寨遗址的涉及地点更多，这样的安排，或者旨在对主导人群涉及范围形成某种补充，以加强关键地区的辐射能力。

公元前1450年前后，山西夏县东下冯遗址上又设置了圈围。二里岗时期的东下冯遗址的圈围范围约25万平方米，远大于二里头时期的圈围规模。其西南垣由东而西诸垣段分别指向唐户遗址、甘泉峡转折点、岷江入长江处、唐户遗址、信江起点、阴湘城遗址。其西北垣由西而东分别指向嘉陵江入长江处、沱江入长江处。其东北垣指向沙河出山口。其东南垣由东而西诸垣段分别指向今安康所在、屈家岭遗址、乌江入长江处、无定河起点、函谷关一线及岷江入长江处。较之二里头时期的东下冯遗址，其对应人群有十分不同，四川盆地人群的引入在此十分显眼，由此或可看出战略条件与统治者倚重对象之间匹配的重要性。

在上述的太戊主张的庞大设围基址群成立以后不久，山西垣曲古城南关遗址上出现了二里岗文化的圈围。该圈围平面近梯形，面积为13.3万平方米。其西垣南段指向太原盆地出口，北段指向大黑河出山口；北垣指向泾河入渭河处；东垣指向今株洲所在；南垣残段指向跋山遗址。在古城南关圈围的中部偏东见到的大型宫殿建筑基址，其坐向为太原盆地出口。

出现于二里岗晚期的湖北黄陂盘龙城遗址[58]，坐落在汉江入长江处长江以北的地形开敞处，对由循沙河、白河及溳水南下的力量缺乏明确的防范措施。考虑其圈围存续时间里郑洛一线的庞大的设围基址群的存在，认为其是中心位于郑洛一线的权力单位的从属应无问题。盘龙城遗址上见有一道城垣，范围为6万平方米（图5-16）。其西垣由南而北诸段分别指向珠江口、颍河与沙河交汇区和其南面的由西南而东北的长江主道。北垣由西而东诸段分别指向长江出鄱阳湖处和

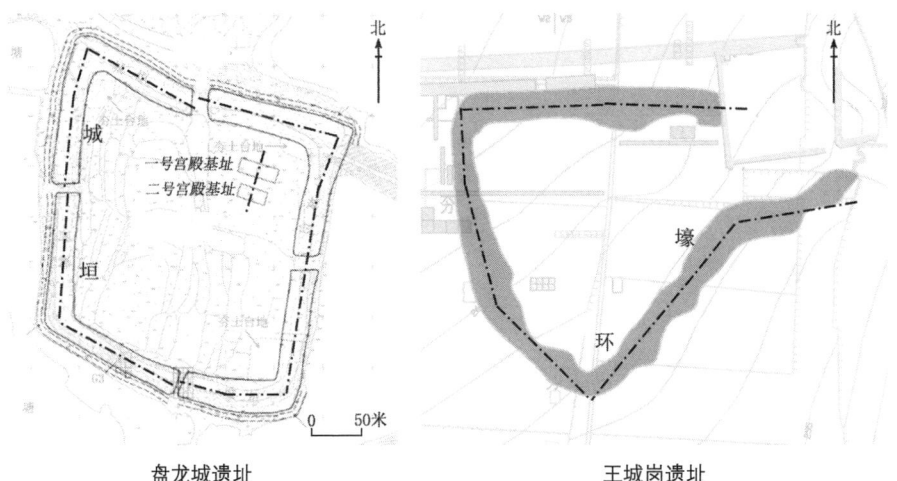

盘龙城遗址　　　　　　　　　王城岗遗址

图5-16　盘龙城、王城岗遗址圈围段落归纳图

新安江汇入富春江处。东垣由北而南诸段分别指向今衡阳市所在和周口店遗址。南垣由东而西诸垣段分别指向峡江出口、新安江入富春江处和长江出鄱阳湖处。在城内东北隅所见的一号和二号宫殿遗址，其门向与其前方由西南而东北的长江主道方向一致。大致上，盘龙城的设置强调南下人群与长江流域人群的结合。值得注意，鄱阳湖一带有铜矿资源，在当时条件下，"长江出鄱阳湖"在指向标的中的反复出现，应该显示盘龙城设围基址的设置与铜矿的获取有关。

二里岗文化时期，在王城岗遗址龙山时期的小城西南方出现了壕沟[59]。其西壕诸壕段由南而北分别指向今千岛湖起点、托克托河口和石虎山Ⅰ遗址。其北壕残存段由西而东诸段分别与藤花落遗址和今沂河入骆马湖处有关。其南壕由东而西分别指向尧王城遗址及大河村遗址。

将龙山晚期、二里头文化及二里岗文化在淮河以北安排的设围基址结合起来看，屈家岭–石家河文化的设围基址群解体以后，以长江一线要点为空间渊源的人群进入中原，是族群迁徙的一个重要特点。

在二里岗文化晚期晚段出现的江西樟树吴城遗址[60]的遗址面积达到400万平方米（图5-17）。遗址上见有一道城垣，范围为61万平方米左右。其残存之西垣由南而北诸段分别指向白音长汗遗址和跋山遗址。其残存之北垣诸段由西而东分别指向汉中盆地起点、洋河入桑干河处和汉中盆地起点。其东垣由北而南分别指向鄱阳湖以下的长江主道、今扬州所在和今南京长江岔江口。南垣由东而西

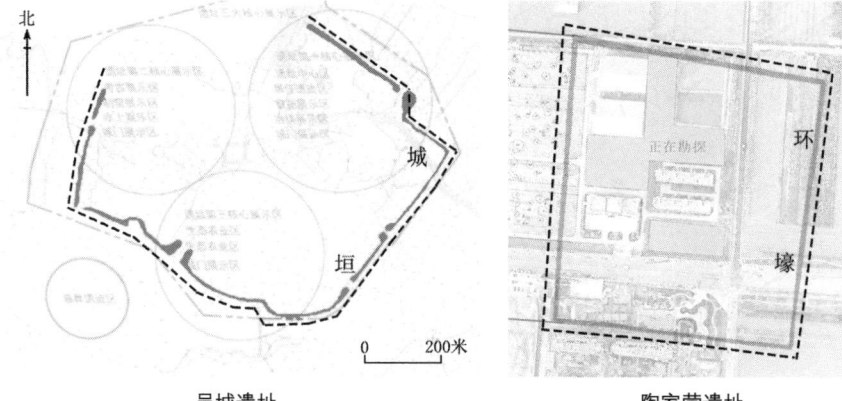

吴城遗址　　　　　　　　　陶家营遗址

图 5-17　吴城和陶家营遗址圈围段落归纳图

分别指向湘江折点（今昭陵所在）、今湘潭所在、抚河及闽江源地、今长沙所在、澧水出山口、沮漳河接长江处和今澧水入洞庭湖处。由吴城遗址的圈围段落指向标的系统看，这是一个在欧亚草原边缘地带活动的人群南下，广泛吸收长江流域人群所成集团的设置。

二里岗文化晚期，在河南安阳出现了陶家营设围基址[61]。陶家营遗址上见有两道环壕。其外壕西壕指向涢水入汉江处，北壕指向北洛河源地，东壕指向今湘潭所在，南壕两段分别指向泗河源地和跋山遗址。

值得一提的是，二里岗时期的一系列设围基址圈围段落指向标的中，衡阳、株洲、湘潭及长沙等湘江流域的要点相对集中的出现，似乎暗示着，此时湘江乃至岭南获得了中原统治者们的更多的注意。

大约与陶家营设围基址前后出现的北京丰台新宫遗址拥有两道环壕[62]。其内壕西壕由南而北诸壕段分别指向兴隆遗址和今乐安江入鄱阳湖处，其北壕由西而东诸段分别指向北城子遗址和周口店遗址，其东壕由北而南诸段分别指向黄河入海区、滦河源地和今澧水接洞庭湖处，南壕指向石虎山Ⅰ遗址。外壕由西北顺时针旋转诸壕段分别指向查海遗址、岔河口遗址、黄河入海区、泗河出山口、今澧水接洞庭湖处、古城东关遗址、西河上的长城豁口、石虎山Ⅰ遗址和洋河源地。虽然有长江一线的要点作为要素指向标的的存在，但对应人群的在地性应是设置的突出特点之一。

盘庚迁殷，是商人回避西北方向压力的不得已之举[63]。按照文献，盘庚为了安抚人众，承诺为殷人建造一个全新的都城。《尚书·盘庚》说："先王有服，恪谨天命。兹犹不常宁，不常厥邑，于今五邦。今不承于古，罔知天之断命，矧曰其克从先王之烈？若颠木之有由蘖，天其永我命于兹新邑，绍复先王之大业，厎绥四方。"又说："往哉生生！今予将试以汝迁，永建乃家。"[64]以建立全新都城以图恢复的想法为基础，商人在今安阳之地营造了洹北商城。

从平面上看，洹北商城确实是全新的。说它是全新的，是因为它的内城与外壕平面均为在黄河中下游地区少见的规则矩形，而且其外壕范围达到了可观的470万平方米[65]。洹北商城外壕的东、西壕，内城的东、西垣，以及内城中发现的宗庙建筑中轴，均南向与唐户遗址、贾湖遗址、玉蟾岩遗址相关，北向与滏阳河源地、滹沱河出山后折点、中易水的出山口及南、北易水源地、妫水入桑干河处及滦河源地相关。其内城的南、北垣和外壕的南、北壕，均东向与尧王城遗址相关，西向与临汾盆地起点相关。洹北商城北向关联的滏阳河、滹沱河、易水、桑干河，是先商文化下七垣文化活动地区的标识性河流。其东向所指，涉及文献所载的殷人先祖的居地[66]。其西向则是殷人击败夏人的空间要点。其南向所指意味着远祖的追溯，而将玉蟾岩纳入指向系统，显示出岭南在中国上古文化形成中的重要性。虽然进行了详密的考虑，但对于一个涉及地域广阔的王朝都城，因为采用内外指向一致的矩形城廓而导致的对某些族群的忽略和对一些族群来源的强力归纳，以及为了尽可能地与更多的要地建立关联导致的营造设置与标的的关联相对含糊，还是形成了对传统的挑战（图5-18）。

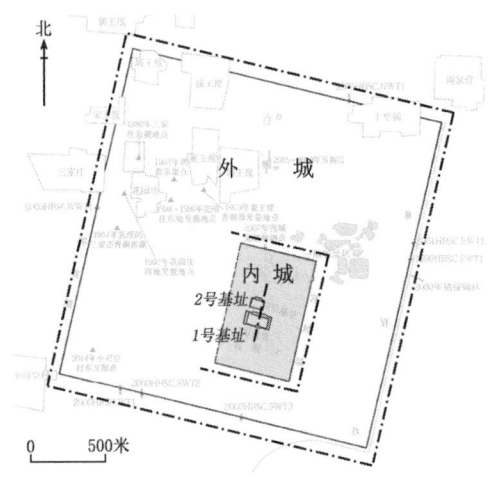

图 5-18　洹北商城圈围段落及建筑轴线归纳图

按照《今本竹书纪年》记载，夏代帝泄时，殷侯子亥在易水一线活动，被有易之君绵臣杀害。当时，殷人力量较弱，所以子亥之子上甲微借兵于河伯，灭了有易，由之殷人得以振兴。由郑洛一线迁殷，是殷人衰落所致，此时殷人通过将易水要点纳入设置指向标的，有强调上甲微的存在、激励殷人奋发的意义。

在洹北商城施工的过程中，工地发生了火灾，主政者似乎将之视为上天对建设洹北商城不满的表示。由考古迹象看，自此洹北商城遭到了封存，在洹北商城西南方不远处设置了形态与构造都有所不同的小屯殷墟[67-68]。

第五章
夏、商、西周：错综复杂的北上与南下

安阳小屯殷墟主体部分由环壕和洹河河道圈围，在圈围范围的东北方见有由甲、乙、丙、丁四组建筑遗存构成的宏大的宫殿群[69-71]。由于圈围资料不详，这里只就建筑部分加以讨论。测量显示，在小屯殷墟一区，先行建设的应为宗庙的丁组建筑门塾部分北指洋河入桑干河处，南方与贾湖遗址及长江入洞庭湖处相关，东边指向尧王城遗址，其西与北洛河源地联系。大体与丁组建筑同时期建造的主体建筑，即在乙二十南部发掘到的早期建筑遗存及相关部分，背向拒马河上游河道转折处，朝向湘江折点（今昭陵所在），东与泗河源地相关，西与临汾盆地起点相值[72]。考虑到当时的建筑制度，位于基址乙二十之前的近年新发现的部分，当为朝会场所的基址[73-74]，它与丁组基址相配合，形成了涉及标的较多且关联更为具体的设置指向标的的新系统。

为了建设在形式上更具号召力的宫殿，在武丁时期，人们对小屯殷墟既有的建设进行改造，最终形成了一个功能融汇了明堂、连廊、朝堂、寝宫的规模巨大的综合性设置[75-76]。这个综合体的各部分朝向安排有所不同。具体地说，由北而南，寝宫坐向桑干河上阳原盆地起点处，朝向沙河与颍河的交汇点。连廊北指拒马河源地，南指汉江入长江处。朝堂坐向兴隆遗址，朝向珠江口一区。明堂坐向洋河出山口处，朝向淮河出山口。

位于寝宫后面的甲址建筑，改为东西向布置，其大体上西向泾河源地，东向沂河源地。这种安排强调了东西方的重要性，与乙址形成某种补充（图5-19）。

大司空东南地C组建筑群主体部分是一个多进的建筑组合[77]。该建筑的南北主轴北指与周口店遗址相关的拒马河出山口，横轴连接无定河入黄河处。北徐家桥村北建筑基址群为单进院落构成[78]。该基址群的多数建筑北向兴隆遗址，其东西向轴线西与甘泉峡折点相关（图5-20）。

二里岗文化时期，趁着中原不靖，位于四川盆地的三星堆遗址上出现了中城。中城在小城的南边加设的城垣与小城南垣平行，没有提供新的指向。东垣则在小城东垣上加设东南指向的垣段，其北与渭河源头相值，这一垣段的出现也许是三星堆人在北向拓展上取得某种成功的表示。公元前1400年前后，盘龙城遗址退出历史舞台，这应该与三星堆人向长江下游拓展取得成效有一定关系，与之呼应，三星堆的城垣又一次拓展，修建了中大城。新增加的中大城的东垣指向渭河上游

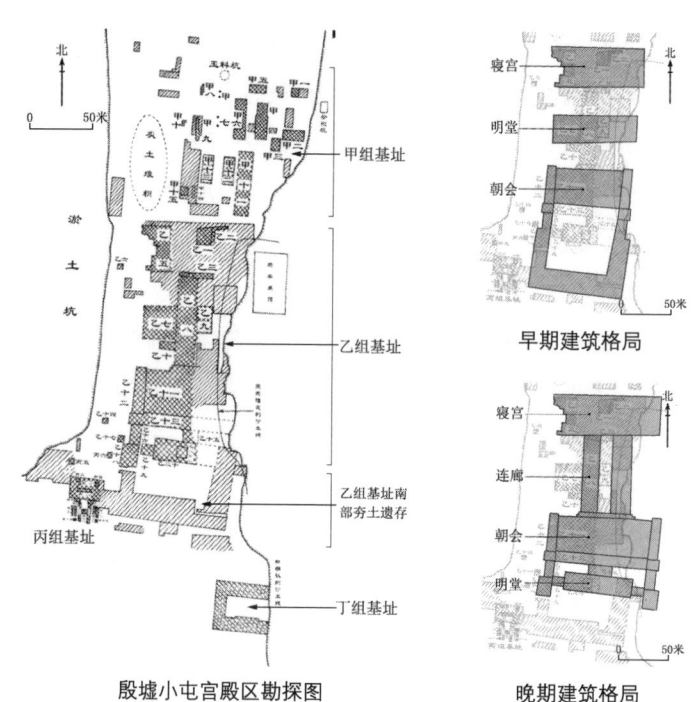

图 5-19 殷墟小屯宫殿区勘探图及主体建筑早、晚期格局图

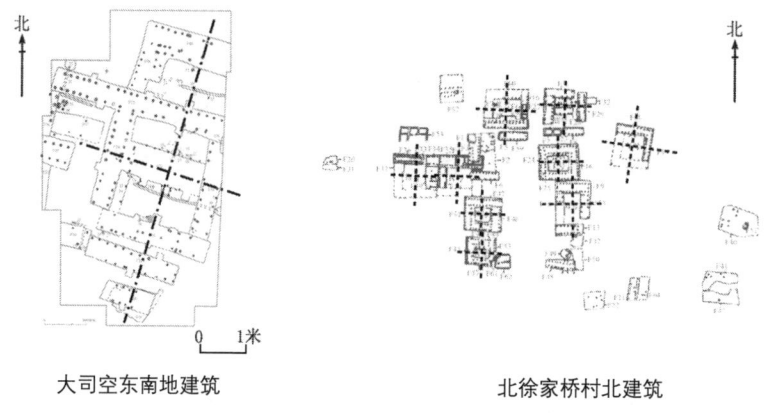

图 5-20 大司空东南地、北徐家桥村北遗址建筑轴线归纳图

折点(今武山一带),似乎暗示渭河一线的人群在三星堆人东向拓展上的突出作用。在殷墟时期,周人进入渭河流域,在与周人的博弈过程中,三星堆遗址上在中大城的南垣以南,加设了新的城垣形成大城。新加设城垣由东而西两段分别指向峡江出口和涪江、嘉陵江、渠江三江并流处。大城南垣的出现当对长江一线人

群应对北方压力有所激励（图 5-21）。

图 5-21　三星堆遗址小城、中城、中大城及大城圈围段落归纳图

考古工作者在宝鸡渭河出山口处的汧河两岸，发现了近距离相邻的宝鸡蒋家庙、岐山凤凰山（周公庙）和凤翔水沟三个先周时期的设围基址[79]，从出现时间和位置看，这个设围基址群当是古公亶父进入关中后，周人和姜戎合作的产物。根据遗址上的遗存情况和具体坐落，可以认为蒋家庙遗址当与姜戎对应，凤凰山遗址和水沟遗址则是周人所为[80]。由蒋家庙、凤凰山和水沟三个遗址的城垣格局看，它们均有明确的阿善—老虎山文化色彩。在这三个遗址中，水沟遗址处在中间位置，圈围范围最大，可以认其为主导设置（图 5-22）。

水沟遗址的西垣由南而北诸垣段分别指向今安康所在、顶蛳山遗址、无定河

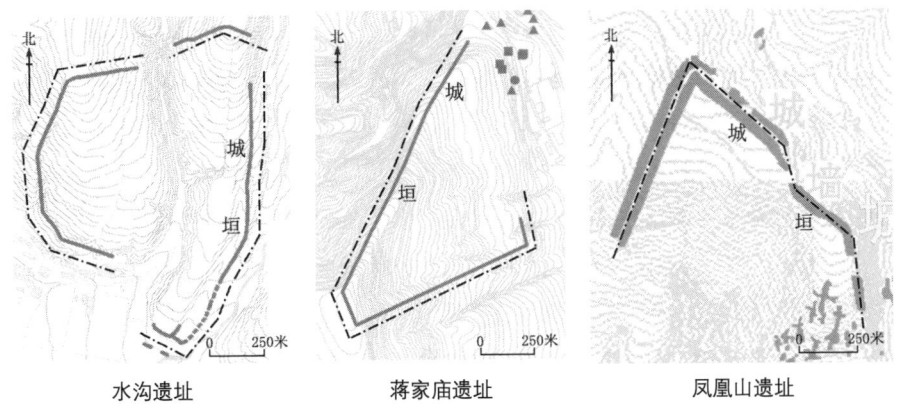

图 5-22　水沟、蒋家庙、凤凰山遗址圈围段落归纳图

入山口处、岷江入长江处。北垣由西而东诸垣段分别指向枣园遗址、宝鸡峡出口和淮河源地。东垣由北而南诸垣段分别指向乌江入长江处、嘉陵江入长江处、乌江入长江处、岔河口遗址、岷江入长江处和甘泉峡折点。南垣诸段由东而西分别指向龙山岗遗址和白河出山口。

蒋家庙遗址的西垣指向汉中盆地出口和玉蟾岩遗址，北垣由西而东诸垣段分别指向无定河入山处、汉中盆地起点和大渡河入岷江处，东垣指向西套起点，南垣指向水沟遗址并与北洛河出山口处相关。

凤凰山遗址在先周晚期至商周之际先建有环壕，进入西周以后，又修建了现存圈围面积约 3.5 万平方米的城垣。其西垣指向无定河入山口，东垣由北而南诸段分别指向屈家岭遗址、甑皮岩遗址、屈家岭遗址和汉中盆地终点。

根据上列之设置指向标的的格局，并结合历史文献，可以认为这是一个由西河周边人员为主导，大加吸收长江上游人员所成的单位。考古学文化的不同和水沟、蒋家庙、凤凰山诸遗址的设置指向标的与三星堆遗址设置的指向标的在空间上的交叉，支持二者之间为博弈关系的判断[81]。考古材料显示，以水沟遗址为主导的包括蒋家庙和凤凰山遗址的设围基址群出现后，三星堆遗址迅速衰落。基于二者间的地理关联，认为以水沟为主导的设围基址群的成立，是三星堆文化崩溃的缘由相当合理。由后来的周穆王"筑祇宫于南郑"并最终"陟于祇宫"看[82]，四川盆地人群的不服从对于周人来说一直是一个挥之不去的严重问题。

周文王时，以对周边地区征伐胜利为基础，周人在泾河入渭河处的渭河南岸，设立了丰邑与镐京。丰邑与镐京的具体位置何在，这一点一直难以最终确定。如果参考古人对神圣地点定位的常规做法，把丰、镐的定位与周边的神明之隩或设围基址的分布结合起来，就可以看出，已有考证认为的当与镐京相关的西安常家庄一带和与丰邑相关的秦渡镇一带均处在岔河口遗址与嘉陵江入长江处的连线上。这当然对认为镐京在西安常家庄一带，丰邑在秦渡镇一带的看法有利[83]。

按照《史记》记载，牧野之战中周人一方除了依靠其核心人群外，"庸、蜀、羌、髳、微、纑、彭、濮"等诸侯国是重要的辅助。孔安国认为："羌在西，蜀、叟、髳、微在巴蜀，纑、彭在西北，庸、濮在江南。"[84] 根据在先周及相关的设围基址指向标的中西套、后套、宝鸡峡、岷江、乌江、嘉陵江、屈家岭遗址等地点的出现，可以认为，司马迁的记述确为史实。虽然看起来四川盆地、江汉平原和关中地区间山水阻隔，但实际上经由蜀道、丹江和长江的连接，这些地点之间一直关联紧密。

周代初年，周人在周原上建造了周原小城[85]。周原小城平面大致为矩形，东西长约1480米，南北长约1065米，面积约175万平方米。周原小城西垣残段由南而北诸垣段分别指向西套中点（今石嘴山市所在）、西套与后套间要点（今乌海市所在）和后套起点。北垣残段由西而东诸垣段分别指向泗河入今微山湖处、今沂河入骆马湖处、函谷关黄河入山口处、宝鸡峡出口和稍柴遗址。东垣残段由北而南分别指向乌江入长江处、泗河入今微山湖处和今石嘴山市所在。南垣残段指向小荆山遗址和丸山。大体上看，在其主张者中，以黄河上游诸地与环泰山地区要点为空间渊源者占有较大比例。

西周晚期，在周原小城东南加设周原大城。大城加设使得城垣的圈围面积达500万平方米以上。大城的西垣残余部分由南而北诸段落分别指向黄河西套起点、汉中盆地出口和后套与西套间要点（今乌海市所在）。北垣残存段东指跋山遗址。东垣余部由北而南诸段落分别指向西套中点（今石嘴山市所在）、柳江汇入黔江处和黄河后套起点。南垣由东而西诸垣段分别指向新沭河起点处、枣园遗址、函谷关黄河入山口处、周家庄遗址、丸山、小荆山遗址、周家庄遗址、函谷关黄河入山口处、浊漳河南源。大城的加建，强调了其与晋西南及豫西的关系。

位于周原小城中部偏北的凤雏建筑群，周原小城东墙外的云塘-齐镇建筑群和大城东墙内的召陈建筑组合，都是进一步了解周原人群来历的依据[86-90]。凤雏建筑群中的甲组建筑背向西套终点，其横轴东向古城东关遗址。乙组建筑及在乙组南边的F3背向后套起点，其横轴西向宝鸡峡出口区。云塘-齐镇建筑群背向泾河与四郎河交点区，其横轴东指唐户遗址。召陈建筑组合背向无定河源地，其横轴东向颍河源地。这些建筑所呈现的相应人群的空间渊源，与周原城址圈围段落指向标的颇有呼应。值得注意的是：一、凤雏建筑群中的F3在尺寸上远大于甲组建筑，F3的地位更高当无疑义，由于甲组建筑与F3之间没有对位关系，故而很难认为它们是一个设计整体；二、位于边缘的召陈建筑组合中的主体建筑在尺寸上大于相对靠近中心的云塘-齐镇建筑群的主体建筑；三、这些建筑群在形制上存在巨大差异；四、这些建筑在尺寸上与巨大的城垣系统间缺乏呼应关系。

根据这些情况或可认为，这里存在的并非是有着系统安排的系统，而是一个在一定程度上自行其是的建设累积（图 5-23）。

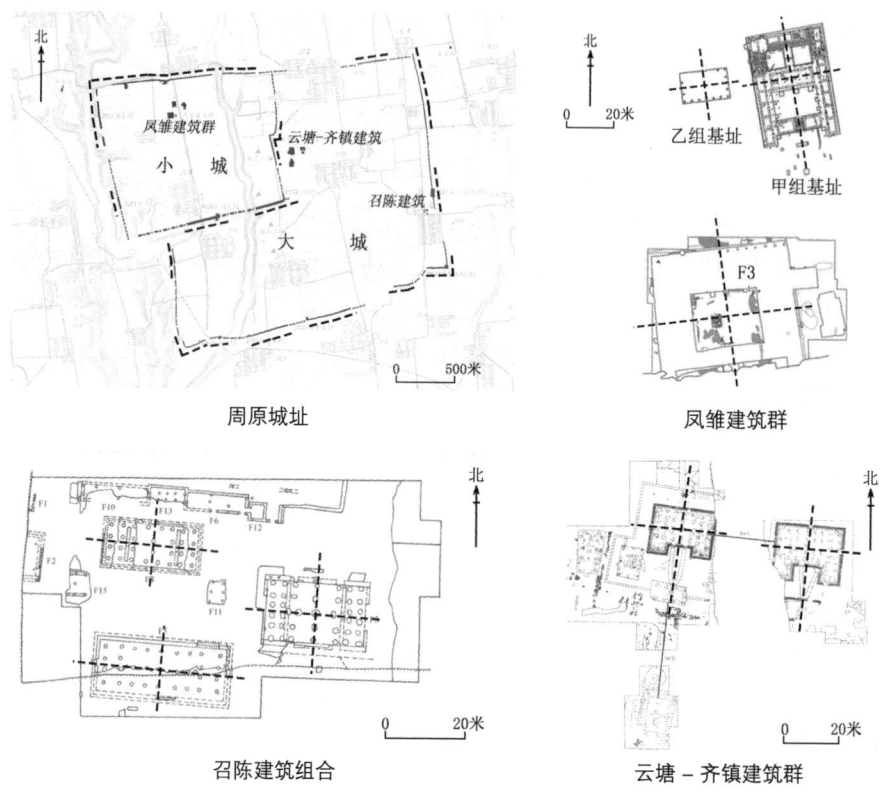

图 5-23　周原城址圈围段落及相关建筑轴线归纳图

周原城的圈围段落多与黄河河套之后套、西套相关，这应该是西周早期，周人在黄河上游大力开拓获得成果的表现。周穆王会西王母的故事，当是这种开拓取得成果的另一种表达。

北京房山琉璃河遗址[91]被考定为西周早期的燕国都城，其位于周口店遗址附近，与之同一水系，琉璃河遗址的遗址面积达到了十分可观的 500 万平方米。遗址上残存有城池的北部。其残存之西垣北指桑干河出山口，北垣与拒马河源地及滹沱河源地相关。东垣指向位于泰山东南的薛国故城。虽然不完整，但城垣残存部分的指向仍然凸显了相关人员与所在地的密切关系。

西周早中期的山东高青陈庄遗址上见有平面略为正方形的城垣系统[92]。垣内面积约 4 万平方米。该城的西垣南指薛国故城，北垣西指滏阳河折点，东垣指向尉迟寺遗址，南垣指向今太原所在。陈庄城址地处齐国腹心地区，在遗址上发现带有"齐公""齐师"字样的铭文材料，其指向标的中又含有汾河要地，与齐国始封山西后再迁移至环泰山地区的历程呼应，因而认为其为齐国所有当为合理。

薛国历经夏、商、周三代，存续达到 1500 余年。其西周时在今山东滕州市建有小城[93]。其城垣平面接近规则矩形，垣内面积大约 6 万平方米。其西垣指向小荆山遗址和陈庄遗址。北垣诸段由西而东，西向分别指向古城东关、临汾盆地起点。东垣诸段由北而南分别指向焦家遗址和小荆山遗址。南垣西向甘泉峡折点。薛国故城圈围段落指向标的主要与河汾之地及环泰山地区北部相关，其与陈庄遗址互指，应该表明二者之间人员交流的存在。

河南济源柴庄遗址上存有部分西环壕和北环壕[94]。其西环壕正指岔河口遗址，北环壕正指渭河入黄河处。

河南偃师的韩旗周城[95]，建于西周晚期。在遗址上存在西、东、北垣残段。测量表明，西垣残段指向石虎山Ⅰ遗址，北垣残段指向稍柴遗址，东垣残段北指忻定盆地出口，南向则与白河入汉江处、阴湘城遗址、今沅江入洞庭湖处和玉蟾岩遗址相关（图 5-24）。

西周晚期的郑州荥阳娘娘寨遗址上存有两道圈围[96]，内城城墙形态不明，内壕之西壕分为南北两段，分别指向石虎山Ⅰ遗址和长江入洞庭湖处。北壕指向渭河入黄河处。东壕指向忻定盆地出口。南壕分作东、西两段，分别指向姜寨遗址和藤花落遗址。外壕的东壕残段由北而南诸段落分别指向石虎山Ⅰ遗址和淮河源地。外壕之南壕指向大河村遗址。

同时期出现的郑州荥阳官庄遗址的圈围包括小城、大城和外壕三个部分[97-98]。小城范围大约 3 万平方米，大城范围约 31 万平方米，外壕范围约 130 万平方米。其小城西垣和东垣均北指石虎山Ⅰ遗址，北垣东指今泗河接微山湖处。南垣分为东、西两段，东段指向跋山遗址，西段指向大河村遗址。大城西垣由南而北两段分别指向涓水出山口和忻定盆地出口。北垣诸段由西而东分别指向跋山遗址、今泗河接微山湖处和顺山集遗址。大城东垣残段指向涓水出山口。大城南垣由东而

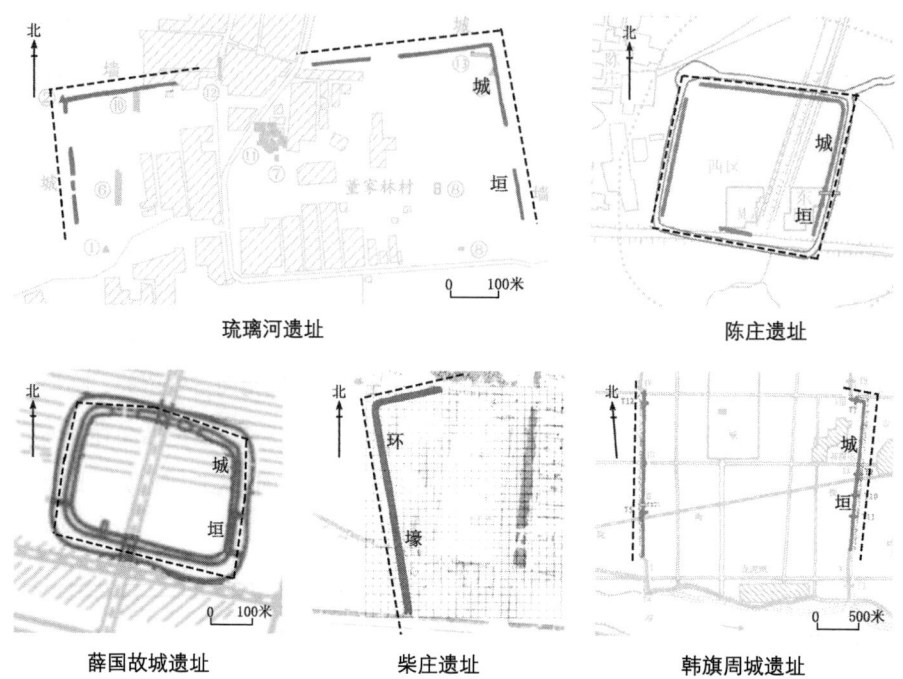

图 5-24　琉璃河、陈庄、薛国故城、柴庄、韩旗周城圈围段落归纳图

西诸垣段分别指向新沭河起点处、凌家滩遗址、新沭河起点处和跋山遗址。外壕北壕指向今淮河入洪泽湖处、新沭河起点处。东壕指向洋河源地。南壕诸段分别指向陕西旬邑西头遗址和稍柴遗址（图 5-25）。

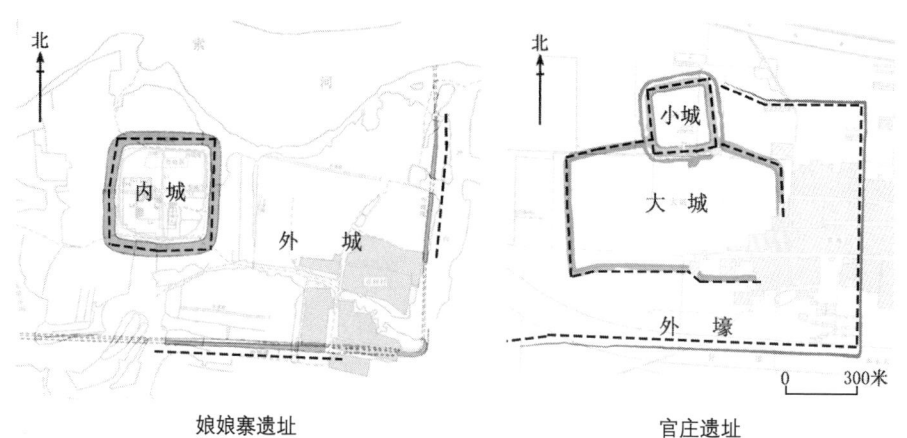

图 5-25　娘娘寨、官庄遗址圈围段落归纳图

娘娘寨遗址和官庄遗址的圈围指向标的系统间结构相似，不过，前者与渭河一线关联稍强，后者与环泰山地区的关联突出。考虑到二者间距仅为 5.5 千米，可以认为两者是一个在祭祀上相互补充的组合。

有研究认为，官庄与娘娘寨设围基址是郑国东迁的产物[99]。郑国始封地在关中地区。由两个遗址上的圈围段落指向标的中与关中相关的地点出现次数有限看，似乎此时郑国所拥有的人群主要是徙封进入郑洛一线以后经营的成果。

西周晚期的山东龙口归城设围基址[100]，外城仅有东、西、北三面城垣，涉及面积 800 万平方米。位于外城中部的内城平面为曲尺形，总面积约为 22.5 万平方米。城内西侧有一条水沟纵贯南北，将内城分为东、西两城并列的局面。其内城西半，西垣存留部分指向淮水入海口地区，北垣指向临汾盆地起点，南垣指向今太原所在。其内城东半，西垣指向淮水入海口地区，南垣残部指向忻定盆地出口。其外城西垣残段由南而北分别指向修水出山口和白河入汉江处，北垣残段指向周口店遗址，东垣由北而南诸垣段分别指向老哈河上今红山水库出口处、老哈河出山口处、周口店遗址、滦河入山处，南垣残段指向跋山遗址。由圈围段落指向标的看，龙口归城的主张者当以与燕山南北具有久远历史的诸地点相关的人群为主，其巨大的圈围设置似乎是某种程度上不服从的表现。

西周早年在大别山北麓出现的安徽霍邱堰台设围基址[101]，位于既有的应为本地旧族所有的安徽寿县丁家堌堆、六安古城寺两个设围基址上游，规模较小，却拥有两重环壕，似是周王用以监控丁家堌堆遗址和古城寺遗址所有者的设置[102]。堰台遗址环壕大体为不规则椭圆形，西南部缺失。内壕由西北角开始顺时针测量，诸壕段分别指向后套木嘎遗址、汉江入长江处（或长江出洞庭湖处，或今资水入洞庭湖处）、峡江出口、丹江出山口、北洛河出山口、无定河入黄河处、兴隆遗址、小荆山遗址、后套木嘎遗址、泗水入今微山湖处、玉蟾岩遗址、涡河入淮河处和洛河源地。外壕由西北角开始顺时针旋转，诸段落分别指向修水源地、汉江入长江处（或长江出洞庭湖处，或今资水入洞庭湖处）、顺山集遗址、涢水出山口、丹江出山口、北洛河出山口、无定河入黄河处、兴隆遗址、泗水出今微山湖处、修水源地、汉江入长江处（或长江出洞庭湖处，或今资水入洞庭湖处）、涡河入淮河处和汉江源地。总体来看，其主张者是来自西河一线的人群、江汉平原北部及环泰山地区东南人群的结合体。

西周早年，与早已存在的江苏江阴佘城设围基址隔江相望，在长江以北出现了江苏泰州天目山设围基址[103]。天目山遗址规模不大，却拥有两道城垣，其应与堰台遗址一样，是周王用来针对当地旧族的设置[104]。天目山设围基址小城西南部缺失，留存的西垣北指后套木嘎遗址。以城垣外缘为基准，小城北垣的西、东两段分别指向颍河入淮河处和无定河入黄河处，东垣北指白音长汗遗址。以城垣内缘为基准，小城北垣指向贾湖遗址，东垣两段分别指向大黑河出山口处和白音长汗遗址。小城南垣诸段落由东而西分别指向丹江入汉江处、天目山脉与太湖相夹处和丹江入汉江处。大城留存的西垣南、北两段分别指向藤花落遗址和玉架山遗址。天目山遗址圈围指向标的显示其关涉范围相当广泛，由现存的圈围段落指向标的看，天目山设围基址的主张者与堰台设围基址的主张者类似，是来自西河一线的人群与在地及其周边地区人群的联合体。

西周中期出现的位于巢湖地区的安徽肥西陈墩城址[105]，城墙平面大体为平行四边形。其西垣指向老哈河上红山水库出口处，北垣和南垣西指溳水源地，东垣残段指向小荆山遗址。大体上看，其主张者是北方南下人群与江汉平原北部人群的结合。

西周晚期在长江以南出现的江苏常州武进淹城遗址[106]，拥有外城、中城、内城和子城四道城垣，城池覆压面积达到65万平方米。其子城西垣指向建溪入闽江处，北垣指向今南京长江岔江口，东垣与西垣相同，南垣指向溳水源地。内城西垣指向金衢盆地起点区（今衢州所在），北垣由西而东诸垣段分别指向丹江出山口、今南京长江岔江口和太原盆地出口，东垣与西垣相同，南垣指向溳水出山口。中城由西南开始顺时针旋转，诸垣段分别指向顺山集遗址、兴隆洼遗址、今赣江入鄱阳湖处、丹江入汉江处、玉蟾岩遗址、白河出山口、玉蟾岩遗址、今南京长江岔江口、太原盆地出口、今太原所在、今千岛湖起点和溳水入汉江处。外城北部资料缺失，东、南、西部与中城相应的段落大体呼应，由东南顺时针旋转诸段落分别指向今千岛湖起点、溳水入汉江处、顺山集遗址、北城子遗址、今赣江入鄱阳湖处。由淹城城垣段落的指向标的看，其主张者虽与汾河一线和燕山以北的重要地点有关，但与长江中、下游及钱塘江流域的重要地点有着更多的联

第五章
夏、商、西周：错综复杂的北上与南下 | 155

系。据之可以认为淹城遗址是北方南下人员与在地人员结合，共同经营的产物。考虑到其位于长江以南和极高的祭祀规格，或许其与西周王朝之间不是简单的从属关系。

西周晚期出现的湖北襄阳楚王城设围基址[107]，从出现时间和具体位置看，其建设当与周夷王时"楚子熊渠伐庸，至于鄂"[108]有关[109]。襄阳楚王城小城东南部城垣缺失。小城西垣南、北两段分别指向洛河出山口及忻定盆地出口处，北垣西、东两段分别指向尉迟寺遗址及颍河入淮河处，东垣残部北、南两段分别指向长江出洞庭湖处和桑干河源地，南垣残段东指涡河入淮河处。大城北部及东南部缺失，西垣残段指向桑干河源地，东垣残段由北而南分别指向洛河出山口处、长江出洞庭湖处和桑干河源地，南垣残段由东而西分别指向涡河入淮河处、丹江入汉江处和泗水入今洪泽湖处（图5-26）。

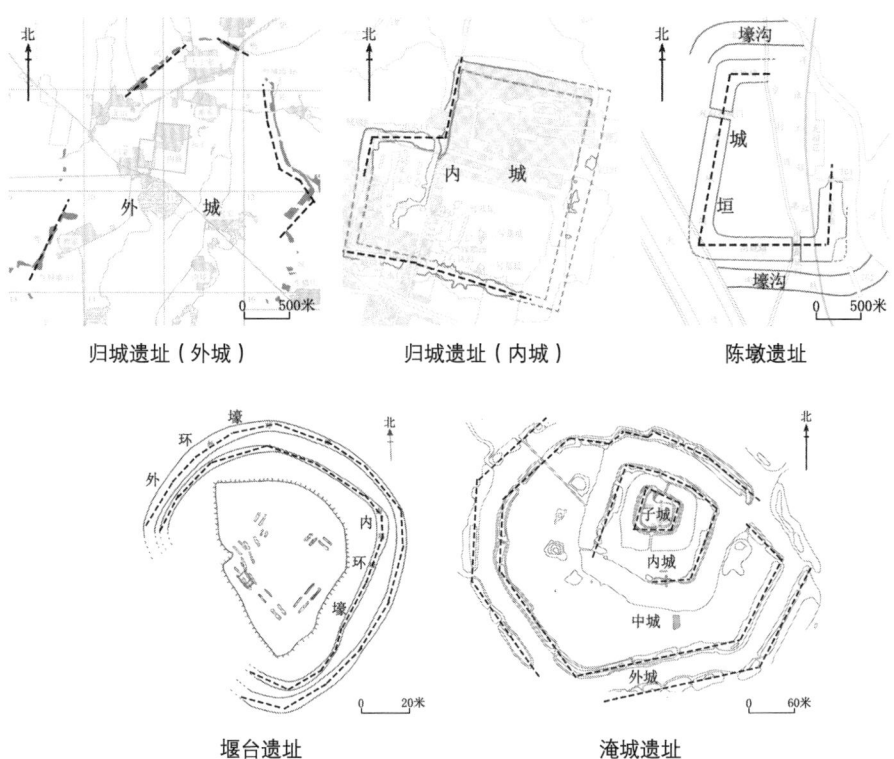

图5-26 归城、堰台、天目山、陈墩、淹城、楚王城圈围段落归纳图

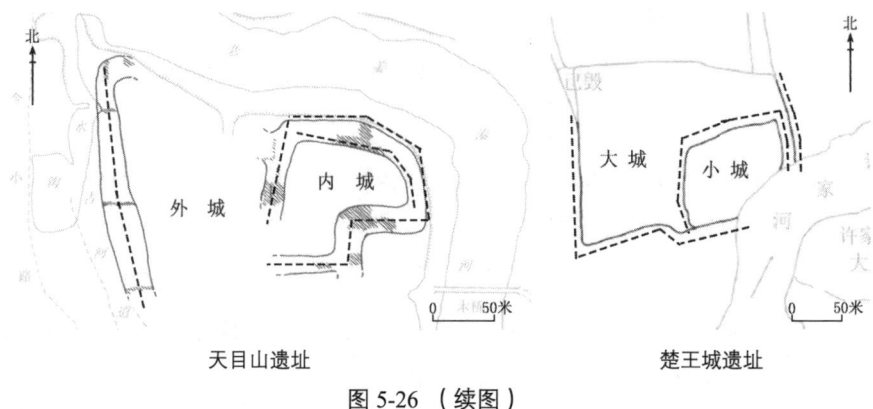

图 5-26 （续图）

湖北襄阳楚王城北向逼近白河与汉江交汇点的坐落方式，对于核心设置位于关中中部和郑洛一线的周人来说，应该是一项重大的挑战。由于西周的崩溃在很大程度上与楚人相关[110]，所以襄阳楚王城的出现对于西周王朝的国土空间构造的影响不容小视，其应该被理解为特殊的历史节点。

注释

[1] 北京大学考古文博学院、河南省文物考古研究所:《登封王城岗考古发现与研究（2002~2005）》,大象出版社,2007。

[2] 王国维撰、黄永年校点《古本竹书纪年辑校·今本竹书纪年疏证》,辽宁教育出版社,1997,第46、48页。

[3] 湖南省文物考古研究所:《湖南澧县孙家岗遗址2015年钻探简报》,《江汉考古》2018年第3期。

[4] 何驽:《尧舜"中国"——陶寺遗址发掘与研究》,《艺术博物馆》2022年第6期。

[5] 中国国家博物馆田野考古研究中心、山西省考古研究所、运城市文物保护研究所:《山西绛县周家庄遗址2007~2012年勘查与发掘简报》,《考古》2015年第5期。

[6] 王鲁民:《塑造中国:东亚大陆腹地早期聚落组织与空间架构》,大象出版社,2023,第220页。

[7] 司马迁:《史记》第一册,中华书局,1959,第85页。

[8] 王永波、王传昌编著《山东古城古国考略》,文物出版社,2016,第119-122页。

[9] 《古本竹书纪年》:"益干即位,启杀之。"王国维撰、黄永年校点《古本竹书纪年辑校·今本竹书纪年疏证》,第2页。

[10] 郑州大学历史学院、焦作市文物考古研究所、孟州市博物馆:《河南孟州义井遗址考古

调查勘探报告》,《华夏考古》2022年第3期。

[11] 张小虎:《孟州市禹寺龙山时代聚落考古新收获》,"2020年度河南考古工作成果交流会(一)","河南考古"微信公众号,2020年12月16日。

[12] 河南省文物考古研究院:《河南新密古城寨城址2016~2017年度发掘简报》,《华夏考古》2019年第4期。

[13] 河南省文物考古研究所、新密市炎黄历史文化研究会:《河南新密市古城寨龙山文化城址发掘简报》,《华夏考古》2002年第2期。

[14] 河南省文物考古研究院、河南省夏文化研究中心、北京大学考古文博学院:《河南禹州瓦店遗址WD2F1建筑发掘简报》,《华夏考古》2021年第6期。

[15] 本书有关纪年依据王鲁民所著《塑造中国:东亚大陆腹地早期聚落组织与空间架构》中的附表一"以《今本竹书纪年》为基础的夏、商、西周年表"。

[16] 王国维撰、黄永年校点《古本竹书纪年辑校·今本竹书纪年疏证》,第55页。

[17] 王鲁民:《塑造中国:东亚大陆腹地早期聚落组织与空间架构》,第225页。

[18] 中国社会科学院考古研究所河南新砦队、郑州市文物考古研究院、河南大学古代文明研究中心:《河南新密市新砦遗址王嘴西地发掘简报》,《考古》2018年第3期。

[19] 中国社会科学院考古研究所河南新砦队、郑州市文物考古研究院:《河南新密市新砦遗址浅穴式大型建筑基址的发掘》,《考古》2009年第2期。

[20] 王鲁民:《营国:东汉以前华夏聚落景观规制与秩序》,同济大学出版社,2017,第95页。

[21] 王鲁民:《塑造中国:东亚大陆腹地早期聚落组织与空间架构》,第225页。

[22] 郑州市文物考古研究院、北京大学考古文博学院:《郑州市高新区东赵遗址小城发掘简报》,《华夏考古》2021年第5期。

[23] 王国维撰、黄永年校点《古本竹书纪年辑校·今本竹书纪年疏证》,第55页。

[24] 顾万发:《文明之光:古都郑州探索与研究》,科学出版社,2016,第261页。

[25] 王国维撰、黄永年校点《古本竹书纪年辑校·今本竹书纪年疏证》,第55页。

[26] 南京博物院、连云港市博物馆编著《藤花落:连云港市新石器时代遗址发掘报告》,科学出版社,2014。

[27] 王永波、王传昌编著《山东古城古国考略》,第136-141页。

[28] 二里头遗址1号、2号、3号、5号基址及官城的资料详见中国社会科学院考古研究所编著《二里头:1999~2006》,文物出版社,2014。

[29] 中国社会科学院考古研究所二里头工作队:《河南偃师市二里头遗址宫殿区5号基址发掘简报》,《考古》2020年第1期。

[30] 中国社会科学院考古研究所编著《二里头考古六十年》,中国社会科学出版社,2019。

[31] 圈围指向及建筑轴线角度的数据主要采自各发掘报告,发掘报告未提供的由发掘资料量取。

[32] 河南省文物考古研究所、平顶山市文物局:《河南平顶山蒲城店遗址发掘简报》,《文物》

2008年第5期。
[33] 郑州大学历史文化遗产保护研究中心:《登封南洼——2004~2006田野考古报告》,科学出版社,2014。
[34] 《今本竹书纪年》记载:"(帝不降)五十九年,逊位于帝扃。"
[35] 王国维撰、黄永年校点《古本竹书纪年辑校·今本竹书纪年疏证》,第56页。
[36] 郑州市文物考古研究所:《郑州大师姑(2002—2003)》,科学出版社,2004。
[37] 顾万发:《文明之光:古都郑州探索与研究》,第271-273页。
[38] 中国历史博物馆考古部、山西省考古研究所、垣曲县博物馆:《垣曲商城(一):1985—1986年度勘察报告》,科学出版社,1996。
[39] 中国国家博物馆考古部:《垣曲盆地聚落考古研究》,科学出版社,2007。
[40] 中国国家博物馆田野考古研究中心、山西省考古研究所、垣曲县博物馆:《垣曲商城(二):1988—2003年度考古发掘报告》,科学出版社,2014。
[41] 山西省考古研究院:《山西省2022年"考古中国·夏文化研究""晋南考古·商周专题"考古项目专家验收会顺利召开》,"考古汇"微信公众号,2023年1月18日。
[42] 雷雨:《三星堆遗址综合研究成果报告》,载张弛、陈星灿、邓华编《区域、社会与中国文明起源:国家科技支撑计划课题"中华文明起源过程中区域聚落与居民研究"成果集》,科学出版社,2019,第214-227页。
[43] 范沛沛、王鲁民:《三星堆城池与早期城市及空间控制》,《建筑学报》2025年第S1期。
[44] 王国维撰、黄永年校点《古本竹书纪年辑校·今本竹书纪年疏证》,第59页。
[45] 郑州市文物考古研究院:《新郑望京楼:2010—2012田野考古发掘报告》,科学出版社,2016。
[46] 顾万发:《文明之光:古都郑州探索与研究》,第269-270页。
[47] 王国维撰、黄永年校点《古本竹书纪年辑校·今本竹书纪年疏证》,第63页。
[48] 王国维撰、黄永年校点《古本竹书纪年辑校·今本竹书纪年疏证》,第55页。
[49] 相关讨论见司马迁:《史记》第一册,第91-92页。
[50] 相关讨论见王鲁民:《塑造中国:东亚大陆腹地早期聚落组织与空间架构》,第239页。
[51] 陈国梁:《偃师商城小城城市空间格局的新认识》,《考古》2023年第12期。
[52] 陈国梁:《方里而井:偃师商城2023年的考古发现与小城空间格局的探索》,"2023年度河南考古工作成果交流会(二)","河南考古"微信公众号,2023年12月21日。
[53] 王鲁民:《塑造中国:东亚大陆腹地早期聚落组织与空间架构》,第254页。
[54] 郑州市文物局:《郑州大遗址保护规划汇编(第1辑)》,科学出版社,2013。
[55] 郝丽君、肖哲涛、李红光、张东:《基于城乡统筹的早商府城遗址保护规划策略研究》,《现代城市研究》2013年第3期。
[56] 袁广阔、秦小丽:《河南焦作府城遗址发掘报告》,《考古学报》2000年第4期。
[57] 张家强:《郑州白寨遗址发掘收获》,"2020年度河南考古工作成果交流会(二)","河

第五章 夏、商、西周：错综复杂的北上与南下　　159

南考古"微信公众号，2020年12月16日。

[58] 武汉市文物考古研究所、盘龙城遗址博物院:《盘龙城遗址宫城区2014至2016年考古勘探简报》，《江汉考古》2017年第3期。

[59] 马龙、王璐:《行走河南·读懂中国 | 王城岗遗址发现早期回廊遗迹》，"河南省文化和旅游厅"微信公众号，2023年1月9日。

[60] 敖攀宇:《吴城遗址的保护与利用研究》，硕士学位论文，南京师范大学文物与博物馆系，2021。

[61] 孔维鹏:《2021安阳市陶家营商代中期聚落遗址》，"2021年度河南考古工作成果交流会（二）"，"河南考古"微信公众号，2021年12月17日。

[62] 国家文物局:《北京丰台新宫遗址：一处重要的大坨头文化遗址》，"商代考古发掘和研究取得最新进展"，"国家文物局"微信公众号，2023年5月30日。

[63] 王鲁民:《塑造中国：东亚大陆腹地早期聚落组织与空间架构》，第261页。

[64] 顾颉刚、刘起釪:《尚书校释译论》，中华书局，2005，第918、930-931页。

[65] 中国社会科学院考古研究所安阳工作队:《河南安阳市洹北商城铸铜作坊遗址2015~2019年发掘简报》，《考古》2020年第10期。

[66] 据王国维等，商契曾居蕃，大约在今山东滕县一带，其与尧王城遗址一区。

[67] 王鲁民:《塑造中国：东亚大陆腹地早期聚落组织与空间架构》，第263-267页。

[68] 王鲁民:《营国：东汉以前华夏聚落景观规制与秩序》，第148-150页。

[69] 殷墟小屯宫殿建筑群的资料详见杜金鹏:《殷墟宫殿区建筑基址研究》，科学出版社，2010。

[70] 中国社会科学院考古研究所:《安阳殷墟小屯建筑遗存》，文物出版社，2010。

[71] 中国社会科学院考古研究所安阳工作队:《2004—2005年殷墟小屯宫殿宗庙区的勘探和发掘》，《考古学报》2009年第2期。

[72] 殷墟小屯宫殿建筑群中各建筑的原始指向角参考杜金鹏所著《殷墟宫殿区建筑基址研究》中的测量成果。

[73] 王鲁民:《塑造中国：东亚大陆腹地早期聚落组织与空间架构》，第265-267页。

[74] 王鲁民:《营国：东汉以前华夏聚落景观规制与秩序》，第152页。

[75] 王鲁民:《塑造中国：东亚大陆腹地早期聚落组织与空间架构》，第265-267页。

[76] 王鲁民:《营国：东汉以前华夏聚落景观规制与秩序》，第150-152页。

[77] 中国社会科学院考古研究所:《安阳大司空——2004年发掘报告》，文物出版社，2014。

[78] 安阳市文物考古研究所:《安阳北徐家桥2001—2002年发掘报告》，中州古籍出版社，2020。

[79] 蒋家庙、凤凰山（周公庙）和水沟遗址的资料参见许宏:《先秦城邑考古》，西苑出版社、金城出版社，2017，第198-199、214-215页。

[80] 王鲁民:《塑造中国：东亚大陆腹地早期聚落组织与空间架构》，第278-279页。

[81] 同上书，第 272-273 页。
[82] 王国维撰、黄永年校点《古本竹书纪年辑校·今本竹书纪年疏证》，第 87、90 页。
[83] 王鲁民：《西周西都的要素、组织与性质》，《建筑遗产》2020 年第 1 期。
[84] 司马迁：《史记》第一册，第 122-123 页。
[85] 周原考古队：《2020—2021 年周原遗址西周城址考古简报》，《中国国家博物馆馆刊》2023 年第 7 期。
[86] 周原考古队：《陕西宝鸡市周原遗址凤雏六号至十号基址发掘简报》，《考古》2020 年第 8 期。
[87] 陕西省考古研究所：《陕西扶风云塘、齐镇建筑基址 2002 年度发掘简报》，《考古与文物》2007 年第 3 期。
[88] 周原考古队：《陕西扶风县云塘、齐镇西周建筑基址 1999—2000 年度发掘简报》，《考古》2002 年第 9 期。
[89] 陕西周原考古队：《扶风召陈西周建筑群基址发掘简报》，《考古》1981 年第 3 期。
[90] 韩蕙如、雷兴山：《陕西周原云塘夯土建筑 F10 形制及所属院落形态辨析》，《四川文物》2022 年第 2 期。
[91] 王冬冬、王晶：《基于考古学研究的琉璃河遗址价值建构与阐释》，《自然与文化遗产研究》2023 年第 4 期。
[92] 山东省文物考古研究所：《山东高青县陈庄西周遗存发掘简报》，《考古》2011 年第 2 期。
[93] 王永波、王传昌编著《山东古城古国考略》，第 461-466 页。
[94] 河南文物考古研究院：《河南济源柴庄遗址发现商代晚期至西周早期大型聚落》，《中国文物报》，2020 年 4 月 3 日。
[95] 中国社会科学院考古研究所洛阳汉魏城队：《汉魏洛阳故城城垣试掘》，《考古学报》1998 年第 3 期。
[96] 顾万发：《文明之光：古都郑州探索与研究》，第 285-288 页。
[97] 郑州大学历史学院、郑州市文物考古研究院、荥阳市文物保护管理中心：《河南荥阳市官庄遗址铸铜作坊区 2016~2017 年发掘简报》，《考古》2020 年第 10 期。
[98] 顾万发：《文明之光：古都郑州探索与研究》，第 289-290 页。
[99] 中美联合归城考古队：《山东龙口市归城两周城址调查简报》，《考古》2011 年第 3 期。
[100] 郑州大学历史文化遗产保护研究中心、郑州市文物考古研究院：《河南荥阳市官庄周代城址发掘简报》，《考古》2016 年第 8 期。
[101] 安徽省文物考古研究所：《安徽霍邱堰台周代遗址发掘简报》，《中国历史文物》2010 年第 6 期。
[102] 王鲁民：《塑造中国：东亚大陆腹地早期聚落组织与空间架构》，第 301 页。
[103] 南京博物院、泰州市博物馆、姜堰市文物管理委员会：《江苏姜堰天目山西周城址发掘报告》，《考古学报》2009 年第 1 期。

[104] 王鲁民：《塑造中国：东亚大陆腹地早期聚落组织与空间架构》，第 295 页。
[105] 山东大学考古学系、安徽省文物考古研究所：《安徽肥西县陈墩遗址发掘简报》，《东南文化》2023 年第 1 期。
[106] 南京博物院、常州博物馆、淹城旅游区管理委员会、淹城博物馆：《淹城：1958—2000 年考古发掘报告》，科学出版社，2014。
[107] 襄阳市博物馆：《湖北襄阳楚王城西周城址调查简报》，《江汉考古》2012 年第 1 期。
[108] 王国维撰、黄永年校点《古本竹书纪年辑校·今本竹书纪年疏证》，第 92 页。
[109] 王鲁民：《塑造中国：东亚大陆腹地早期聚落组织与空间架构》，第 303 页。
[110] 关于襄阳楚王城的性质及西周崩溃缘由的讨论，参见王鲁民：《塑造中国：东亚大陆腹地早期聚落组织与空间架构》，第 301-306 页。

第六章

回响：传统的延续与嬗变

中国地势图

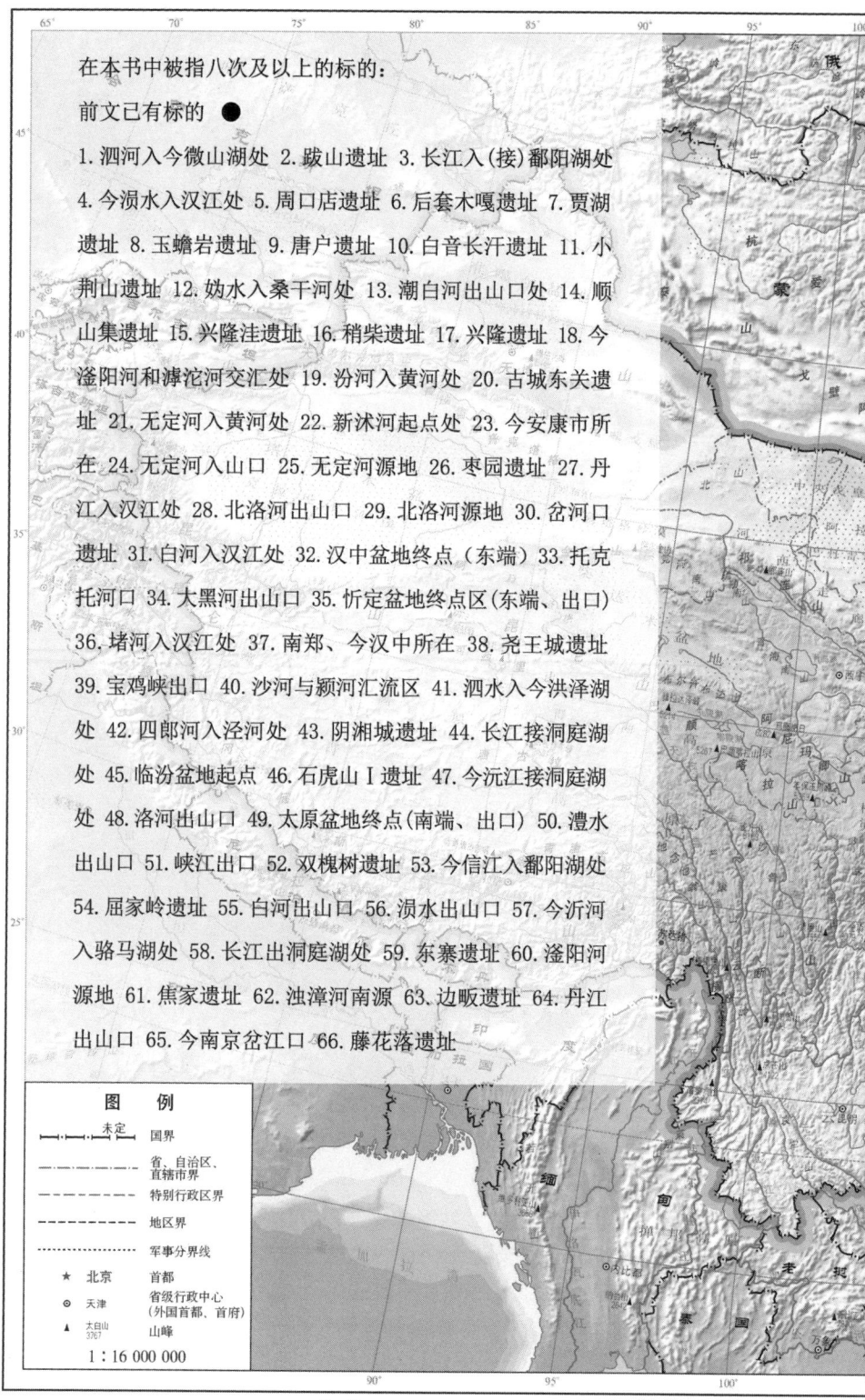

在本书中被指八次及以上的标的：
前文已有标的 ●

1. 泗河入今微山湖处 2. 跂山遗址 3. 长江入(接)鄱阳湖处 4. 今涢水入汉江处 5. 周口店遗址 6. 后套木嘎遗址 7. 贾湖遗址 8. 玉蟾岩遗址 9. 唐户遗址 10. 白音长汗遗址 11. 小荆山遗址 12. 妫水入桑干河处 13. 潮白河出山口处 14. 顺山集遗址 15. 兴隆洼遗址 16. 稍柴遗址 17. 兴隆遗址 18. 今滏阳河和滹沱河交汇处 19. 汾河入黄河处 20. 古城东关遗址 21. 无定河入黄河处 22. 新沭河起点处 23. 今安康市所在 24. 无定河入山口 25. 无定河源地 26. 枣园遗址 27. 丹江入汉江处 28. 北洛河出山口 29. 北洛河源地 30. 岔河口遗址 31. 白河入汉江处 32. 汉中盆地终点（东端）33. 托克托河口 34. 大黑河出山口 35. 忻定盆地终点区(东端、出口) 36. 堵河入汉江处 37. 南郑、今汉中所在 38. 尧王城遗址 39. 宝鸡峡出口 40. 沙河与颍河汇流区 41. 泗水入今洪泽湖处 42. 四郎河入泾河处 43. 阴湘城遗址 44. 长江接洞庭湖处 45. 临汾盆地起点 46. 石虎山Ⅰ遗址 47. 今沅江接洞庭湖处 48. 洛河出山口 49. 太原盆地终点(南端、出口) 50. 澧水出山口 51. 峡江出口 52. 双槐树遗址 53. 今信江入鄱阳湖处 54. 屈家岭遗址 55. 白河出山口 56. 涢水出山口 57. 今沂河入骆马湖处 58. 长江出洞庭湖处 59. 东寨遗址 60. 滏阳河源地 61. 焦家遗址 62. 浊漳河南源 63. 边畈遗址 64. 丹江出山口 65. 今南京岔江口 66. 藤花落遗址

图 例

—·—·— 未定 国界
——— 省、自治区、直辖市界
——— 特别行政区界
——— 地区界
········· 军事分界线
★ 北京 首都
⊙ 天津 省级行政中心（外国首都、首府）
▲ 太白山 3767 山峰

1:16 000 000

水深　　　　　　高度表（米）
7000 6000 5000 4000 3000 2000 1000 200　0　200 500 1000 2000 3000

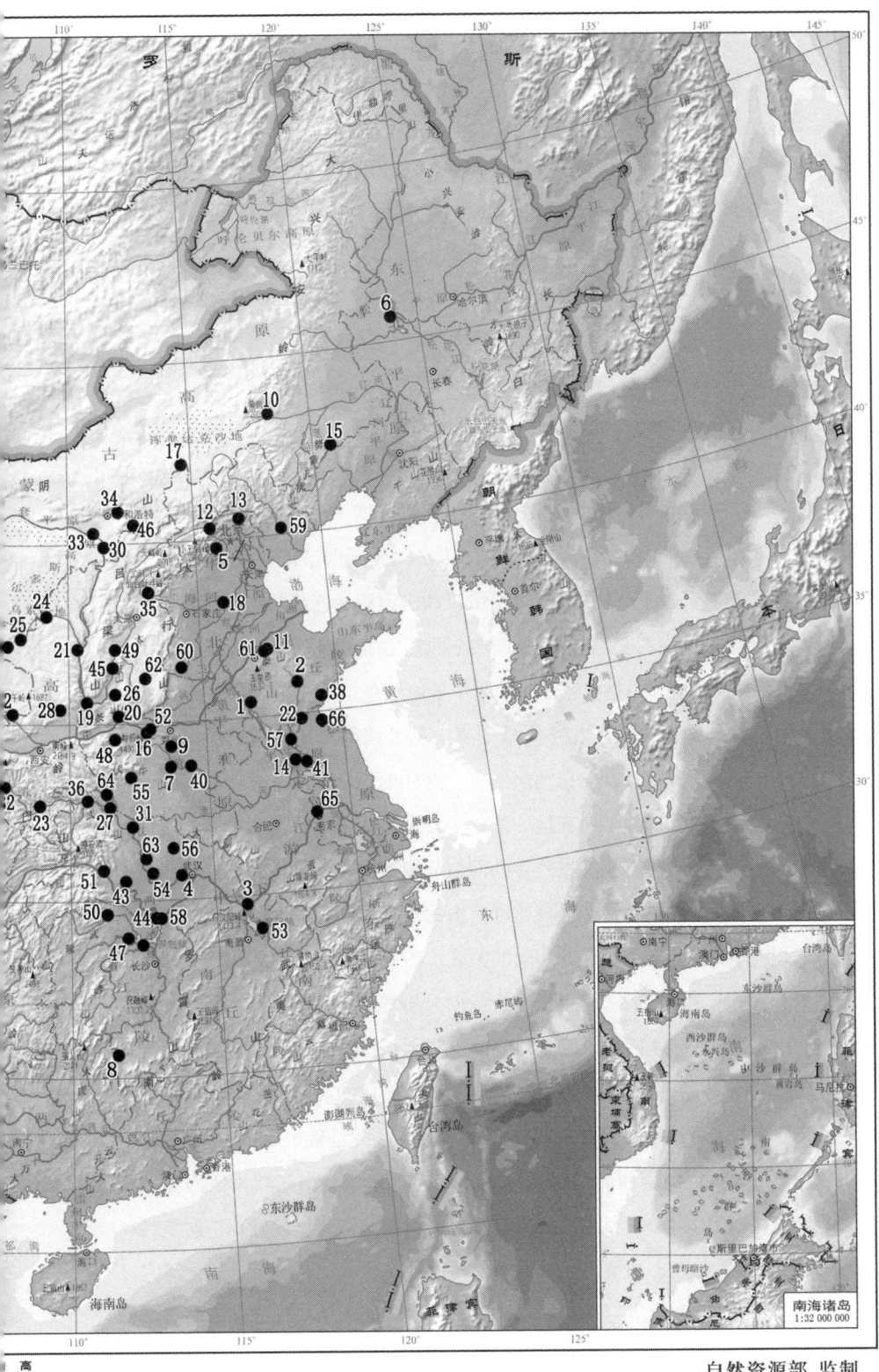

本章出现的主要营造设置指向标的分布示意图

公元前771年，周幽王被杀，西周结束，随之上位的周平王将都城东徙至洛邑[1]。

建于春秋初年位于洛阳盆地西侧的东周王城小城应是平王东迁的最初成果。战国时，周人又在小城的东北方向修建大城，形成了西南隅凸出的东周王城平面[2]。测量表明，东周王城坐落在大黑河出山口和汾河源地连线的延长线与尧王城遗址和姜寨遗址间连线的交点上。其小城的西垣北指汾河源地及大黑河出山口；北垣东指尧王城遗址，西指姜寨遗址；现今东垣不存；南垣指向宝鸡峡出口。在小城范围内挖掘到的翟家屯东北东周早期夯土基址南部甬道北指石虎山Ⅰ遗址，主体建筑坐向沁河源地，朝向白河出山口。这样的指示系统十分明确地表明了当时周王着意依托的人群除了所在地一区，主要来自于关中、河套前套、汾河流域及环泰山地区。战国时所建大城残存的西垣北段指向临汾盆地的起点，北垣则指向跋山遗址，东垣残段北指岔河口遗址。由此可见，残存的大城城垣段落指向标的系统在空间结构上与小城有着明确的关联（图 6-1）。

山东曲阜鲁都成立于西周，但可以进行指向分析的城池建于东周初年[3]。曲阜鲁都坐落于兴隆遗址和滏阳河入滹沱河处的连线延长线、跋山遗址和稍柴遗址连线的交点上。由平面看，该城池为由多段直线拼合而成的类矩形。采用这种平面或者意味着其主张者试图在照顾城垣与建筑呼应关系的基础上保持古来规制。现有的鲁国都城的西垣由南而北诸垣段分别指向岗上遗址、山东滕州庄西里遗址、焦家遗址、大清河出山口和小荆山遗址。北垣由西而东诸垣段分别指向宝鸡峡出口、北洛河中游起点、稍柴遗址、汾河入黄河处、西河上长城垭口、浊漳河南源、无定河入山口处和北洛河中游起点。其东垣由北而南诸垣段分别指向兴隆

第六章
回响：传统的延续与嬗变

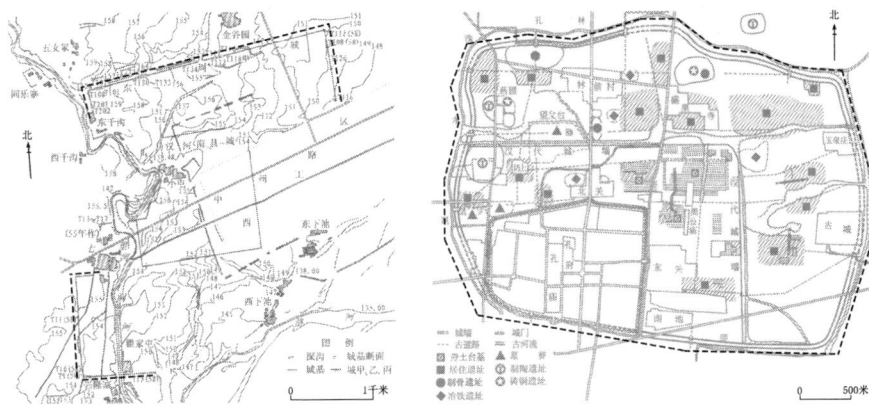

东周王城城墙　　　　　　　　　山东曲阜鲁都城墙

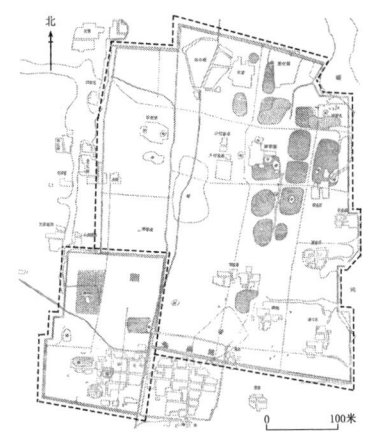

齐临淄城城墙

图 6-1　东周王城、山东曲阜鲁都、齐临淄城墙段落归纳图

遗址、庄西里遗址、焦家遗址及小荆山遗址。其南垣由东而西两段分别指向枣园遗址和尧王城遗址。可以认为，这是一个强调有着久远的历史支持、与关中及河汾之地有关且大力吸收本地人群的设置。

齐临淄坐落在东寨遗址与韩井遗址的连线上。春秋时所建齐临淄大城留存的西垣南段北与东寨遗址相关、南与韩井遗址相关，西垣北段指向垓下遗址。大城北垣由西而东诸垣段分别指向小荆山遗址、东寨遗址、碧村遗址。东垣与北垣的相接部为一凹部，由三段城垣构成，其北段指向泗河源地，中段指向尧王城遗址，南段指向小荆山遗址。大城的东垣由北而南诸垣段分别指向衢江源地、小荆山遗址、白音长汗遗址、泗河出山口、沁河源地、衢江源地、小荆山遗址与白音长汗遗址。南垣指向今太原。战国时，在大城西南加设小城，小城西垣由南而北诸垣段分别指向东寨遗址及韩井遗址、滏阳河源地、老哈河源地、小荆山遗址、老哈河源地。其北垣指向小荆山遗址。其东垣指向兴隆洼遗址和尉迟寺遗址。其南垣指向今太原。总体上看，其圈围段落指向标的主要与西辽河一区、河汾之间及环泰山地区相关。齐国诸侯为姜姓，姜姓源自炎帝，与长期在西辽河流域活动的伏羲相关，进入中原以后，其长期在渭河上游及周边地区活动，成王时，获封于山西临汾霍州，后徙封至山东淄博[4-5]。相互比照可见，相应的圈围段落指向构成是齐国诸侯族裔历史的物质体现。

郑国故城始建于春秋初年。其坐落在白音长汗遗址和顶蛳山遗址的连线、兴隆遗址和贾湖遗址连线、姜寨遗址与王城遗址连线的延长线的交点上。郑国故城的北垣分作西、东两段，分别指向颍河出山口和稍柴遗址。东垣由北而南分别指向贾湖遗址、古城东关遗址、浊漳河北源入干流处、兴隆遗址（及贾湖遗址）、白音长汗遗址（及顶蛳山遗址）和东寨遗址。其南垣残断由东而西诸垣段分别指向双槐树遗址、忻定盆地出口、无定河入黄河处、古城东关遗址、临汾盆地起点和姜寨遗址（及王城岗遗址）。与西周时为郑国所主张的娘娘寨遗址和官庄遗址组合相比，在指向标的结构上，此时弱化了与环泰山地区要点的关系，强调了与河汾之地及洛阳盆地周边地区的关联。这是郑人长期在相应地区活动的自然结果。兴隆遗址、白音长汗遗址、顶蛳山遗址和贾湖遗址替代石虎山Ⅰ遗址，似乎有表明其来源正当的意涵（图6-2）。

晋都新田遗址的主体部分由"品"字形安排的牛村、台神和平望三座小城构成。牛村小城位于东南，建于公元前6世纪；台神小城位于西南；平望小城位于北部，为后来加建[6]。牛村古城的西垣指向沅江入洞庭湖处；北垣西段指向泗河出山口，北垣东段指向北洛河中游起点；东垣北指白崖沟遗址；南垣东指跋山遗址。台神古城的西垣指向白河入汉江处；北垣和南垣均指向跋山遗址；东垣也是牛村古城址西垣，指向沅江入洞庭湖处。平望古城的西垣指向丹江入汉江处；北垣和南垣均指向汾河入黄河处；其东垣分作三段，由北而南分别指向临汾盆地起

 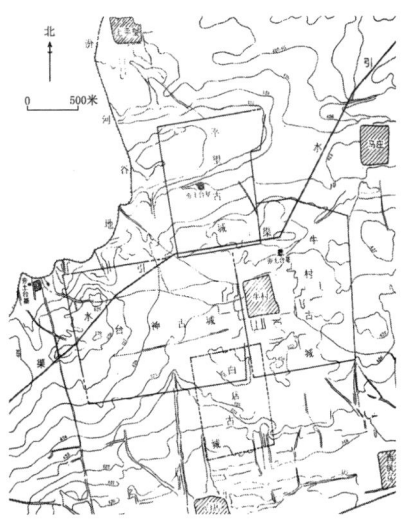

郑国故城城墙　　　　　　　　晋都新田（牛村、台神和平望）

图 6-2　郑国故城、晋都新田城墙段落归纳图

点、泗河出山口和孙家岗遗址。由晋都新田设围基址提供的圈围段落指向标的看，其对应人员主要以其所在地、环泰山地区和汉江—江汉平原为空间渊源。这样的情况可以是地区历史积淀的结果。但与江汉—江汉平原的关联也可能是因为晋国在与楚国的博弈中获胜，从而得到了大量的以江汉一线及洞庭湖地区为空间渊源的人员（图 6-2）。

山东枣庄的偪阳故城，成立于春秋时期[7]，其西垣由南而北诸垣段分别指向潮白河出山口、垓下遗址；其北垣指向沙河源地；其东垣由北而南诸垣段分别指向潮白河出山口、临汾盆地起点、潮白河出山口、兴隆洼遗址、千岛湖起点处、潮白河出山口；南垣指向北阳平遗址。由指向标的看，偪阳故城主要对应的是来自燕山南北的人员（图 6-3）。

距偪阳故城不远的沂南阳都故城[8]，也许与偪阳故城建设时期相同，其西垣由南而北诸段分别指向湖西遗址和兴隆洼遗址。其北垣指向孟庄遗址。其东垣由北而南两段分别指向泗河接洪泽湖处和东寨遗址。其南垣指向尧王城遗址。大体上看，其提供的圈围段落指向标的在结构上与偪阳古城高度相关（图 6-3）。

江西萍乡田中故城[9]，西垣南北两段分别指向贾湖遗址和珠江口，北垣指向

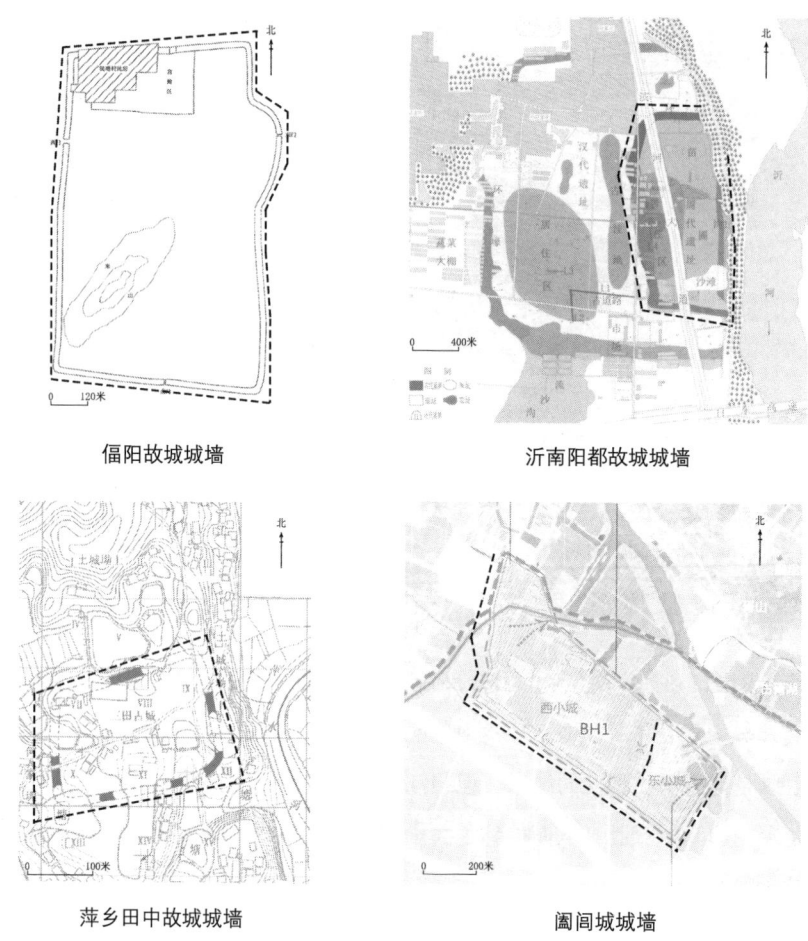

图 6-3 偪阳故城、阳都故城、田中故城、阖闾城城墙段落归纳图

抚河入鄱阳湖处，东垣指向屈家岭遗址，南垣指向信江出山口。其指向标的似乎强调其具有十分古远的族裔渊源（图6-3）。

从坐落看，无锡-常州阖闾城其当与吴国相关[10]。阖闾城的西南垣指向无定河入黄河处。西北垣由西而东诸垣段分别指向金衢盆地起点、尧王城遗址、金衢盆地出口和瓯江源地。其东北垣缺失。东南垣指向信江源地。其中间隔墙两段分别指向长江入海口和后套木嘎遗址。虽然在地人群凸显，但这样的指向系统显示阖闾城的主张者中包括了由西河一线南下人群，这为史籍提供的吴国为周人南下所为的说法提供了支撑点（图6-3）。

第六章
回响：传统的延续与嬗变

秦雍城遗址占据着宝鸡峡出山口之要点，建于公元前5世纪初年[11]。在城内发现有多个大型建筑遗址。由位置看，它们当属不同族群的祭祀空间。其中马家庄、豆腐村大型礼制建筑群中的一号建筑遗址，坐向泾河转折处，其横轴则与大地湾遗址相关。三号建筑遗址坐向无定河入山口处，其横轴与丹江出山口相关。瓦窑头大型组合型宫室坐向无定河源地，其横轴则与半坡遗址相关。

秦雍城遗址上有两道环壕及一道城垣，范围约1056万平方米。两道环壕在内，其修造早于城垣。测量表明，雍城的内环壕西壕由南而北诸段落分别指向无定河出山口，嘉陵江入长江处，涪江、嘉陵江和衢江交汇处，嘉陵江出山口；北壕由西而东诸段落分别指向边畈遗址、澧水出山口、汉中盆地终点和澧水出山口；东壕由北而南诸段落分别指向涪江、嘉陵江和衢江交汇处，嘉陵江出山口，四郎河入泾河处；南壕指向堵河入汉江处。与通常的认知不同，雍城内壕段落指向标的显示出长江上游是特别重要的秦人来源地。雍城外环壕的西壕由南而北诸壕段分别指向修水入鄱阳湖处、汉中盆地出口处、安康盆地起点处、甑皮岩遗址、沅江出山口、玉蟾岩遗址或福岩洞遗址、北洛河源地和南郑所在。其北壕由西而东诸段分别指向汾河入黄河处、沁河出山口以下河道折点、今天水市所在、藤花落遗址、白河出山口和稍柴遗址。其东壕由北而南诸段分别指向吴城遗址、峡江出口、澧水源地、沅江出山口、汉中盆地终点和嘉陵江入长江处。南壕由东而西诸段分别指向甘肃礼县西山遗址、枣园遗址、古城东关遗址、北阳平遗址和顺山集遗址。

秦雍城城垣的西垣由南而北诸段落分别指向乌江入长江处、汉中盆地出口、北洛河源地。北垣指向北阳平遗址。东垣由北而南诸段落分别指向大地湾遗址、修水源地、谭家岭遗址、洞庭湖南湖与西湖交界处、沅江出山口、北洛河源地、嘉陵江入长江处、安康盆地起点、北洛河源地。南垣由东而西诸段落分别指向殷墟遗址、唐户遗址、安康盆地起点、双槐树遗址、丸山、藤花落遗址和鱼化寨遗址。

结合文献记载，由秦雍城建筑轴线及圈围段落提供的指向标的系统看，可以认为陕西、甘肃交界地区当是秦人主导人群的基础，其主要人口吸纳地南向通过汉江流域连接四川盆地及江汉平原并延及岭南；东向通过西河及河汾之地涉及郑洛一线并连接环泰山地区以及鄱阳湖流域。这种格局的形成，与秦人所据之地的空间态势高度相关（图6-4）。

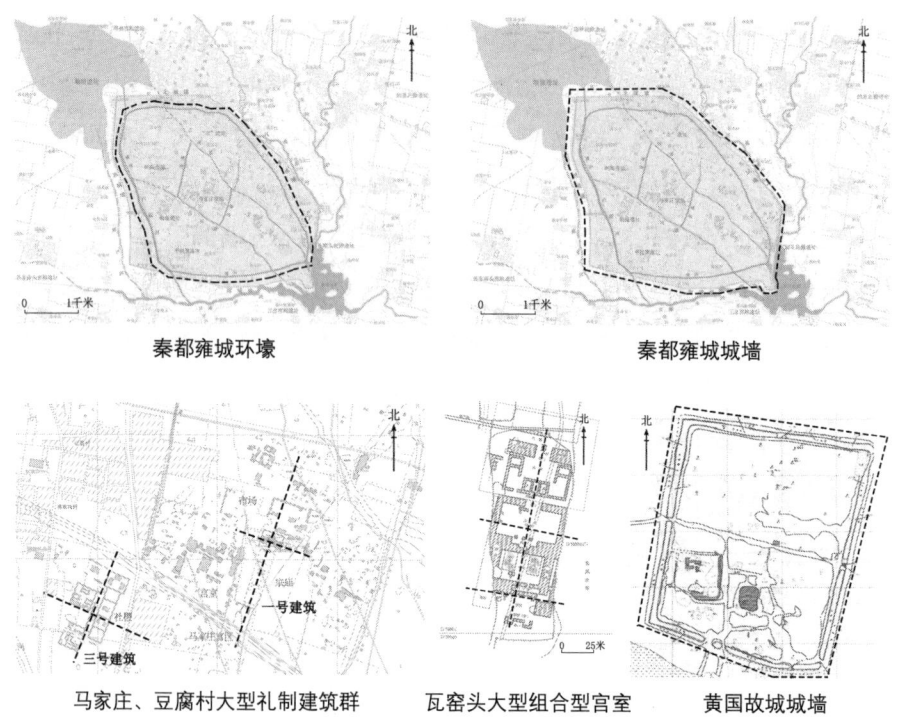

图 6-4 雍城（城、壕与建筑）、黄国故城城墙段落归纳图

《史记·封禅书》说汉高祖刘邦"东击项籍而还入关，问：'故秦时上帝祠何帝也？'对曰：'四帝，有白、青、黄、赤帝之祠。'高祖曰：'吾闻天有五帝，而有四，何也？'莫知其说"[12]。注意到秦雍城的建筑轴线与圈围段落指向标的的一个重要特点，就是与燕山南北及欧亚草原边缘的标识性地点缺乏关联，这种情况表明了，秦人的主要组成中缺少以这一地区为空间渊源的人群。依本书，这就应该是其祭祀的上帝中有白、青、黄、赤诸帝而独缺黑帝的缘由。

河南潢川黄国故城建于春秋时期，遗址上建有一道城垣，城内面积约 280 万平方米[13]。其西垣北指潮白河出山口。北垣西指丹江入汉江处。东垣指向修水源地。南垣东段指向南京岔江口，南垣西段指向玉架山遗址。由指向系统看，它是燕山南麓活动者与长江下游地区人群结合的产物（图 6-4）。

战国时期是城池建设的高峰期，在这一时期，有一系列的大型城池出现。

战国早期设置的湖北荆州楚都纪南城坐落在峡江口处，与浊漳河北源入干流处及玉蟾岩遗址间的连线相关。纪南城由大城及宫城构成，其大城大体为一个抹去东北、西北、西南角的矩形[14]。其大城的西垣由南而北诸垣段分别指向北洛河入渭河处、石虎山Ⅰ遗址、玉蟾岩遗址（及浊漳河北源入干流处）、澧水出山口。其北垣由西而东两段分别指向钱塘江入海口、千岛湖起点。东垣由北而南诸段落分别指向长江出洞庭湖处、白河入汉江处、沁河出山口和白河入汉江处。南垣由东而西分别指向涪江、渠江、嘉陵江三江合流处和钱塘江出山口、岷江出山口、宜溧山地与太湖相夹处。其宫城西垣指向石虎山Ⅰ遗址。北垣诸段由西而东分别指向谭家岭遗址、清江入长江处。东垣由北而南诸垣段分别指向澧水入洞庭湖处、沅江入洞庭湖处和白河入汉江处。纪南城宫城区30号建筑的短轴北指王城岗遗址，长轴东指长江接鄱阳湖处（图6-5）。

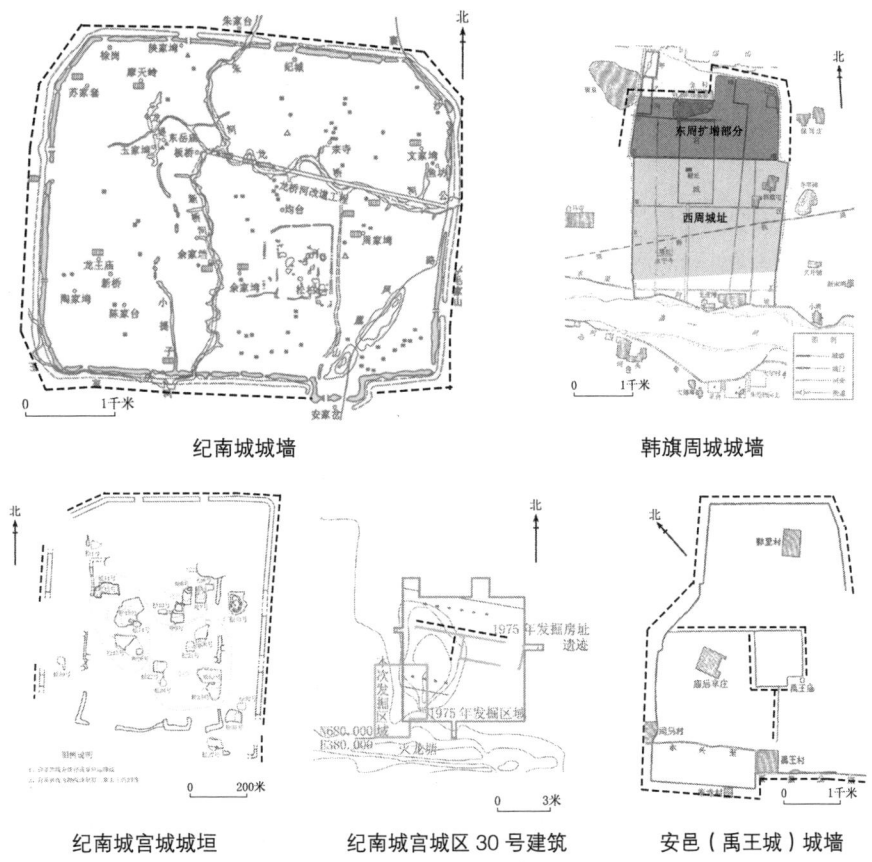

图 6-5　纪南城、安邑、韩旗周城城墙段落归纳图

虽然纪南城的圈围段落指向标的更多地与长江一线相关，但其大城西垣起始段指向渭水一线及石虎山Ⅰ遗址，宫城西垣指向石虎山Ⅰ遗址，宫城区30号建筑坐向王城岗，这些均表明了其核心人群与欧亚草原及中原地区相关。考虑楚人的主要活动区域，认为其与屈家岭－石家河人群有相似的渊源应该合理。

山西夏县禹王城是魏都安邑，建设于战国前期[15]。其圈围包括大、小两道城垣。其大城西北垣由西而东诸垣段分别指向潮白河出山口、泗河出山口、北城子遗址。东北垣指向无定河源地。东南垣残段由东而西分别指向太原盆地终点及沁河源地。西南垣残段由南而北诸垣段分别指向汾河入黄河处、无定河源地和涪江、渠江、嘉陵江三江合流处及汾河入黄河处。禹王城小城西北垣和东南垣均指向今安康所在，西南垣和东北垣均与无定河源地相关。据《魏世家》记载，魏之先祖曾在关中平原中部活动，后其苗裔为晋国属从。这样，禹王城与汉江上游及四川盆地相关就有根据。总体来看，禹王城的核心主张者当以陕北及河汾之间为空间渊源（图6-5）。

春秋晚期，韩旗周城在西周建造部分的北部新加了一部分城垣[16-17]。新增部分的西垣指向城头山遗址。北垣由西而东诸垣段分别指向函谷关处黄河入山口、澧水入洞庭湖处和泗河入洪泽湖处。东垣由北而南两段分别指向岔河口遗址和石虎山Ⅰ遗址。从圈围指向标的看，新增加部分与原有部分高度相关（图6-5）。

郑国故城在战国时为韩国所有，韩国对郑国故城的南垣进行了改动，并在城中加设隔墙，形成东西城并立的格局[18]。韩国新设之南垣由东而西诸段落分别指向藤花落遗址、古城东关遗址、太原盆地终点、滹沱河出山口处、长江入鄱阳湖处、王城岗遗址、丹江入汉江处、双槐树遗址、边畈遗址和浊漳河北源入干流处。城中隔墙指向涢水入汉江处。新设的城垣指示，韩国继承了郑人的遗产；在此基础上，还显示了江汉平原、长江下游地区和环泰山地区的存在。从圈围段落指向标的的结构看，其与晋新田及韩旗周城提供的营造要素指向标的结构相似，这既可被理解为韩国出自晋国所致，又可被理解为吸纳在地人群或利用在地条件吸纳相关人群的结果（图6-6）。

赵国都城赵邯郸城坐落在要庄遗址与殷墟遗址的连线上。其城池分作赵王城和大北城两个部分。大北城的建设也许略早于赵王城，二者不相连属。大北城包

第六章 回响：传统的延续与嬗变 | 175

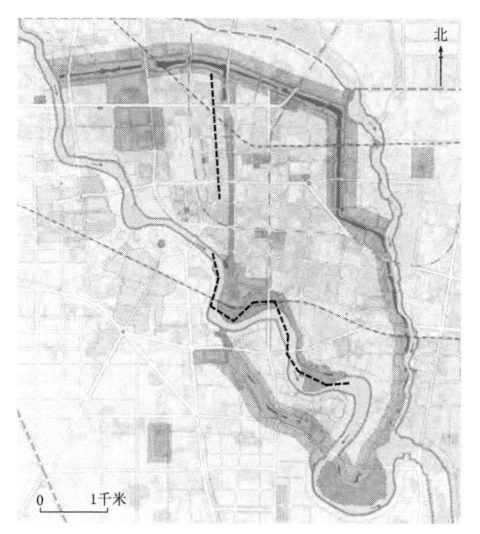
韩国故城城墙

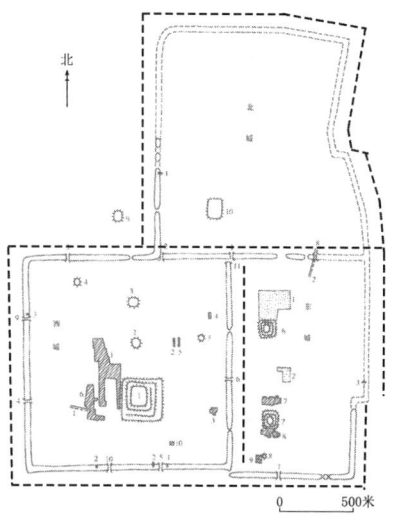
赵王城城墙

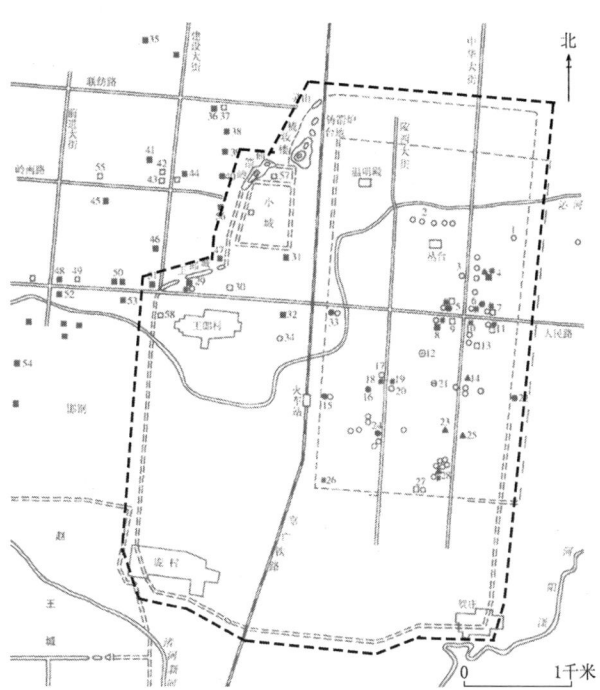
大北城城墙

图 6-6　韩国故城、赵都邯郸城墙段落归纳图

含早期的祭祀建筑、衙署及手工业作坊区。赵王城当为新的等级更高的祭祀中心，包含宗庙、明堂、灵台等设置。[19-20]大北城西垣由南而北诸垣段分别指向石虎山 I 遗址、涢水入汉江处、浊漳河南源、涢水入汉江处、要庄遗址（及殷墟遗址）、无定河入黄河处和王城岗遗址。北垣指向无定河入黄河处。东垣指向淮河出山口、要庄遗址（及殷墟遗址）。南垣由东而西分别指向临汾盆地起点、枣园遗址、无定河源地、泗河出山口与跋山遗址。赵王城与晋新田类似，由三座并连之小城构成。其西南小城西垣指向沙河入颍河处，北垣指向浊漳河北源入干流处，东垣指向拒马河源地，南垣指向浊漳河北源入干流处。其北城西垣指向拒马河源地，北垣由西而东两段分别指向浊漳河北源入干流处和太原盆地终点，东垣由北而南诸垣段分别指向长江出洞庭湖处、滹沱河出山口、跋山遗址、大黑河源地、洋河入山口，南垣指向浊漳河北源入干流处。其东南小城西垣指向拒马河源地，北垣指向浊漳河北源入干流处，东垣由北而南两段分别指向拒马河源地和兴隆遗址，南垣指向临汾盆地起点。

赵都邯郸城的指向标的可以分为六个部分：所在地周边地区、燕山南北、淮河上游地区、环泰山地区、陕北及晋西南。赵国出自晋国，上列之指向标的系统与晋新田颇能呼应。其中燕山南北诸地点相对凸显，似乎提示赵人与胡人多有联系，这种联系或是赵人推行胡服骑射的依据。

燕国位处中原地区的边缘。但建于战国时期早年的燕下都，以 30 余平方千米的超常尺寸显示了其不甘寂寞的状态。燕下都最终为东、西城并立的格局，其先建东城，然后加建西城[21]。燕下都东城西垣指向滦河源地；北垣指向拒马河源地；东垣北、南两段分别指向妫水入桑干河处和要庄遗址；南垣东、西两段分别指向沿西河布局的长城外阿善文化石城组团的最南端单位寨子塔遗址和托克托河口。东城北部的隔墙指向托克托河口。西城西垣由南而北诸段落分别指向漳河与黄河交汇区、西河上之长城豁口和妫水入桑干河处；北垣诸段由西而东分别指向长城豁口、滦河源地、寨子塔遗址、泗河入微山湖处和长城豁口；其东垣为东城西垣；南垣指向桑干河源地。这一圈围指向标的结构显示出该城池的主张者主要来自其所在之周边地区，这在一定水平上似乎是强调其相对独立（图6-7）。

北京房山窦店古城的大城建于战国早期，从位置上看其应为燕国所有。窦店

第六章 回响：传统的延续与嬗变　177

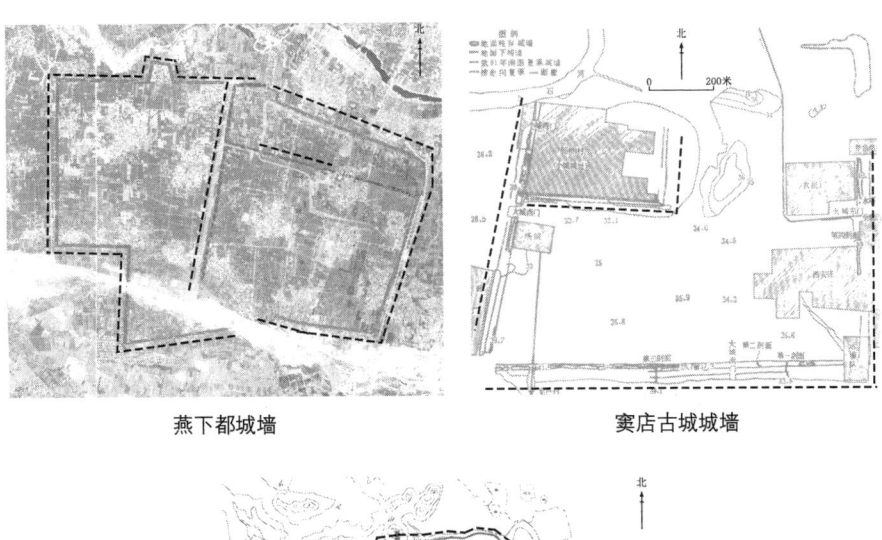

燕下都城墙　　　　　　　　　　　窦店古城城墙

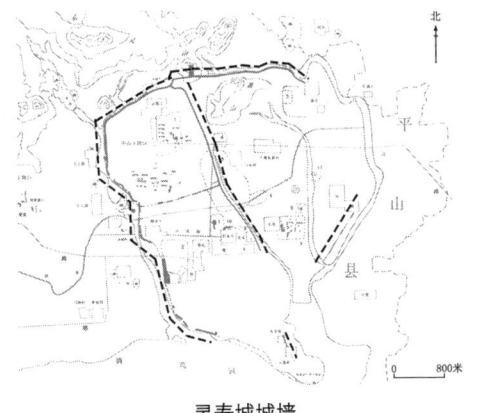

灵寿城城墙

图 6-7　燕下都、窦店古城、灵寿城城墙段落归纳图

古城城池的北部缺失[22]。大城西垣指向桑干河出山口，东垣指向滱阳河与滹沱河交汇区，大城南垣指向寨子塔遗址。其小城西垣与大城西垣指向一致，东垣与大城东垣指向一致，南垣指向滦河入海口。其圈围段落的指向标的在结构上与燕下都一样，表现出明确的地方性（图6-7）。

　　河北平山灵寿城是战国时的中山国都城遗址。该城坐落在忻定盆地以下的滹沱河北岸台地上，北依灵山，地势北高南低，城垣在两道河流框起的区域内开始建设。灵寿城平面呈不规则椭圆形，东、西宽约4000米，南北最长处约4500米，中设隔墙，分出东、西两城[23]。其西垣由南而北诸垣段分别指向汾河源地、新沭河口、洋河源地、岔河口遗址、殷墟遗址、岔河口遗址和沙河入颍河处。其北垣由西而东分别指向要庄遗址、无定河入黄河处、丹江入汉江处、无定河入山口处、老虎山文化的寨峁梁遗址、无定河入山口处、白崖沟遗址、今太原、白崖沟遗址。东垣残断指向岔河口遗址。南垣残断北与白音长汗遗址相关。隔墙由北而南诸段落分别指向大黑河源地、滹沱河源地、大黑河出山口和大黑河源地（图 6-7）。世传春秋中山国的设立与殷人的子姓相关，战国中山国则为与周王室有联系的姬姓白狄[24-27]。今中山灵寿城圈围的指向标的中殷墟遗址、无定河入黄河处及其他关联地点出现，可以认为古人所说确有某种依据。

河南上蔡蔡国故城是战国时的蔡国都城遗址。其战国时所设城池平面大致为梯形，面积约为 680 万平方米[28]。其西垣指向殷墟遗址，北垣指向白河出山口处，东垣指向洋河源地，南垣由东而西分别指向跋山遗址和汉江出山口附近的堵河入汉江处。西周初年，蔡国曾参与与殷相关的"三监之乱"，故可想在其国人中殷遗民占有一定比例，这或是其城西垣指向殷墟的道理（图 6-8）。

应是战国时建造的河南商丘宋国故城面积达到 1000 万平方米[29]。其西垣和东垣北指东寨遗址，北垣指向双槐树遗址，南垣指向稍柴遗址。

宜阳韩都故城，大城基本为规则矩形，在大城西北角上，设有一北垣颇多曲折的小城[30]。宜阳韩都故城大城的北垣指向涡河源地，东垣指向古城东关遗址，南垣残断由东而西分别指向跋山遗址、古城东关遗址及泗河入微山湖处。宜阳韩都故城的小城北垣由西而东诸段落依次指向今卫河干流、汾河入黄河处、安康盆地起点、淮河出山口和尧王城遗址，东垣指向托克托河口，南垣指向涡河源地。

山东滕州薛国故城大城西垣由南而北诸垣段分别指向仙人洞遗址、跋山遗址、白音长汗遗址。大城北垣诸垣段由西向东分别指向安康盆地起点、贾湖遗址、王城岗遗址、白河出山口、双槐树遗址、钱塘江入海口和藤花落遗址。东垣由北而南诸段落分别指向抚河入鄱阳湖处、琉璃河遗址、尉迟寺遗址、丹江入汉江处和东寨遗址。南垣东、西两段分别指向藤花落遗址、古城东关遗址。滕州薛国故城此时新建立之小城位于大城的东南角，较西周时所建之内城稍大。其西垣由南而北两段分别指向周口店遗址、北城子遗址。北垣由西而东两段分别指向北阳平遗址和藤花落遗址。东垣指向东寨遗址。南垣指向藤花落遗址。薛城的增建与孟尝君相关。较之西周时期，薛国故城此时拥有三道城垣，大城范围达到了 736 万

第六章
回响：传统的延续与嬗变

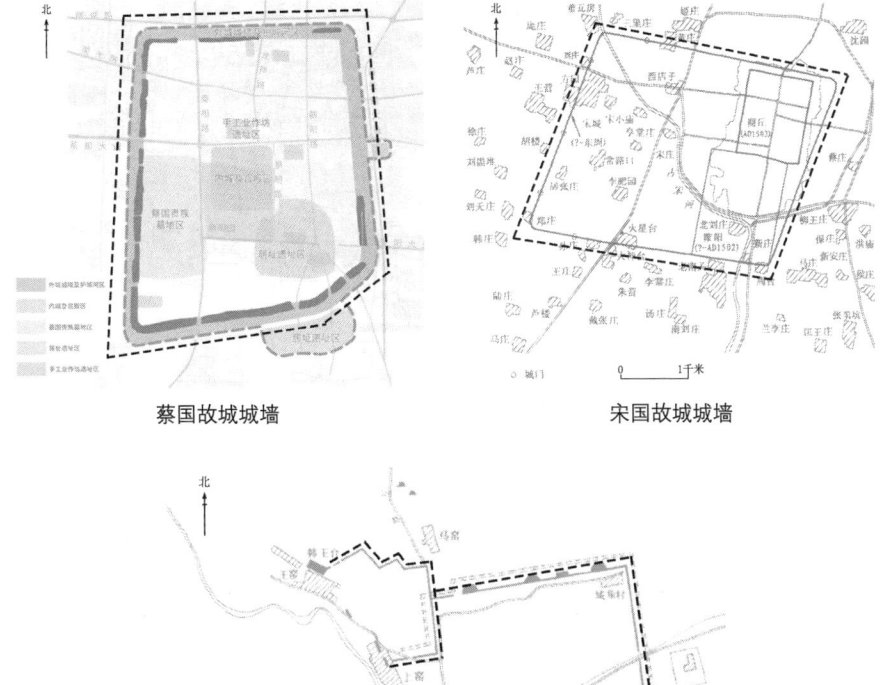

蔡国故城城墙

宋国故城城墙

韩都故城城墙

图 6-8　蔡国、宋国、韩都故城城墙段落归纳图

平方米[31-32]。新增的城垣指示着众多新族群的加入和祭祀等级大幅度提升。这与孟尝君称雄一时，且"好客喜士，招八方任侠奸人入薛中，盖'六万余家'"的情况对应（图 6-9）。

在西安渭北发现之秦人所为之咸阳宫城，其西垣和东垣指向今安康所在。其北垣西、东两段分别指向北阳平遗址和双槐树遗址。其南垣由东而西诸段分别指向沁河出山口、古城东关遗址和函谷关处黄河入山口。在这个圈围段落指向标的系统中，除了北方的特异地点仍然缺失外，南河一线的要点特别值得注意，也许

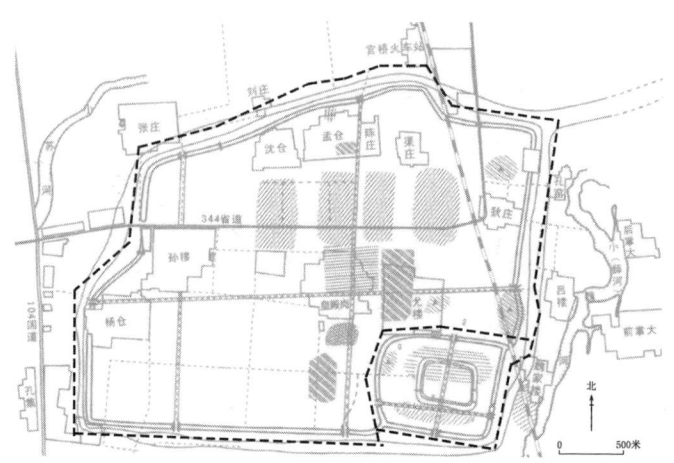

滕州薛国故城城墙

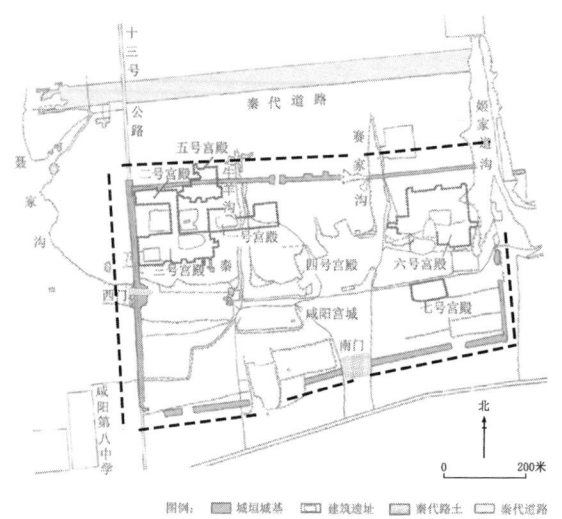

秦咸阳宫遗址城墙

图 6-9 薛国故城、咸阳宫城墙垣段落归纳图

是此时其地为秦人特别关注的表现（图 6-9）。

纵观春秋、战国时期的设围基址的设置情况，有几点值得特别提及。一是城池以前所未有的速度大量地建设。二是城垣取代壕沟在圈围系统中占据了主导地位。三是圈围规模普遍地加大，并有一系列圈围范围巨大的城池出现。四是由较长直线段落构成的圈围乃至矩形相关圈围平面的使用占比快速提升。五是形成了新的城池分布的地理格局。

圈围的阻隔乃至防御的价值不言而喻，不过，稍加分析即可看出，在相当长的时间里，圈围首先被视作神圣地段的标识，在城垣与壕沟的组合中，壕沟一直是主体。随着族群间的争斗日趋激烈，弓箭及投掷武器的能力提升，圈围的防御作用得到了更多的关注。到了春秋战国，以社会形势的总体改变为基础，壕沟渐次成为了城垣的附庸，"筑城以卫君"开始成为很难被质疑的"常识"。对城池的防御价值的重视，要求在城池中布置更多的兵丁和其他人口，以此为背景，《说文解字》的"城，以盛民也"的说法也自然合乎了逻辑。从赵邯郸和齐临淄在大城以外另设专意用于祭祀和行政的小城看，大量的平民进入城内应该对原本认可的城池内部秩序造成了干扰。不过，有条件采用如赵邯郸、齐临淄那样的将不同性质的空间分离做法的毕竟是少数。在大多数情况下，将祭祀礼仪设置与原本不应出现的其他人口安排在同一空间里更为常见。这种情况不仅会促成圈围规模的扩张，而且会弱化设围基址与祭祀的对应水平，人们利用圈围段落表达空间渊源的热情当随之降低。与上述过程相伴的是，相应时期族群间战争频仍，持续的战争状态自然会导致权力的集中，权力集中当然会压制众多族群空间渊源表达的努力。多种缘由结合，使得有利于空间组织网格化，更多地照顾圈围与建筑间对位或呼应关系的由较长的直线段落构成圈围，乃至使用矩形相关的圈围平面的做法获得了越来越多的注意，并最终导致了传用了数千年的营造制度解体。

旧制度的解体，不仅意味着城池在形态上不再受既有设置逻辑的支配，而且在数量上和分布上更多地考虑具体的实用需求。在人为的独立于河流系统的路网扩张的背景下，城池的分布格局逐渐地偏离与东亚大陆腹地高等级神明之隩密切配合的模式当是题中之义。

造成旧的城池营造体制被放弃的，还有其他方面的条件。

很有可能，最初被统治者表示顺从主要在文化和政治层面体现。随着社会的发展，提供贡赋成为了顺从表达的基础。在主要着眼于空间管控的状况下，对于统治者，征收对象居地与中央所在距离远近可以成为确定责任的主要依据，这似乎在上古的"五服制度"得以体现，《国语·周语上》曰："夫先王之制，邦内甸服，邦外侯服，侯、卫宾服，蛮夷要服，戎狄荒服。甸服者祭，侯服者祀，宾服者享，要服者贡，荒服者王。日祭，月祀，时享，岁贡，终王，先王之训也。"《尚书·禹贡》说王畿之外"五百里甸服：百里赋纳緫，二百里纳铚，三百里纳秸服，四百里粟，五百里米。五百里侯服：百里采，二百里男邦，三百里诸侯。五百里绥服：三百里揆文教，二百里奋武卫。五百里要服：三百里夷，二百里蔡。五百里荒服：三百里蛮，二百里流。"[33-34] 相比较而言，《国语·周语上》中的各服对中央的责任与祭祀活动直接关联，而《尚书·禹贡》各服对中央的责任则偏向经济和行政层面。着眼于历史久远的、作为高等级祭祀空间标识的圈围设置对于人群空间渊源的关切，应可认为《国语·周语上》所提供的五服制度的历史更为古远。

虽然《禹贡》的五服制已经体现了某种"经济转向"，但由其表述看，贡赋征收地的人口、特产、土地条件、与中央所在间的具体交通条件以及相应地点的管控难易水平等问题都没有得到体现，为了使得贡赋获取制度更加实事求是，以实际的地理条件为基础进行空间区划，构造贡赋提供的基础单位是需要的。历史上出现的舜之十二州、禹之九州应该就是这种区划在国家层面的成果。《汉书·地理志》说："尧遭洪水，天下分绝，为十二州，禹平水土，更置九州。"[35] "平水土"，即综合考虑河流构成与土地分布的关系，合理地搭配，以取得各种条件相对平衡的贡赋空间。禹之九州取代舜之十二州，除了相应时期发生了重要的地理要素改变外[36]，禹之九州的划分更切合实际当是重要的缘由。这种区划的一个十分突出的结果就是对在以空间控制为要义条件下形成的以特殊的地点为基础的空间辨识体系的遮蔽。由于按照新需求划出的片区缺乏传统文化所赋予的神圣性支持和构成复杂，从而很难成为众望所归的指向标的，这也是让人在用营造物指向表达自身的空间渊源上不再愿意花费力气的理由之一。

禹"平水土，更置九州"是一项重大的政治、经济和文化成就。这也是《史记》中，与九州区划相关的文字占据了《夏本纪》一半篇幅的原因。新的空间辨识系统，实际上导致了国家控制标的在一定程度上由人向物的转变，是中国古代历史的特殊节点。《左传·襄公四年》说："芒芒禹迹，画为九州。"[37] 《叔夷镈铭》说："咸有九州，处禹之堵。"《秦公簋铭》说："秦公曰：'不（丕）显朕皇祖，受天命，鼏宅禹责（蹟、迹）。'"[38-39] 由之可见，大禹成为了"天下"的创造者。

按照《史记》的说法，帝舜不仅父"顽"、母"嚚"，而且"皆欲杀舜"[40]。

所以他并没有可靠的族群依托。其为帝尧所用后，"一年而所居成聚，二年成邑，三年成都"[41] 的历程，也应该表明了这一点。但其因为突出的个人能力，最终脱颖而出，成就了一个时代。夏启一改旧规，用"家天下"取代"族天下"，终结了将族群空间资本作为权力传承的重要依据的"禅让制"。坚实的事实说明了，因为社会环境的整体变迁，传统所看重的族群空间资本风光不再，[42] 这当然会使得世人不再那么关注人们的空间渊源。

对于人群空间渊源的关注，在很大程度上是祖灵崇拜和祭祀的延伸。因而对于有着将祭祀活动视为国之大事的传统的族群来说，超越祖灵的至上神的出现，或者说，祖宗祭祀在祭祀系统中地位的降低，也会导致人们对空间渊源关切水平的降低，这构成了放弃旧的城池设置体制，确立新的城池设置制度的观念层面的条件。

"禘"祭在古礼中是最高规格的祭祀活动。按照传统说法，"禘"祭既是祭天之礼，又与祭祖相关，这使其成为了古礼研究中争论颇多的问题之一。按照本书，祭天与祭祖关联的背后，隐藏着一个重大的秘密，那就是，在上古中国相当长的时间里，"天"（或者"上帝"）与祖灵其实是一体两面。

《国语·鲁语》说："有虞氏禘黄帝而郊尧，祖颛顼而宗舜；夏后氏亦禘黄帝而郊鲧，祖颛顼而宗禹；殷人禘喾而郊冥，祖契而宗汤；周人禘喾而郊稷，祖文王而宗武王。"[43] 这里"禘""郊""祖""宗"的对象都是已故的人王。因为祭祀对象与祭祀者的关系不同，采用的祭祀场地也就不同。"禘"对应的祖先最为古远，祭祀场地最为简朴，采用"至敬不坛，扫地而祭"的墠。[44] "郊"对应的祖先稍近，与提升了的制作能力对应，祭祀用稍微复杂的"坛"。《尚书·舜典》说："受终于文祖"。[45]《史记·集解》说："郑玄云：'文祖者，五府之大名，犹周之明堂。'"[46] 可见"祖"本指明堂。在甲骨文中，"宗"指宗庙建筑。"祖"与"宗"都有屋顶，不过明堂出现得较早，其本为单一室内空间的建筑。而"宗"在型制上应稍复杂，与多间的排房相关。按照古代的祭祀制度，在布局上"墠"往往与"坛"一组；"祖"与"宗"往往相邻，以形成有差别的礼仪空间。

《礼记·丧服小记》云："王者禘其祖之所自出，以其祖配之。而立四庙。庶子王亦如之。……礼，不王不禘。"郑玄注："禘，谓之祭天。"孔颖达疏："谓郊天也。"[47] 如果不受后世的观念干扰，简单地将这些说法与上引《国语·鲁语》

相结合，可以毫不含糊地认为在古人那里，所谓"天"，原本是指王或者统治者的远祖。

在仰韶文化晚期的河南荥阳青台遗址上，人们发现了由陶罐摆布而成斗柄北指的北斗九星图案。在由陶罐构成的斗魁东边，大致与代表天权星的陶罐相对，距其约5米，出土有一圆形土台。在土台周边有同时期的瓮棺和祭祀坑，根据这些，发掘者认为该土台是用作祭天的设置——圜丘（坛）[48]。《鹖冠子》说："斗柄北指，天下皆冬。"[49]《周礼·春官·大司乐》说："冬日至，于地上之圜丘奏之，若乐六变，则天神皆降，可得而礼矣。"[50]《史记·封禅书》说："《周官》曰，冬日至，祀天于南郊。"[51] 以上可以用来支持发掘者的说法。在这里，需要特别注意的是青台遗址上的"圜丘"与北斗斗魁的位置关系与黄河下游河道所成之斗魁与兴隆遗址所在的位置关系相类，而兴隆遗址为女娲一系所主张，据之可以推测这里的圜丘是用作祭祀女娲的设置。也就是说，最初圜丘也是用作祖灵的祭祀的设施，并且最为古远的祖灵就是天。

丁山的考证表明，夏、商、周、秦尊崇的自然神与相应王朝统治者认可的祖灵之间有着系统性的对应，这样的对应当然支持天与祖宗同源。[52]

在甲骨文中，与"天"对应的地位最高的神被称作"帝"或"上帝"。同时，商人称其先王为"王帝"。并且在逝去的先王中，越老的祖先权能越大[53]。同样用"帝"称呼，表明了甲文中"上帝"之"上"的本意是"古远"。

进一步的观察表明，"上帝"和"王帝"在功能上颇为类似。"但上帝和王帝，在殷人的心目中，究竟也有所不同。譬如殷人以为凡是雨量的多少、年收的丰歉都是上帝所为，……但求雨、求年收，就要祷告先祖，求先祖再转请上帝，而绝不直接向上帝祈求。"[54] 在笔者看来，这种情况的存在，正表明了"上帝"并不是某种超越性的存在。依据人之常情，因为"上帝"与祭祀者的关系相对疏远，祭祀者没有直接求他的条件，所以只能托与自己关系较近的"王帝"转求。正是因此，殷人十分关注"殷王"死后是否能成为"上帝"的"宾配"。[55]

《礼记·檀弓下》云："葬于北方北首，三代之达礼也，之幽之故也。"[56] 说墓地要选在居址以北、尸身的头部要向着北方，是夏、商、周三代的常规，是由于灵魂有归于幽冥之地的需要。因此，后世十分在意安葬尸身的头向。可由考古材料看,"北方北首"也许只是"三代之达礼",其他时代非常规的情况并不见得如此。

考古发掘到的仰韶文化早期河南濮阳西水坡大墓[57]上所见之用蚌壳堆出之龙虎图案的头向,与在龙虎图案之间的墓主的足向均为拒马河出山口处,位于墓主东侧尸身足向石虎山Ⅰ遗址,位于墓主西侧尸身足向大凌河出山口,位于墓主北边的尸身足向浊漳河北源入干流处。而这些尸身的头向则均与特殊的神明之隩或者设围基址无明确关系。可见在西水坡大墓上,足向才是意义的确定者,其意在使逝者回到祖宗身边,从而对其子孙有所助益(图6-10)。

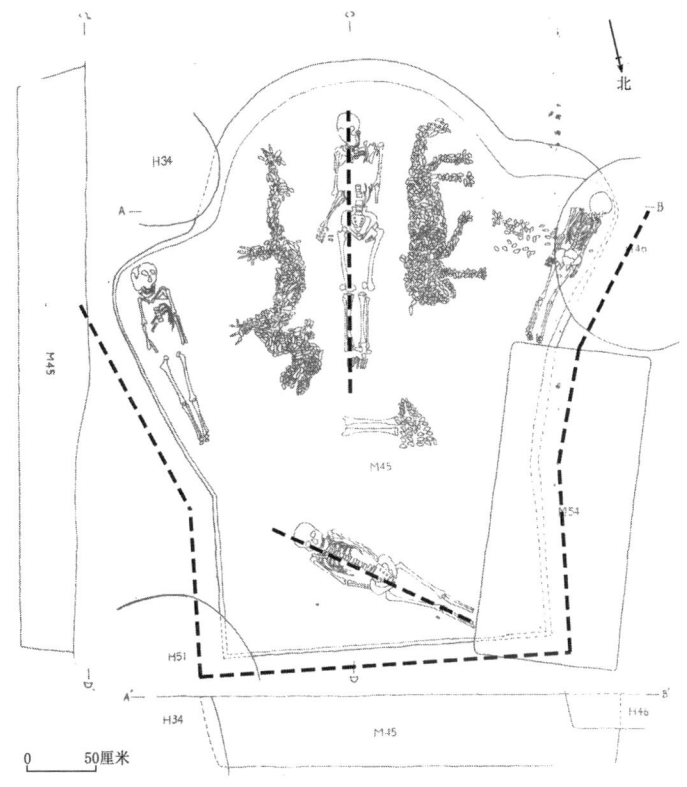

图6-10　河南濮阳仰韶文化早期西水坡大墓尸身方向归纳图

在小屯殷墟西北不远处的殷墟王陵区,存有两个环壕地段。西环壕地段上有多个四出大墓,应为王陵区的主导设置。虽然殷墟王陵区大墓中的尸骨无存,但由墓穴格局看,其至少头向不为正北,故而很难说是"北首"。

依据《礼记·檀弓》的说法,并以濮阳西水坡大墓为例,可以认为,殷墟王陵大墓的方向设置自当有其意义。大体上看，位于殷墟王陵区西环壕内的大墓[58]可以因朝向分为两组。第一组包括大墓 1550、大墓 1001、大墓 1004、大墓 1003、大墓 1005 和大墓 1217。这些大墓北向与中易水上游相关，南向长江接洞庭湖一区。另一组包括大墓 1002 和大墓 1576。这两座大墓北向与易水相关的拒马河出山口一带，南向阴湘城一区。根据殷人的历史，这种安排似乎是要建立被埋葬者与殷人初创空间和复兴空间之间的关系，这一关系应该可以作为被埋葬者成为先祖"宾配"的助力。

朝向不同的两组大墓，应该意味着其出自不同的族系。殷墟的改造起自武丁。按《史记》的说法，武丁崩，子帝祖庚立；帝祖庚崩，弟祖甲立；祖甲崩，子廪辛立；廪辛崩，弟庚丁立；庚丁崩，子武乙立；武乙崩，子太丁立；太丁崩，子帝乙立；帝乙崩，子辛（纣王）立，纣王为周武王所杀，商氏终结[59]。由上列帝位的传递看，武丁与祖庚为父子，祖庚与祖甲同辈，祖甲与廪辛为父子，庚丁与廪辛同辈，庚丁以下均为父子关系，由此可推祖甲和廪辛为一系，其余的殷王为一系。这一结果正好与王陵区西环壕内大墓中有两个大墓朝向不同的情况对应。考虑考古发掘所见大墓间叠压打破关系和从东边开始安葬的惯常，应可认为大墓 1001 属武丁、大墓 1004 属祖庚、大墓 1002 属祖甲、大墓 1567 属廪辛、大墓 1550 属庚丁、大墓 1003 属武乙、大墓 1500 属太丁、大墓 1217 属帝乙。纣王为周武王所杀，不在此数。与廪辛对应的大墓没有墓道，应是廪辛在位时间仅四年所致（图 6-11）。

测量显示，殷墟王陵区的西环壕地段的北壕由西而东诸壕段分别指向跋山遗址和尧王城遗址。东壕由北而南诸壕段分别指向长江出洞庭湖处、汉江入长江处、贾湖遗址、后套木嘎遗址和今株洲所在。南壕由东而西分别指向焦家遗址、浊漳河南源和临汾盆地起点。东环壕地段的西壕诸段由南而北分别指向汉江入长江处、贾湖遗址、长江出洞庭湖处。北壕诸壕段由西而东分别指向北洛河源地、临汾盆地起点和太原盆地终点。东壕由北而南诸壕段分别指向沙河与颍河汇流区、丹江与汉江交汇处、涢水入汉江处和谭家岭遗址。南壕指向尧王城遗址。注意到上列环壕段落指向标的中没有滹沱河以北的地点，应该显示了环壕段落指向与大墓轴线指向间为互补关系。

第六章
回响：传统的延续与嬗变

安阳殷墟王陵区东、西环壕

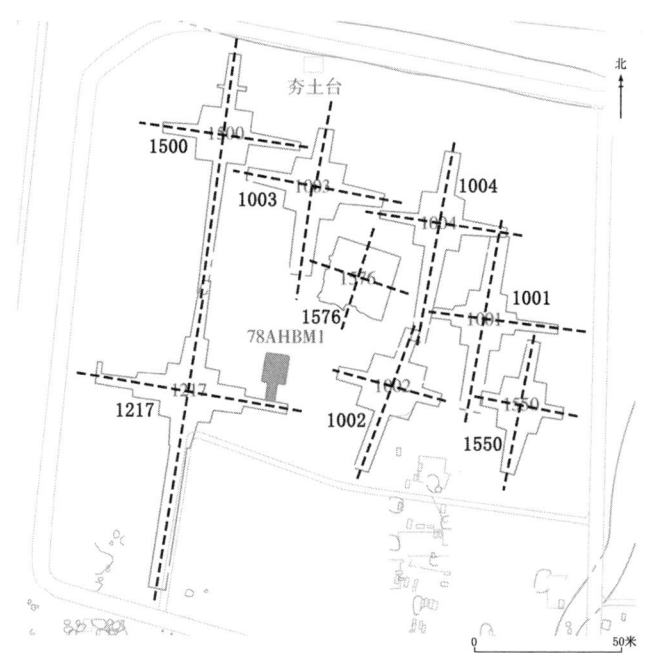

殷墟王陵区西环壕内大墓轴线

图 6-11　安阳殷墟王陵区东、西环壕段落及西环壕内大墓轴线归纳图

对于能否成为"宾配"的关注，使人意识到，古人祭祀上帝时，常用与自己关系较近的"王帝"配祀。在这里，配祀的先王绝不是无关紧要的闲客，而是起着重要转达功用的要角，正是通过和自己关系较近的配祀者，祭祀者可以把自己的要求转达给上帝。由之可推，这也是在《国语·鲁语》提及的祖宗祭祀中，要把"禋"与"坛"置为一组，把"祖"与"宗"置为一组的道理。

在《国语·鲁语》提供的虞、夏、商三代的特定的祭祀对象安排上，有虞氏和当下关系最远的把黄帝与和当下关系次近的尧归为一组，而把和当下关系次远的颛顼与和当下关系最近的舜归为另一组；夏后氏把和当下关系最远的黄帝与和当下关系次近的鲧归为一组，而把和当下关系次远的颛顼与和当下关系最近的禹归为另一组；殷人把和当下关系最远的帝喾与和当下关系次近的冥归为一组，而把和当下关系次远的契与和当下关系最近的汤归为另一组。实际上是按照人情逻辑和沟通的可能性，通过穿插安排，建立起祈求事项重要性和接触难易程度相对平衡的两个对子。这两个对子与祭祀者的关系一远一近，因而在空间安排上，一个与祭祀者的日常生活关系相对疏离，一个与祭祀者的日常生活关系相对接近；在祭祀安排上，应该也有疏密的差异。

由《国语·鲁语》的说法可知，有虞氏、夏后氏和殷人的办法在周人那里不再实行。"禘""郊"的对象较之"祖""宗"的对象都较远，这在一定程度上降低了"禘""郊"组合中，与祭祀者时间距离较近的祖宗居中关说的重要性，表明了"禘"祀的对象与人祖关系的疏离。

由大的趋势看，随着族群碎片化和族群空间资本的消弭，祖灵的地位必然降低。这样，在至上神不可或缺的情况下，原来的上帝的神性就渐渐地向超越祖灵的至上神迁移。从文献看，随着社会情势的转变，周人为了寻求自身政权的正当性，把和人事相关的"德"与自然状态的"天"结合起来，促成了一个至高无上、超越祖灵的、受道德律支配、能为人事感应的、以"天"或者"帝"为名的至上神的产生。

不过，从西周的典籍的叙述看，在周人那里乃至其后的相当长时间里，"天"或"上帝"与祖灵还是难以干净地分离。以至于为了克服语词本身惰性带来的歧义，在秦汉之际，人们用"泰一（太一）"替代"天"或者"帝"，来描述超越祖灵的至上神。《史记·天官书》说："中宫天极星者，其一明者，太一帝居也。"[60]《史记·封禅书》云："天神类者太一，太一佐曰五帝。"[61]《易纬·乾凿度》郑玄注曰："太一者，北辰之神名也。"[62] 历史地看，超越祖灵的至上神的确立，为新的人居环境营造制度的产生提供了条件。在新的制度中，基于物理和信仰两方面的理由，与天上的北极建立联系，也就是"坐北朝南"，自然地成为了确认礼仪场合合理性的根据。

与祖灵对应的"帝"为与人类无血缘关联的抽象的"天"替代，至少理论上所有的人都有机会直接与至上神沟通，并因之获得庇佑。为了上下有别的秩序建设，统治者对天的高规格的祭祀的专断就势在必行。从根本上说，与西周以前的祭祀格局对应的观念框架里，统治者没有必要限制普通人对"帝"或"天"的祭祀，因为普通人的祖宗不是"帝"或"天""所自出"，其祖先也无缘成为上帝的宾配，在这种情况下冒昧地求助于"天""帝"，自然不会有什么效果。

应该是剧烈社会震荡导致了大尺度的社会文化系统的断裂，到了汉初，传统的礼仪场合的制作办法已经不成系统，难以为新王朝都城设置提供有说服力的支持，以至于汉长安城的制作要"取殊裁于八都，岂启度于往旧！乃览秦制，跨周法"。[63] 正是这样，一个十分不同于过往的全新的都城产生了。

西汉长安城垣的主体部分，即其西垣和东垣的南部大半为正南北设置，也就是说，它们准确地指向"北极"。这使得汉长安的主体与北斗一样，是为指示北极的工具。其实，这样的做法，才是汉长安被人们称作"斗城"的根据。[64]

斗城的建设意味着一个由超越祖灵的至上神主导的祭祀系统的确立，新的祭祀系统则促成了区别于华夏族的汉族的产生！

三皇、五帝乃至夏、商、周、秦的统治者均出自华夏族系的核心群落。[65-66]由《史记》总是要交待上述时代的统治者在这一系统中的位置看，置身于这一系统，对于他们，具有申明统治合法性的作用。因而，值得特别注意的是，《史记》在述及汉代开国君主刘邦的出身时，说："高祖，沛丰邑中阳里人，姓刘氏，字季。父曰太公，母曰刘媪。"[67] 凸显其与华夏族系的核心群落无关。这样，汉朝的确立就在很大程度上意味着既往的族群秩序解体。在祭祀为族群认同的核心要件的背景下，对于新的统治者来说，依托新的祭祀体系，塑造更具包容性的以新的统治者为主导的族群秩序，是权力建构的重要内容。正是如此，汉朝的主导人群放弃了以往的族群认同框架，并最终使得一个新的、以对超越性的天祭祀为核心的、以统治疆域和文化认同为归依的族群——汉族的产生。

测量表明，除了指向北极的城垣或城垣段落，汉长安的城垣段落仍然以特殊地点为指向标的。具体地说，其北垣诸段落由西而东分别指向汾河入黄河处、正东方、古城东关遗址、今安康所在、正东方、汉中盆地起点区、正东方、今安康所在和新沭河口。东垣北段指向今安康所在。南垣由东而西诸段分别指向正东、今安康所在、正东、今安康所在、正东。当然，在新条件下，这里对于东亚大陆上古的特殊空间的指示已经不再是城池主张者空间渊源的显示，而应是某种法术手段的应用（图6-12）。

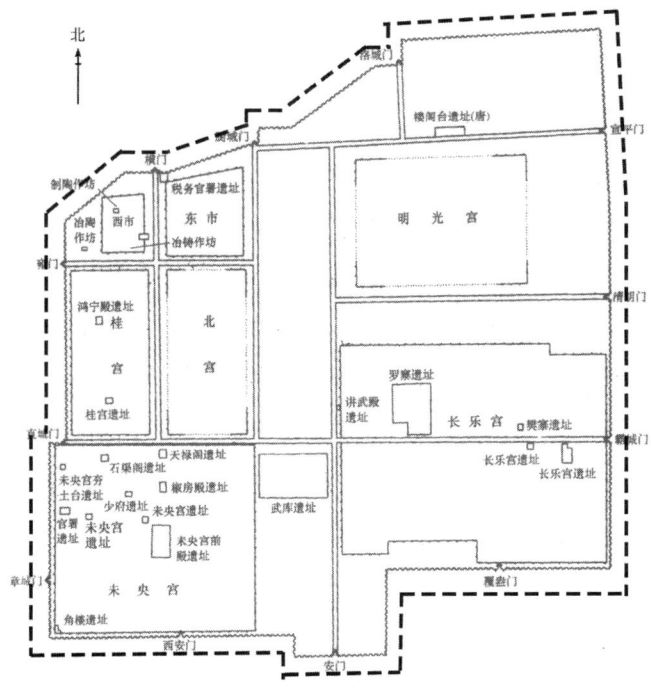

图6-12　西汉长安城墙段落归纳图

由以上测量结果看，汉长安在东亚大陆特殊地点的关联中，强调与汉江上游地区和河汾之地的关系。汉中盆地和安康盆地是关中建立与富庶的蜀地的关联的重要空间支撑。汾河及西河上游地区在相当长的时间里是饲养马匹的重要场所。

《史记》载张良说刘邦定都长安时云："夫关中左崤函，右陇蜀，沃野千里，南有巴蜀之饶，北有胡苑之利，阻三面而守，独以一面东制诸侯。"[68] 所以，汉长安城垣上特殊段落的指向正与张良主张定都长安的理由相匹。

对于一个与人类无血缘关系的至上神的认同，在一定条件下意味着人世间当世君王的主导。在汉长安，宗庙坐落在城池的中轴线上的安排，可以被认为是旧制度的延续。成帝在位时，丞相匡衡、御史大夫张谭奏言："帝王之事莫大乎承天之序，承天之序莫重于郊祀，故圣王尽心极虑以建其制。祭天于南郊，就阳之义也；瘗地于北郊，即阴之象也。天之于天子也，因其所都而各飨焉。"[69] 虽然没有直说，但以当世君王为中心，天、地的祭祀场所前呼后应的意向已经申明。这样宗庙位于中心的做法当然值得讨论。虽然未见相应的史料，但王莽确实在长安王宫的正前方，一左一右地设置了社稷与宗庙，在一定水平上勾勒出王宫的中心地位，启发着全新的都城营造制度的产生。

值得特别提及的是，与王莽所为有某种呼应的后来被列为《周礼》之一部的《考工记》"营国制度"为新制度提供了构造模式的支撑。严整的、具有强大的形式说服力的设计使得圈围方整、坐北朝南、王宫居中、前朝后市、左祖右社的都城格局成为了后世都城设置重要依据。[70]

细观后世的重要的都城设置，可以看到的是，虽然《考工记》的营国制度所提供的都城模式产生了重大的影响，可上古传统仍然以法术的形式在某种水平上持续地存在。

汉魏洛阳的城垣系统沿用了周代韩旗周城累积而成的格局。其新设的宫城东、西垣大体与韩旗周城的西垣平行，亦即指向石虎山Ⅰ遗址，据之可推其主导殿堂的坐向也是石虎山Ⅰ遗址。也就是说，其与曾经在同一地区出现的双槐树遗址、二里头遗址上的建筑采用了同样的坐向安排。在新的条件下重复旧有规制，可以被视为本地的文化传统以某种形式产生影响的证据。

曹魏邺城（邺北城）城池平面大体为西南隅凸出的矩形[71]。其城垣的东北半，即北垣和东垣为规则矩形之一部。东垣正南北布置，北垣正东西布置。其西垣存留部分由南而北诸段分别为正南北布置、指向查海遗址、正南北布置。其南垣东、西两段分别指向北洛河中游起点及临汾盆地起点。东魏时建设的邺南城，依邺北城南墙而建[72]。新增加的西垣由南而北诸垣段落分别指向忻定盆地出口、

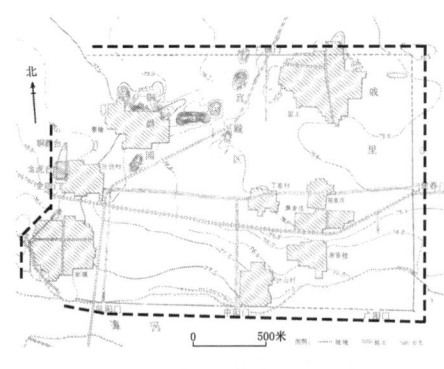

邺北城城墙

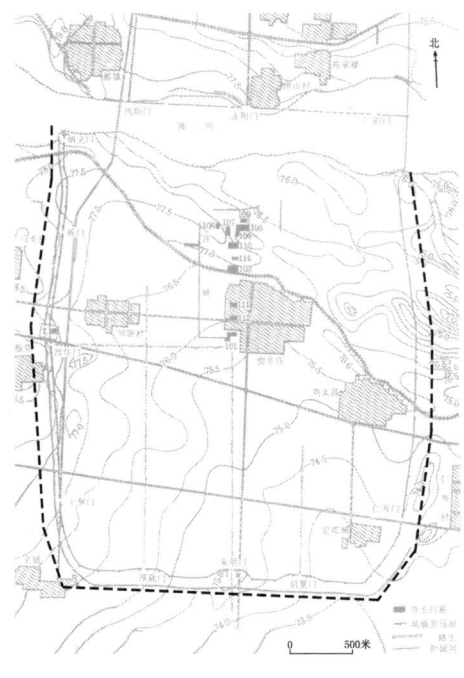

邺南城城墙

图 6-13　邺城城墙段落归纳图

沙河与颍河交汇区、滹沱河出山后由东南而东北的折点、正南北。东垣由北而南诸段落分别指向滹沱河源地、正南北、滹沱河出山后由东南而东北的折点和东寨遗址。南垣指向漳河出山口处。如果说曹魏邺城与汉长安的设置在格局上有承继关系的话，那么邺南城似乎有更多的传统色彩。之所以如此，当是其主张者的文化根基不同所致（图6-13）。

近年来，我国的研究者多以规则矩形为前提进行六朝建康的城郭复原。傅熹年复原图的城池中轴线为北偏东8度[73]。测量表明，这样城池的纵轴东北指向藤花落遗址，横轴与白河出山口相值。以南京新世纪广场工地（L地点）和南京图书馆新馆工地（M）地点发掘到的南朝时的道路和城墙为据，张学锋提供的六朝建康复原图纵轴为北偏东25度[74]。其西南指向仙人洞吊桶环遗址，横轴则与沙河和颍河交汇处相值。中村圭尔的复原的城郭平面不是规则矩形，[75] 测量显示，该复原的城西垣由南而北诸段落分别指向泗河入洪泽湖处、仙人洞吊桶环遗址、信江入鄱阳湖处、乐安江出山口、信江源地；城北垣大体指向丹江入汉江处；城东垣由北而南诸段落分别指向泗河入洪泽湖处、湘江入洞庭湖处、贾湖遗址、涢水源地、仙人洞吊桶环遗址、信江源地、抚河入鄱阳湖处；南垣指向沙河源地。虽然中村圭尔的六朝建康复原图有明显的示意性质，但其城垣设置与周边空间要点的系统关系，特别是这一系统在结构上与历史上在长江下游出现的设围基址圈围段落指向标的组织结构相类，要求人们更认真地对待这一成果。当然，在没有进一步考古资料支持的情况下，六朝建康城的复原不会有最终结论，不过，结合上述情况，认为上古的圈围安排方式在南朝建康城上仍然得到某种形式的体现应无问题（图6-14）。

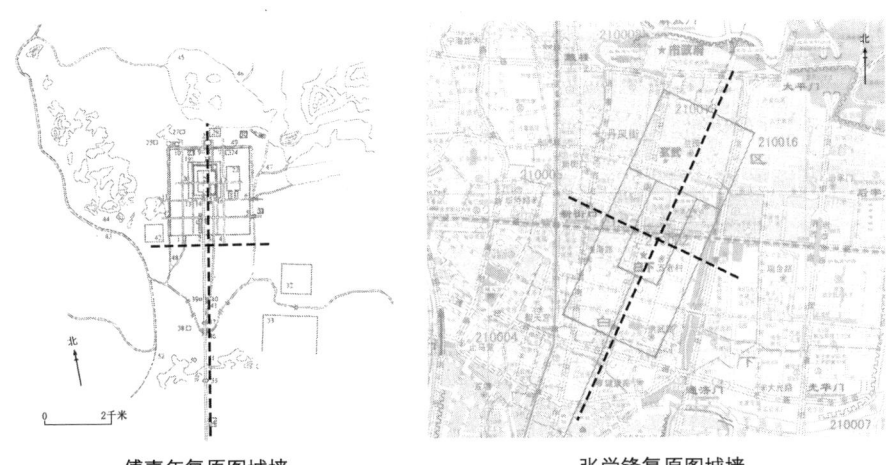

傅熹年复原图城墙　　　　　　　　张学锋复原图城墙

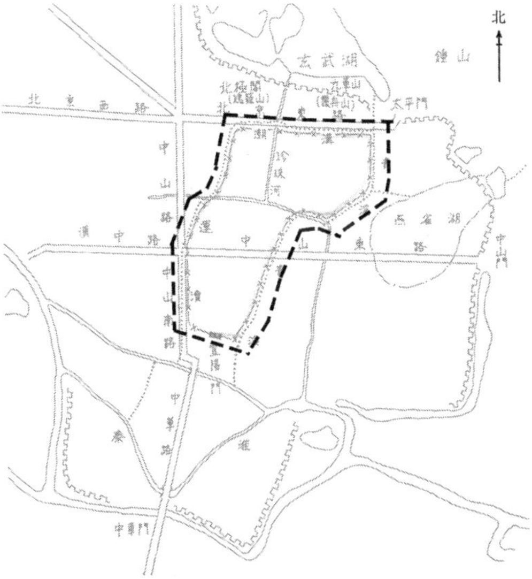

中村圭尔复原图城墙

图6-14　六朝建康（复原）城墙段落归纳图

与西汉长安相比，隋唐长安的城廓结构的主体部分更加干脆，为一个巨大的、正南北布置的矩形。由其南、北城垣大体东指唐户遗址，东、西城垣基本与今安康所在相值看，这个城池的定位应该进行了一番斟酌。不仅如此，在隋唐长安主体形成之后，人们又在城池北部加设了一系列宫苑，最终在外轮廓上形成了有类西汉长安城垣的曲折。将相应城垣的转角用字母加以标注，测量表明，A、B连线正指北阳平遗址，B、C连线联络着古城东关遗址，C、D连线指向白音长汗遗址，B、D连线指向南郑所在，E、F连线正指无定河源地，E、G连线则指向泾河源地。在唐长安城东南角的曲江池一区，也有一个凸出部分，同样标注后加以测量，可知H、J连线指向北洛河出口区，I、K连线指向汉中盆地的起点、K、L连线指向沙河与颍河交汇处。因为具体的坐落条件，唐长安自然要将注意力放在汉江上游和河汾之地上，但与长长安相比，唐长安似乎更加关注晋陕地区，之所以如此，也许与唐朝王族和北方族群多有渊源有关系（图6-15）。

也许是因为在等级上不及隋唐长安，隋唐洛阳没有采用主体部分正南北安排的方案。测量表明，隋唐洛阳的西垣由南而北诸垣段依次指向谭家岭遗址、丹江出山口、涢水入汉江处、丹江出山口和谭家岭遗址。北垣指向双槐树遗址。东垣指向谭家岭遗址。南垣西指北阳平遗址，东向与稍柴遗址及尧王城遗址相关。与

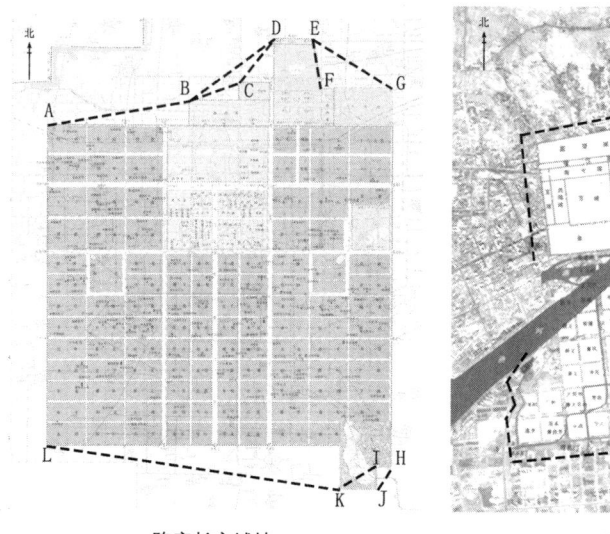

隋唐长安城墙　　　　　　　　　　　隋唐洛阳城墙

图6-15　隋唐长安与洛阳城墙指向归纳图

隋唐长安将主要关切放在关中周边相比，这里强调了江汉平原的存在。一东、一西两个都城相互补充，形成了相对完整的法术体系（图6-15）。

北宋东京坐落在没有太多地形限制的地点，所以其城郭整体斜置就值得特别注意。测量表明，北宋东京外城的西垣和东垣均北指拒马河上游河道剧烈转折段，南与溵水出山口相关；其南垣和北垣则西指向汾河入黄河处，东与沂水入骆马湖处相关。其内城西垣由南而北诸段依次指向妫水入桑干河处、白崖沟遗址、周口店遗址、澧水源地、妫水入桑干河处和边畈遗址；北垣由西而东诸段依次指向四郎河入泾水处、洛河出山口和北洛河出山口；东垣由北而南诸段依次指向妫水入桑干河处、殷墟遗址、唐户遗址、妫水入桑干河处、琉璃河遗址和阴湘城遗址；其南垣由东而西诸段依次指向古城东关遗址、汾河入黄河处和古城东关遗址。其圈围指向的北方标的点主要与位于其实际控制区以外的拒马河、桑干河相关。这种安排很可能与宋人力图恢复北方的意图有一定关系（图6-16）。

元大都平面为规则矩形，其纵轴方向角约为358度，并非正南北安排。测量显示，正是这样的安排使得其城池纵轴正与在历史上具有特殊意义的尉迟寺遗址相值，庞大的帝国都城的刻意，十分隆重地申明了尉迟寺设围基址在历史上具有非同一般的意义（图6-16）。

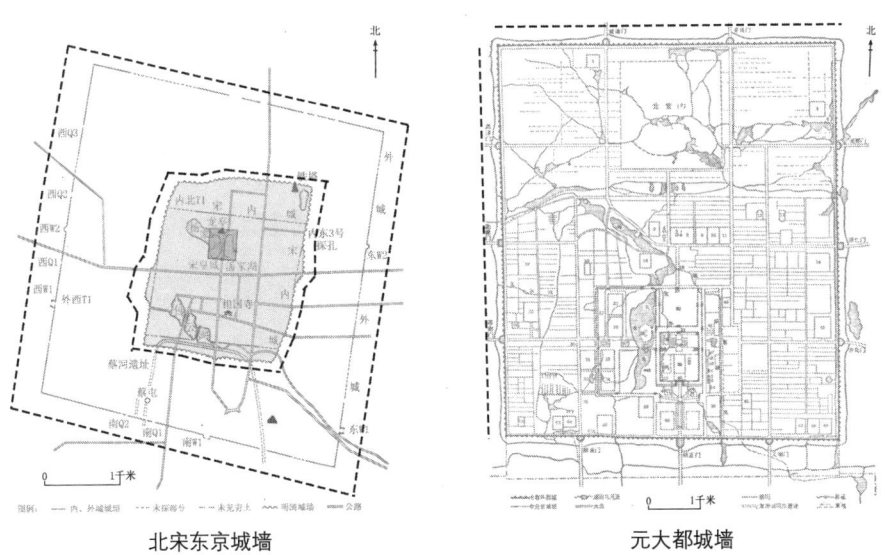

北宋东京城墙　　　　　　　元大都城墙

图6-16　北宋东京、元大都与明北京城墙段落归纳图

明北京城墙

图 6-16 （续）

明北京以元大都为基础，形成了自己的城垣指向系统。其新设之北垣东段与元大都的南北垣指向一致。而其北垣的西段则作 65 度倾斜，使其西向正与和周口店遗址关联的拒马河出山口相值。明代在元大都以南形成的新城垣系统。测量显示，新城垣系统的西垣指向滦河源地。其东垣由北而南两段分别指向泗河出山口和长江接洞庭湖处。其南垣东、西两段分别指向大同盆地出口和滦河出山口处，明北京新提供的圈围段落指向标的涉及的均为河道要点，而与考古遗址无关，这也许可以视作它的特点。

注释

[1] 李朝远，沃兴华主编《王国维全集·第五卷·今本竹书纪年疏证》，浙江教育出版社，2010，第 283-284 页。

[2] 徐邵峰：《东周王城研究》，科学出版社，2019，第 35-49 页。

[3] 山东省文物考古研究所、山东省博物馆、济宁地区文物组、曲阜县文管会编《曲阜鲁国故城》,齐鲁书社,1982,第4-6页。

[4] 徐元诰撰,王树民、沉长点校《国语集解》,中华书局,2002,第215、337页。

[5] 伯峻注《春秋左传注》第四册,中华书局,1990,第1652页。

[6] 山西省考古研究所侯马工作站编《晋都新田》,山西人民出版社,1996,第14-16页。

[7] 中国社会科学院考古研究所北京队、枣庄市博物馆:《山东枣庄偪阳故城遗址调查》,载山东大学东方考古研究中心编《东方考古》第7集,社会科学出版社,2011,第425-432页。

[8] 王永波、王传昌编著《山东古城古国考略》,文物出版社,2016,第378-385页。

[9] 萍乡市博物馆:《江西萍乡市田中古城遗址调查简报》,《考古》2011年第2期。

[10] 张敏:《阖闾城遗址的考古调查及其保护设想》,《江汉考古》2008年第4期。

[11] 田亚岐:《雍城:东周秦都与秦汉"圣城"布局沿革之考古材料新解读》,载吉林大学边疆考古研究中心编《新果集(二):庆祝林沄先生八十华诞论文集》,社会科学出版社,2018,第328-341页。

[12] 司马迁:《史记》第四册,中华书局,1959,第1378页。

[13] 陈鑫远:《黄国历史文化的考古学观察》,硕士学位论文,郑州大学考古学系,2021,第17-24页。

[14] 湖北省博物馆:《楚都纪南城的勘查与发掘(上)》,《考古学报》1982年第3期。

[15] 中国科学院考古研究所山西工作队:《山西夏县禹王城调查》,《考古》1963年第9期。

[16] 侯卫东:《论西周晚期成周的位置及营建背景》,《考古》2016年第6期。

[17] 中国社会科学院考古研究所洛阳汉魏城队:《汉魏洛阳故城城垣试掘》,《考古学报》1998年第3期。

[18] 马俊才:《郑、韩两都平面布局初论》,《中国历史地理论丛》1999年第2期。

[19] 王鲁民:《营国:东汉以前华夏聚落景观规制与秩序》,同济大学出版社,2017,第197-198、213-214页。

[20] 段宏振:《赵都邯郸城研究》,文物出版社,2009,第86-92页。

[21] 河北省文化局文物工作队:《河北易县燕下都故城勘察和试掘》,《考古学报》1965年第1期。

[22] 北京市文物研究所拒马河考古队:《北京市窦店古城调查与试掘报告》,《考古》1992年第8期。

[23] 河北省文物研究所:《战国中山国灵寿城——1975~1993年考古发掘报告》,文物出版社,2005,第10-12页。

[24] 参见河北省文物研究所:《𩫖墓:战国中山国国王之墓》,文物出版社,1996。

[25] 刘来成、李晓东:《试谈战国时期中山国历史上的几个问题》,《文物》1979年第1期。

[26] 李学勤:《平山墓葬群与中山国的文化》,《文物》1979年第1期。

[27] 孙闻博:《鲜虞、中山族姓及渊源问题再探》,《四川文物》, 2005 年第 5 期。

[28] 刘峥:《蔡国故城研究》, 硕士学位论文, 河南大学设计学系, 2019, 第 34-35 页。

[29] 许宏:《先秦城邑考古》, 西苑出版社、金城出版社, 2017, 第 265 页。

[30] 洛阳市史志编纂委员会编《洛阳市志·第 14 卷·文物志》, 中州古籍出版社, 1995, 第 58-60 页。

[31] 山东省济宁市文物管理局:《薛国故城勘查和墓葬发掘报告》,《考古学报》1991 年第 4 期。

[32] 王永波、王传昌编著《山东古城古国考略》, 第 461-466 页。

[33] 徐元诰撰, 王树民、沈长云点校《国语集解》, 第 6-7 页。

[34] 顾颉刚、刘起釪:《尚书校释译论》, 中华书局, 2005, 第 815 页。

[35] 相关内容参见班固:《汉书》第六册, 中华书局, 1962, 第 1523 页。

[36] 王鲁民:《塑造中国：东亚大陆腹地早期聚落组织与空间架构》, 第 189 页。

[37] 十三经注疏整理委员会《春秋左传正义（十三经注疏）》, 北京大学出版社, 2000, 第 963 页。

[38] 《叔夷镈》铭文参见上海博物馆商周青铜器铭文选编写组:《商周青铜器铭文选》, 文物出版社, 第 573 页。

[39] 据传,《秦公簋》1923 年出土于甘肃天水, 铭文参见中国社会科学院考古研究所:《殷周金文集成》修订增补本, 中华书局, 2007, 第 2682 页。

[40] 司马迁:《史记》第一册, 第 32 页。

[41] 同上书, 第 34 页。

[42] 王鲁民:《塑造中国：东亚大陆腹地早期聚落组织与空间架构》, 第 339-341 页。

[43] 徐元诰撰, 王树民、沈长云点校《国语集解》, 第 159-160 页。

[44] 十三经注疏整理委员会《礼记正义（十三经注疏）》, 北京大学出版社, 2000, 第 851 页。

[45] 李民、王健撰《尚书译注》, 上海古籍出版社, 2004, 第 13 页。

[46] 司马迁:《史记》第一册, 第 23 页。

[47] 十三经注疏整理委员会《礼记正义（十三经注疏）》, 第 1121、1128 页。

[48] 顾万发:《再论青台遗址"北斗九星"文化遗迹的圆形夯土性质》, 引自齐岸青:《河洛古国：原初中国的文明图景》, 大象出版社, 2021, 第 207-210 页。

[49] 黄怀信撰《鹖冠子校注》, 中华书局, 2014, 第 70 页。

[50] 十三经注疏整理委员会《周礼注疏（十三经注疏）》, 北京大学出版社, 2000, 第 689 页。

[51] 司马迁:《史记》第四册, 第 1357 页。

[52] 参见丁山:《中国古代宗教神话考》, 上海书店出版社, 2011, 第 612 页"附：自然神号演变为上古王官简表"。

[53] 普鸣（MichealPuett）:《成神：早期中国的宇宙论、祭祀与自我神化》, 张常煊、李健芸译, 生活·读书·新知三联书店, 2020, 第 66 页。

[54] 胡厚宣、胡振宇:《殷商史》, 上海人民出版社, 2019, 第 534 页。

[55] 同上书，第 511 页。
[56] 十三经注疏整理委员会《礼记正义（十三经注疏）》，第 317 页。
[57] 濮阳文物管理委员会、濮阳市博物馆、濮阳市文物工作队：《河南濮阳西水坡遗址发掘简报》，《文物》1988 年第 3 期。
[58] 李济：《安阳》，商务印书馆，2011，第 81-101 页。
[59] 司马迁：《史记》第一册，第 104-108 页。
[60] 司马迁：《史记》第四册，第 1289 页。
[61] 司马迁：《史记》第四册，第 1386 页。
[62] 郑玄注《易纬乾凿度》，中华书局，1985，第 30 页。
[63] 陈宏天、赵福海、陈复兴：《昭明文选译注》第一卷，吉林文史出版社，1998，第 85 页。
[64] 《三辅黄图·汉长安故城》说的"城南为南斗形，北为北斗形，至今人呼汉京城为斗城"，是在旧制被遗忘下的附会之言。
[65] 王鲁民：《塑造中国：东亚大陆腹地早期聚落组织与空间架构》，第 31-86 页。
[66] 司马迁：《史记》第一册，第 1-223 页。
[67] 司马迁：《史记》第二册，第 341 页。
[68] 司马迁：《史记》第六册，第 2044 页。
[69] 班固：《汉书》第四册，第 1253-1254 页。
[70] 王鲁民：《营国：东汉以前华夏聚落景观规制与秩序》，第 290-308 页。
[71] 中国社会科学院考古研究所、河北省文物研究所（邺城考古队）：《河北临漳邺北城遗址勘探发掘简报》，《考古》1990 年第 7 期。
[72] 中国社会科学院考古研究所、河北省文物研究所（邺城考古队）：《河北临漳县邺南城遗址勘探与发掘》，《考古》1997 年第 3 期。
[73] 傅熹年主编《中国古代建筑史》第二卷《三国、两晋、南北朝、隋唐、五代建筑》，中国建筑工业出版社，2001，第 61 页。
[74] 张学锋：《六朝建康城的发掘与复原新思路》，《南京晓庄学院学报》2006 年第 2 期。
[75] 中村圭尔：《六朝江南地域史研究》，汲古书院，2006，第 544 页。

附录 本书涉及的遗址要素指向标的被指次数统计表

在本书中出现的次序	标的名称	以其为标的的遗址个数/个	以其为标的的遗址名称	首次出现章节
1	湖西遗址	4	桥头、唐户、叶家庙、阳都故城	第二章
2	闽江出海口	1	桥头	
3	泗河入今微山湖处	11	桥头、韩井、五帝、新砦、花地嘴、古城南关、周原、官庄、堰台、燕下都、宜阳韩都故城	
4	太湖西缘与宜溧山地突出部相夹处	5	桥头、玉架山、赵陵山、卢保山、楚都纪南城	
5	左、右江交汇点	3	桥头、皇朝墩、小荆山	
6	今淮河入洪泽湖一区	13	桥头、查海、五帝、龙嘴、汪沟、鸡叫城、城河、蒲城店、吕村、尧王城、藤花落、南洼、官庄	
7	珠江口起点区	5	桥头、杨官寨、盘龙城、殷墟、田中故城	
8	跋山遗址	33	皇朝墩、顺山集、查海、姜寨、尚岗杨、凤凰咀、玉架山、西康留、尉迟寺、两城镇、西朱封、边线王、尧王城、丁公、新砦、花地嘴、藤花落、南洼、偃师商城、白寨商城、古城南关、吴城、陶家营、周原、官庄、归城、东周王城、晋新田、赵都邯郸城、蔡国故城、韩都故城、薛国故城、殷墟王陵区	
9	天目山脉与太湖相夹处	4	皇朝墩、西坡、黄土岗、天目山	
10	西江与北江交汇处	2	皇朝墩、城河	
11	今饶河入鄱阳湖处	1	皇朝墩	
12	新安江入山口处（今安徽省歙县所在）	1	皇朝墩	
13	长江入（接）鄱阳湖处	10	皇朝墩、龙嘴、青台、谭家岭、屈家岭、良渚古城、黄土岗、仰韶村、楚都纪南城、韩国故城	

附表 本书涉及的遗址要素指向标的被指次数统计表

续表

在本书中出现的次序	标的名称	以其为标的的遗址个数/个	以其为标的的遗址名称	首次出现章节
14	今涢水入汉江处	16	皇朝墩、尚岗杨、谭家岭、鸡叫城、玉架山、藤花落、孙家岗、周家庄、义井、蒲城店、陶家营、淹城、韩国故城、赵都邯郸城、殷墟王陵区、隋唐洛阳城	
15	滹沱河出山口	5	皇朝墩、汪沟、双槐树、韩国故城、赵都邯郸城	
16	仙人洞与吊桶环遗址	7	皇朝墩、象墩、笑城、边线王、薛国故城、六朝建康城（张学锋复原）、六朝建康城（中村圭尔复原）	
17	桥头遗址	8	皇朝墩、顺山集、查海、姜寨、尚岗杨、凤凰咀、玉架山、叶家庙	
18	新安江源地	1	皇朝墩	
19	瓯江源地	3	皇朝墩、象墩、阖闾城	
20	新安江入富春江处	6	皇朝墩、良渚古城、七星墩、丹土、八里坪、盘龙城	
21	周口店遗址	20	皇朝墩、小荆山、白音长汗、青台、大河村、卢保山、城河、石家河、叶家庙、边线王、陶寺、瓦店、藤花落、东赵、东下冯、盘龙城、新宫、归城、薛国故城、北宋东京城	第二章
22	后套木嘎遗址	10	皇朝墩、顺山集、白音长汗、查海、焦家、石峁、堰台、天目山、阖闾城、殷墟王陵区	
23	贾湖遗址	26	唐户、查海、鱼化寨、仰韶村、西坡、汪沟、青台、鸡叫城、大河村、陶家湖、黄土岗、八里坪、孟庄、蒲城店、两城镇、新砦、南洼、郑州商城、洹北商城、殷墟、天目山、郑国故城、田中故城、薛国故城、殷墟王陵区、六朝建康城（中村圭尔复原）	
24	涡河入淮河处	6	顺山集、韩井、尧王城、边线王、堰台、襄阳楚王城	
25	钱塘江出山口处	5	顺山集、五帝、凤凰咀、象墩、楚都纪南城	
26	玉蟾岩遗址	20	顺山集、韩井、小荆山、查海、沟湾、龙嘴、青台、尚岗杨、凤凰咀、七星墩、尉迟寺、黄土岗、南洼、洹北商城、蒋家庙、韩旗周城、堰台、淹城、秦雍城、楚都纪南城	

续表

在本书中出现的次序	标的名称	以其为标的的遗址个数/个	以其为标的的遗址名称	首次出现章节
27	淮水入海处	11	顺山集、韩井、尚岗杨、玉架山、丹土、陶寺、苏家村、望京楼、郑州商城、白寨商城、归城	第二章
28	唐户遗址	26	顺山集、韩井、汪沟、双槐树、大河村、象墩、良渚古城、卢保山、岗上、丹土、鸡鸣城、石家河、两城镇、尧王城、石峁、义井、古城寨、十里铺北、南洼、白寨商城、东下冯、洹北商城、周原、秦雍城、隋唐长安城、北宋东京城	第二章
29	长江入海口处	4	顺山集、韩井、七星墩、阖闾城	第二章
30	白音长汗遗址	18	顺山集、韩井、汪沟、青台、玉架山、西康留、叶家庙、城子崖、义井、新砦、东下冯、吴城、天目山、齐临淄、郑国故城、灵寿城、薛国故城、隋唐长安城	第二章
31	今赣江接鄱阳湖处	10	韩井、小荆山、青台、象墩、良渚古城、七星墩、鸡鸣城、鸡叫城、藤花落、淹城	第二章
32	今乐安江入鄱阳湖处	2	韩井、新宫	第二章
33	小荆山遗址	15	韩井、大地湾、窑头-人马寨、青台、双槐树、鸡叫城、藤花落、石峁、景阳岗、周原、薛国故城、堰台、陈墩、鲁国都城、齐临淄	第二章
34	黄河与济水交汇区	1	韩井	第二章
35	妫水入桑干河处	9	小荆山、大河村、石峁、八里坪、陶寺、十里铺北、洹北商城、燕下都、北宋东京城	第二章
36	潮白河出山口处	8	小荆山、七星墩、西康留、岗上、八里坪、偪阳故城、黄国故城、夏县禹王城	第二章
37	顺山集遗址	14	小荆山、岗上、石家河、稍柴、平粮台、两城镇、大师姑、东赵、偃师商城、白寨商城、官庄、堰台、淹城、秦雍城	第二章
38	兴隆洼遗址	12	小荆山、白音长汗、魏家窝铺、石虎山Ⅰ、青台、陶家湖、尧王城、丹土、淹城、齐临淄、偪阳故城、阳都故城	第二章
39	北洛河中游起点区	4	小荆山、鲁国都城、晋新田、曹魏邺城	第二章
40	丸山	5	小荆山、焦家、两城镇、周原、秦雍城	第二章
41	颍河出山口	3	小荆山、边线王、郑国故城	第二章

续表

在本书中出现的次序	标的名称	以其为标的的遗址个数/个	以其为标的的遗址名称	首次出现章节
42	稍柴遗址	19	白音长汗、查海、卢保山、仰韶村、八里坪、碧村、陶寺、二里头、南洼、大师姑、偃师商城、周原、韩旗周城、官庄、鲁国都城、郑国故城、秦雍城、宋国故城、隋唐洛阳城	第二章
43	老哈河上游出山口	4	白音长汗、马鞍桥山、良渚古城、归城	
44	大凌河源地	1	白音长汗	
45	洋河入山口	2	白音长汗、赵都邯郸城	
46	兴隆遗址	15	白音长汗、杨官寨、汪沟、青台、双槐树、鸡叫城、鸡鸣城、八里坪、边线王、新宫、殷墟、堰台、鲁国都城、郑国故城、赵都邯郸城	
47	今老哈河红山水库出口	3	白音长汗、归城、陈墩	
48	北城子遗址	6	白音长汗、两城镇、新宫、淹城、夏县禹王城、薛国故城	
49	老哈河源地	7	白音长汗、魏家窝铺、马鞍桥山、尧王城、新砦、花地嘴、齐临淄	
50	西辽河干流一线	1	白音长汗	
51	今滏阳河和滹沱河交汇处	9	查海、焦家、吕村、藤花落、丁公、陶寺、周家庄、东赵、窦店古城	
52	滦河入山口	4	查海、西康留、尧王城、归城	
53	辽河入海口	1	查海	
54	汾河入黄河处	18	荒坡、姜寨、窑头-人马寨、西山、尧王城、叶家庙、高山古城、石峁、义井、花地嘴、东下冯、鲁国都城、晋新田、秦雍城、夏县禹王城、宜阳韩都城、西汉长安城、北宋东京城	
55	古城东关遗址	34	荒坡、杨官寨、汪沟、青台、尚岗杨、双槐树、凤凰咀、大河村、岗上、尧王城、丹土、宝墩古城、高山古城、盐店古城、石峁、稍柴、八里坪、吕村、两城镇、义井、禹寺、瓦店、东赵、新宫、周原、薛国故城、郑国故城、秦雍城、韩国故城、宜阳韩都故城、咸阳宫城、西汉长安城、隋唐长安城、北宋东京城	

续表

在本书中出现的次序	标的名称	以其为标的的遗址个数/个	以其为标的的遗址名称	首次出现章节
56	无定河入黄河处	18	荒坡、汪沟、青台、西山、黄土岗、八里坪、丁公、两城镇、花地嘴、南洼、白寨商城、殷墟、堰台、天目山、郑国故城、阖闾城、赵都邯郸城、灵寿城	第二章
57	新沭河起点处	21	姜寨、杨官寨、青台、尚岗杨、大河村、西山、良渚古城、焦家、西康留、蒲城店、边线王、王城岗、新砦、南洼、大师姑、东赵、白寨商城、周原、官庄、灵寿城、西汉长安城	
58	沮漳河入长江处	3	姜寨、沟湾、吴城	
59	今安康市所在	13	姜寨、沟湾、青台、双槐树、大河村、城河、东赵、东下冯、水沟、夏县禹王城、咸阳宫城、西汉长安城、隋唐长安城	
60	汉江源地	4	姜寨、宝墩古城、王城岗、堰台	
61	无定河入山口	11	姜寨、大河村、石峁、八里坪、西朱封、水沟、蒋家庙、凤凰山、鲁国都城、秦雍城、灵寿城	
62	无定河源地	8	姜寨、石峁、东下冯、周原、秦雍城、夏县禹王城、赵都邯郸城、隋唐长安城	
63	嘉陵江源地	3	姜寨、沟湾、陶寺	
64	安康盆地终点（东端）	3	姜寨、半坡、鱼化寨	
65	枣园遗址	19	半坡、青台、大河村、岗上、尧王城、尉迟寺、张西湾、稍柴、苏家村、两城镇、陶寺、新砦、东赵、南洼、水沟、周原、鲁国都城、秦雍城、赵都邯郸城	
66	丹江入汉江处	20	半坡、杨官寨、大河村、良渚古城、八里坪、边线王、景阳岗、花地嘴、十里铺北、东赵、天目山、淹城、襄阳楚王城、晋新田、黄国故城、韩国故城、灵寿城、薛国故城、殷墟王陵区、六朝建康城（中村圭尔复原）	
67	淮河出山口	7	半坡、凤凰咀、城河、杨家嘴、殷墟、赵都邯郸城、宜阳韩都故城	
68	五莲山与大海相夹处	1	半坡	

附表 本书涉及的遗址要素指向标的被指次数统计表

续表

在本书中出现的次序	标的名称	以其为标的的遗址个数/个	以其为标的的遗址名称	首次出现章节
69	北洛河出山口	13	半坡、稍柴、孟庄、丹土、义井、东赵、花地嘴、南洼、白寨商城、蒋家庙、堰台、隋唐长安城、北宋东京城	第二章
70	北洛河源地	11	半坡、鱼化寨、大地湾、尚岗杨、石峁、吕村、陶家营、殷墟、堰台、秦雍城、殷墟王陵区	
71	清江与长江交汇处	6	半坡、鸡叫城、石家河、景阳岗、东赵、楚都纪南城	
72	岔河口遗址	15	沟湾、石虎山Ⅰ、鱼化寨、杨官寨、陶家湖、仰韶村、新砦、二里头、白寨商城、水沟、丰镐连线、柴庄、东周王城、韩旗周城、灵寿城	
73	白河入汉江处	15	沟湾、窑头-人马寨、汪沟、龙山岗、凌家滩、七星墩、城河、张西湾、尧王城、孙家岗、景阳岗、韩旗周城、归城、晋新田、楚都纪南城	
74	汉中盆地终点（东端）	10	沟湾、鱼化寨、汪沟、双槐树、陶寺、义井、蒋家庙、凤凰山、周原、秦雍城	
75	细河入大凌河处	2	魏家窝铺、马鞍桥山	
76	西拉木伦河出山口	1	魏家窝铺	
77	滦河入海口	3	魏家窝铺、马鞍桥山、窦店古城	
78	查干木伦河入西拉木伦河处	1	马鞍桥山	
79	滦河出山口	2	马鞍桥山、明北京	
80	大凌河出山口	1	马鞍桥山	
81	西拉木伦河入山口	1	马鞍桥山	
82	今大同一区	1	石虎山Ⅰ	
83	西河上后世长城豁口处	7	石虎山Ⅰ、双槐树、边线王、藤花落、新宫、鲁国都城、燕下都	
84	托克托河口	8	石虎山Ⅰ、杨官寨、青台、边线王、二里头、王城岗、燕下都、宜阳韩都故城	
85	洋河入桑干河处	9	石虎山Ⅰ、双槐树、鸡鸣城、平粮台、尧王城、新砦、东赵、吴城、殷墟	
86	大黑河出山口	9	石虎山Ⅰ、双槐树、石峁、边线王、二里头、古城南关、天目山、东周王城、灵寿城	

续表

在本书中出现的次序	标的名称	以其为标的的遗址个数/个	以其为标的的遗址名称	首次出现章节
87	忻定盆地终点区（东端、出口）	19	石虎山Ⅰ、西坡、双槐树、门板湾、蒲城店、尧王城、王城岗、新砦、藤花落、南洼、大师姑、白寨商城、韩旗周城、娘娘寨、官庄、归城、襄阳楚王城、郑国故城、曹魏邺城	第二章
88	堵河入汉江处	14	鱼化寨、杨官寨、青台、尚岗杨、凤凰咀、西山、仰韶村、丹土、孙家岗、景阳岗、花地嘴、郑州商城、秦雍城、蔡国故城	
89	汾河出山口处剧烈折点	5	鱼化寨、宝墩古城、石峁、仰韶村、边线王	
90	洛河入黄河处	1	鱼化寨	
91	泾河入渭河处	9	大地湾、双槐树、石峁、八里坪、古城寨、二里头、蒲城店、望京楼、古城南关	
92	南郑、今汉中所在	8	大地湾、大河村、鸡鸣城、鸡叫城、陶寺、偃师商城、秦雍城、隋唐长安城	
93	嘉陵江上游要点	1	大地湾	
94	黄河西套起点区	3	大地湾、蒋家庙、周原	
95	黄河后套中点区	1	大地湾	
96	忻定盆地起点区	1	大地湾	
97	尧王城遗址	29	杨官寨、青台、赵陵山、玉架山、良渚古城、西康留、丹土、孟庄、两城镇、丁公、石峁、陶寺、景阳岗、禹寺、藤花落、十里铺北、大师姑、古城南关、王城岗、洹北商城、殷墟、东周王城、鲁国都城、齐临淄、阳都故城、阖闾城、宜阳韩都故城、殷墟王陵区、隋唐洛阳城	
98	宝鸡峡出口	10	杨官寨、青台、石峁、陶寺、大师姑、三星堆、水沟、周原、东周王城、鲁国都城	
99	沙河与颍河汇流区	17	北阳平、张西湾、仰韶村、八里坪、尧王城、瓦店、东赵、蒲城店、偃师商城、盘龙城、殷墟、赵都邯郸城、灵寿城、殷墟王陵区、六朝建康城（张学锋复原）、隋唐长安城、曹魏邺城	
100	汉江入长江处	7	窑头-人马寨、盐店古城、边线王、十里铺北、殷墟、堰台、殷墟王陵区	

附表 本书涉及的遗址要素指向标的被指次数统计表

续表

在本书中出现的次序	标的名称	以其为标的的遗址个数 / 个	以其为标的的遗址名称	首次出现章节
101	五帝遗址	1	窑头 - 人马寨	第二章
102	泗水入今洪泽湖处	15	窑头 - 人马寨、大河村、黄土岗、鸡叫城、尧王城、西朱封、新砦、襄阳楚王城、阳都故城、韩旗周城、六朝建康城（中村圭尔复原）	
103	洛河源地	2	西坡、二里头	
104	四郎河入泾河处	15	西坡、汪沟、青台、西山、丹土、石峁、孟庄、两城镇、东赵、望京楼、府城商城、白寨商城、周原、秦雍城、北宋东京城	
105	堵河源地	2	西坡、张西湾	
106	汾河源地	4	西坡、陶寺、东周王城、灵寿城	
107	沁河源地	5	西坡、黄土岗、东周王城、禹王城（魏都安邑）、齐临淄	
108	汉江出山口	3	龙嘴、双槐树、八里坪	
109	白河源地	3	龙嘴、谭家岭、花地嘴	
110	阴湘城遗址	18	龙嘴、汪沟、青台、尚岗杨、屈家岭、良渚古城、城河、杨家嘴、鸡叫城、仰韶村、八里坪、孙家岗、陶寺、藤花落、东赵、东下冯、韩旗周城、北宋东京城	
111	长江接洞庭湖处	13	汪沟、岗上、城河、蒲城店、藤花落、古城寨、望京楼、郑州商城、府城商城、白寨商城、殷墟、娘娘寨、明北京	
112	姜寨遗址	7	汪沟、双槐树、西山、白寨商城、娘娘寨、东周王城、郑国故城	第三章
113	临汾盆地起点	20	汪沟、青台、尚岗杨、大河村、焦家、岗上、宝墩古城、吕村、望京楼、洹北商城、殷墟、薛国故城、归城、东周王城、郑国故城、晋新田、偪阳故城、赵都邯郸城、殷墟王陵区、曹魏邺城	
114	淮河源地	7	汪沟、尧王城、王城岗、东赵、白寨商城、水沟、娘娘寨	
115	颍河源地	5	汪沟、焦家、尧王城、二里头、周原	
116	安康盆地西端（起点）	7	汪沟、大河村、盐店古城、陶寺、秦雍城、宜阳韩故城、薛国故城	

续表

在本书中出现的次序	标的名称	以其为标的的遗址个数/个	以其为标的的遗址名称	首次出现章节
117	修水出山口	7	青台、鸡叫城、凌家滩、良渚古城、屈家岭、边线王、归城	第三章
118	石虎山I遗址	18	青台、双槐树、七星墩、黄土岗、石峁、新砦、偃师商城、白寨商城、王城岗、新宫、韩旗周城、娘娘寨、官庄、东周王城、楚都纪南城、韩旗周城、赵都邯郸城、汉魏洛阳城	
119	今钱塘江入海处	6	青台、石峁、两城镇、藤花落、楚都纪南城、薛国故城	
120	今沅江接洞庭湖处	9	青台、凤凰咀、东赵、偃师商城、白寨商城、白寨商城、韩旗周城、晋新田、楚都纪南城	
121	汪沟遗址	2	青台、双槐树	
122	谭家岭遗址	7	青台、门板湾、黄土岗、秦雍城、楚都纪南城、殷墟王陵区、隋唐洛阳城	
123	滹沱河源地	4	青台、琉璃河、灵寿城、曹魏邺城	
124	大河村遗址	16	青台、石峁、八里坪、孟庄、周家庄、景阳岗、义井、禹寺、古城寨、二里头、南洼、偃师商城、郑州商城、王城岗、娘娘寨、官庄	
125	泗水出今微山湖处	4	青台、黄土岗、苏家村、堰台	
126	洛河出山口	10	青台、丹土、仰韶村、尧王城、新砦、花地嘴、二里头、偃师商城、襄阳楚王城、北宋东京城	
127	泾河出山口	6	青台、双槐树、稍柴、西朱封、碧村、周家庄	
128	瓯江转折点（今浙江省丽水市所在）	2	青台、良渚古城	
129	凌家滩遗址	12	青台、凤凰咀、鸡鸣城、城河、石家河、黄土岗、蒲城店、尧王城、藤花落、东赵、东下冯、官庄	
130	太原盆地终点（南端、出口）	14	青台、尚岗杨、双槐树、西山、西朱封、藤花落、尧王城、义井、古城南关、淹城、夏县禹王城、韩国故城、赵都邯郸城、殷墟王陵区	
131	太原盆地起点	1	尚岗杨	

附表 本书涉及的遗址要素指向标的被指次数统计表

续表

在本书中出现的次序	标的名称	以其为标的的遗址个数/个	以其为标的的遗址名称	首次出现章节
132	澧水出山口	9	尚岗杨、凌家滩、七星墩、笑城、陶家湖、八里坪、吴城、秦雍城、楚都纪南城	
133	漳河与黄河交汇区	3	双槐树、偃师商城、燕下都	
134	今太原所在	7	双槐树、藤花落、陈庄、归城、淹城、齐临淄、灵寿城	第三章
135	颍河入淮河处	3	双槐树、天目山、襄阳楚王城	
136	汉中盆地起点（西端）	7	双槐树、王城岗、大师姑、吴城、蒋家庙、西汉长安城、隋唐长安城	
137	峡江出口	11	谭家岭、玉架山、城河、笑城、孙家岗、瓦店、新砦、盘龙城、三星堆、堰台、秦雍城	
138	清江源地	1	谭家岭	
139	双槐树遗址	13	谭家岭、龙山岗、凤凰咀、王城岗、景阳岗、新砦、郑国故城、秦雍城、韩国故城、宋国故城、薛国故城、咸阳宫城、隋唐洛阳城	
140	沅江出山口	4	谭家岭、黄土岗、藤花落、秦雍城	
141	酉水接沅江处	1	谭家岭	
142	今修水入鄱阳湖处	7	谭家岭、凌家滩、良渚古城、苏家村、藤花落、南洼、秦雍城	
143	赣江出山口（今江西省万安县附近）	2	鸡叫城、屈家岭	第四章
144	酉水源地	1	鸡叫城	
145	今信江入鄱阳湖处	8	鸡叫城、凌家滩、西朱封、藤花落、边线王、孙家岗、周家庄、六朝建康城（中村圭尔复原）	
146	洞庭湖南湖与西湖交接处	3	鸡叫城、卢保山、秦雍城	
147	浊漳河北源入干流处	6	鸡叫城、西山、郑国故城、楚都纪南城、韩国故城、赵都邯郸城	
148	胡家屋场遗址	1	屈家岭	
149	衢江源地	4	屈家岭、凌家滩、岗上、齐临淄	
150	抚河出山口	1	屈家岭	
151	甑皮岩遗址	5	屈家岭、宝墩古城、三星堆、凤凰山、秦雍城	

续表

在本书中出现的次序	标的名称	以其为标的的遗址个数/个	以其为标的的遗址名称	首次出现章节
152	龙嘴遗址	2	屈家岭、朱墓村	
153	汤家岗遗址	1	屈家岭	
154	屈家岭遗址	9	大河村、石家河、门板湾、义井、禹寺、望京楼、东下冯、凤凰山、田中故城	
155	汉中盆地和安康盆地之间	1	大河村	
156	白河出山口	17	大河村、西山、凌家滩、城河、仰韶村、孙家岗、瓦店、南洼、东赵、古城南关、水沟、淹城、东周王城、秦雍城、蔡国故城、薛国故城、六朝建康城（傅熹年复原）	
157	渭河入黄河处	12	大河村、西山、石峁、丹土、陶寺、古城寨、新砦、古城南关、望京楼、白寨商城、柴庄、娘娘寨	
158	富屯溪入闽江处	1	凌家滩	
159	溳水出山口	8	凌家滩、孙家岗、大师姑、白寨商城、官庄、堰台、淹城、北宋东京城	
160	溳水源地	5	凌家滩、蒲城店、陈墩、淹城、六朝建康城（中村圭尔复原）	第四章
161	新安江出山口	2	凌家滩、良渚古城	
162	今资水入洞庭湖处	10	凌家滩、笑城、陶家湖、鸡叫城、蒲城店、孙家岗、东赵、偃师商城、白寨商城、堰台	
163	今抚河接鄱阳湖处	6	凌家滩、两城镇、孙家岗、田中故城、薛国故城、六朝建康城（中村圭尔复原）	
164	今沂河入骆马湖处	10	玉架山、稍柴、八里坪、丹土、十里铺北、南洼、东赵、王城岗、周原、北宋东京城	
165	涪江、渠江和嘉陵江三江并流处	6	玉架山、陶寺、三星堆、秦雍城、楚都纪南城、夏县禹王城	
166	嘉陵江入长江处	6	玉架山、宝墩古城、东下冯、水沟、丰镐连线、秦雍城	
167	瓯江出山口	2	玉架山、良渚古城	
168	长江出洞庭湖处	14	玉架山、卢保山、城河、笑城、屈家岭、王城岗、二里头、东赵、白寨商城、堰台、襄阳楚城、楚都纪南城、殷墟王陵区、赵都邯郸城	

附表 本书涉及的遗址要素指向标的被指次数统计表

续表

在本书中出现的次序	标的名称	以其为标的的遗址个数/个	以其为标的的遗址名称	首次出现章节
169	峡江口处之河道剧烈转折段	1	玉架山	
170	瓯江要点	1	玉架山	
171	衢江出山口	1	象墩	
172	赵陵山遗址	1	朱墓村	
173	灵江入海口	1	朱墓村	
174	瓯江中游折点	1	良渚古城	
175	忻定盆地之滹沱河入山口处	6	良渚古城、吕村、边线王、王城岗、偃师商城、府城商城	
176	富春江出山口	1	良渚古城	
177	东寨遗址	15	焦家、尧王城、黄土岗、八里坪、西朱封、丹土、丁公、花地嘴、南洼、齐临淄、郑国故城、阳都故城、宋国故城、薛国故城、曹魏邺城	
178	滏阳河源地	10	焦家、叶家庙、石峁、西朱封、藤花落、陶寺、周家庄、望京楼、洹北商城、齐临淄	第四章
179	湘江出山口	2	卢保山、七星墩	
180	焦家遗址	8	西康留、岗上、西朱封、景阳岗、白寨商城、薛国故城、鲁国都城、殷墟王陵区	
181	浊漳河南源	8	西康留、藤花落、尧王城、陶寺、周原、鲁国都城、赵都邯郸城、殷墟王陵区	
182	太湖东缘与运河相夹处	1	尉迟寺	
183	杨官寨遗址	3	城河、陶寺、白寨商城	
184	黄土岗遗址	1	石家河	
185	修水源地	4	石家河、堰台、秦雍城、黄国故城	
186	鸡叫城遗址	1	石家河	
187	天门河源地	1	石家河	
188	沮漳河出山口	2	石家河、笑禾	
189	湘江要点（今湖南省株洲市所在）	5	门板湾、东赵、大师姑、古城南关、殷墟王陵区	
190	陶家湖遗址	1	门板湾	
191	边畈遗址	9	门板湾、叶家庙、孙家岗、景阳岗、义井、禹寺、秦雍城、韩国故城、北宋东京城	

续表

在本书中出现的次序	标的名称	以其为标的的遗址个数/个	以其为标的的遗址名称	首次出现章节
192	顶蛳山遗址	5	叶家庙、鸡叫城、盐店古城、水沟、郑国故城	第四章
193	张西湾遗址	1	叶家庙	
194	土城遗址	1	黄土岗	
195	釜溪河入沱江处	1	宝墩古城	
196	长江入四川盆地起点	1	宝墩古城	
197	沱江源地	1	宝墩古城	
198	玉架山遗址	6	宝墩古城、陶寺、两城镇、白寨商城、天目山、黄国故城	
199	乌江入长江处	7	宝墩古城、景阳岗、三星堆、东下冯、水沟、周原、秦雍城	
200	郁江与黔江交汇处	1	宝墩古城	
201	青白江等入长江处	1	宝墩古城	
202	岷江干流方向	1	宝墩古城	
203	沱江入长江处	2	宝墩古城、东下冯	
204	横江与金沙江交汇处	2	高山古城、盐店古城	
205	今骆马湖一区	4	高山古城、西朱封、望京楼、偃师商城	
206	宝墩遗址	2	盐店古城、三星堆	
207	沅江源地	1	盐店古城	
208	北洛河入渭河处	3	鸡叫城、陶寺、楚都纪南城	
209	城头山遗址	2	鸡叫城、韩旗周城	
210	峡江地区	1	张西湾	
211	今湘江入洞庭湖处	4	张西湾、蒲城店、郑州商城、六朝建康城（中村圭尔复原）	
212	大黑河源地	3	石峁、赵都邯郸城、灵寿城	
213	汾河源地和桑干河源地	3	石峁、禹寺、三星堆	
214	王城岗遗址	7	陶寺、边线王、郑国故城、楚都纪南城、韩国故城、赵都邯郸城、薛国故城	
215	南佐遗址	1	仰韶村	
216	桑干河出山口	3	禹会村、琉璃河、窦店古城	
217	今南京岔江口	9	八里坪、吕村、藤花落、苏家村、两城镇、郑州商城、吴城、淹城、黄国故城	
218	丹江出山口	9	八里坪、两城镇、禹寺、东赵、花地嘴、堰台、淹城、秦雍城、隋唐洛阳城	
219	今骆马湖出口	3	八里坪、望京楼、郑州商城	

附表 本书涉及的遗址要素指向标的被指次数统计表

续表

在本书中出现的次序	标的名称	以其为标的的遗址个数/个	以其为标的的遗址名称	首次出现章节
220	泗河出山口	7	孟庄、新宫、齐临淄、晋新田、夏县禹王城、赵邯郸城、明北京	
221	蒲城店遗址	1	孟庄	
222	沙河出山口	2	蒲城店、东下冯	
223	孟庄遗址	2	蒲城店、阳都故城	
224	北洛河甘泉峡	8	尧王城、两城镇、丹土、禹寺、东下冯、殷墟、水沟、薛国故城	
225	今江苏省扬州市所在	4	两城镇、吕村、尧王城、吴城	
226	今澧水接洞庭湖处	7	两城镇、孙家岗、偃师商城、吴城、新宫、楚都纪南城、韩旗周城	
227	今河北省衡水市所在	2	吕村、边线王	
228	滏阳河折点（今河北省邢台市）	2	西朱封、丁公	第四章
229	今微山湖东端	1	西朱封	
230	泗河出山口处折点	2	藤花落、景阳岗	
231	查海遗址	3	藤花落、边线王、曹魏邺城	
232	滦河源地	6	丹土、藤花落、新宫、洹北商城、燕下都、明北京	
233	城子崖遗址	1	丁公	
234	泗河源地	5	丁公、景阳岗、陶家营、殷墟、齐临淄	
235	桑干河源地	4	边线王、石峁、襄阳楚王城、燕下都	
236	泾河源地	3	石峁、殷墟、隋唐长安城	
237	汾河、滹沱河、桑干河源头地交结区	1	碧村	
238	藤花落遗址	9	王城岗、白寨商城、王城岗、娘娘寨、天目山、秦雍城、韩国故城、薛国故城、六朝建康城（傅熹年复原）	
239	沁河出山口	5	陶寺、南洼、郑州商城、楚都纪南城、咸阳宫城	
240	石峁遗址	1	周家庄	第五章
241	沙河源地	3	周家庄、偪阳故城、六朝建康城（中村圭尔复原）	
242	白河出山口处折点	1	景阳岗	
243	济水入海区	2	两城镇、花地嘴	
244	三里桥-庙底沟遗址	2	古城寨、大师姑	

续表

在本书中出现的次序	标的名称	以其为标的的遗址个数/个	以其为标的的遗址名称	首次出现章节
245	伊河源地	1	花地嘴	
246	沁河上游干流一线	1	二里头	
247	沅江出山口处要点	1	南洼	
248	紫竹遗址	1	大师姑	
249	西河入岷江处	1	三星堆	
250	殷墟遗址	6	望京楼、秦雍城、赵都邯郸城、灵寿城、蔡国故城、北宋东京城	
251	函谷关处黄河入山口	5	偃师商城、郑州商城、周原、韩旗周城、咸阳宫城	
252	今河北省张家口市所在	1	郑州商城	
253	洋河源地	5	白寨商城、新宫、官庄、灵寿城、蔡国故城	
254	岷江入长江处	2	东下冯、水沟	
255	信江起点	3	东下冯、阖闾城、六朝建康城（中村圭尔复原）	
256	函谷关一线	1	东下冯	第五章
257	西南而东北的长江主道	1	盘龙城	
258	长江出鄱阳湖处	1	盘龙城	
259	今湖南省衡阳市所在	1	盘龙城	
260	今千岛湖起点	4	王城岗、淹城、偪阳故城、楚都纪南城	
261	鄱阳湖以下长江主道	1	吴城	
262	湘江折点（今昭陵）	2	吴城、殷墟	
263	今湖南省湘潭所在	2	吴城、陶家营	
264	抚河及闽江源地	1	吴城	
265	今湖南省长沙市所在	1	吴城	
266	黄河入海区	1	新宫	
267	滹沱河出山口折点	1	洹北商城	
268	中易水出山口	1	洹北商城	
269	北易水源地	1	洹北商城	
270	南易水源地	1	洹北商城	
271	拒马河上游河道转折处	2	殷墟、北宋东京城	
272	桑干河上阳原盆地起点	1	殷墟	
273	拒马河源地	4	殷墟、琉璃河、赵都邯郸城、燕下都	
274	洋河出山口处	1	殷墟	

附表 本书涉及的遗址要素指向标的被指次数统计表

续表

在本书中出现的次序	标的名称	以其为标的的遗址个数/个	以其为标的的遗址名称	首次出现章节
275	沂河源地	1	殷墟	
276	拒马河出山口	2	殷墟、明北京	
277	渭河源头	1	三星堆	
278	渭河上游折点（今甘肃省武山县一带）	1	三星堆	
279	龙山岗遗址	1	水沟	
280	大渡河入岷江处	1	蒋家庙	
281	水沟遗址	1	蒋家庙	
282	黄河西套中点（今宁夏回族自治区石嘴山市所在）	1	周原	
283	黄河西套与后套间要点（今内蒙古自治区乌海市所在）	1	周原	第五章
284	黄河后套起点区	1	周原	
285	柳江汇入黔江处	1	周原	
286	周家庄遗址	1	周原	
287	黄河西套终点	1	周原	
288	薛国故城	2	琉璃河、陈庄	
289	滏阳河折点	1	陈庄	
290	尉迟寺遗址	5	陈庄、襄阳楚王城、齐临淄、薛国故城、元大都	
291	陈庄遗址	1	薛国故城	
292	西头遗址	1	官庄	
293	建溪入闽江处	1	淹城	
294	金衢盆地起点区（今浙江省衢州市所在）	2	淹城、阖闾城	
295	岗上遗址	1	鲁国都城	
296	庄西里遗址	1	鲁国都城	
297	大清河出山口	1	鲁国都城	
298	韩井遗址	1	齐临淄	
299	垓下遗址	2	齐临淄、偪阳故城	第六章
300	白崖沟遗址	3	晋新田、灵寿城、北宋东京城	
301	孙家岗遗址	1	晋新田	
302	潮白河出山口	3	偪阳故城、黄国故城、夏县禹王城	

续表

在本书中出现的次序	标的名称	以其为标的的遗址个数/个	以其为标的的遗址名称	首次出现章节
303	北阳平遗址	6	偪阳故城、秦雍城、薛国故城、咸阳宫城、隋唐长安城、隋唐洛阳城	第六章
304	信江出山口	1	田中故城	
305	金衢盆地出口	1	阖闾城	
306	无定河出山口	1	秦雍城	
307	嘉陵江出山口	1	秦雍城	
308	泾河转折处	1	秦雍城	
309	大地湾遗址	1	秦雍城	
310	半坡遗址	1	秦雍城	
311	福岩洞遗址	1	秦雍城	
312	沁河出山口以下河道折点	1	秦雍城	
313	今甘肃省天水市所在	1	秦雍城	
314	吴城遗址	1	秦雍城	
315	澧水源地	2	秦雍城、北宋东京城	
316	礼县西山遗址	1	秦雍城	
317	鱼化寨遗址	1	秦雍城	
318	岷江出山口	1	楚都纪南城	
319	要庄遗址	3	赵都邯郸城、燕下都、灵寿城	
320	寨子塔遗址	2	燕下都、窦店古城	
321	寨岇梁遗址	1	灵寿城	
322	涡河源地	1	宜阳韩都故城	
323	今卫河干流	1	宜阳韩都故城	
324	琉璃河遗址	2	薛国故城、北宋东京城	
325	正东方/正东西布置	2	西汉长安城、曹魏邺城	
326	正向北极/正南北布置	2	西汉长安城、曹魏邺城	
327	滹沱河出山后由东南而东北的折点	1	曹魏邺城	
328	漳河出山口处	1	曹魏邺城	
329	乐安江出山口	1	六朝建康城（中村圭尔复原）	
330	大同盆地出口	1	明北京	

插图出处

第二章　前五帝时代：覆盖东亚大陆腹地核心区的空间互动圈

- 图 2-1　桥头、皇朝墩遗址圈围段落归纳图
  据以下文献改绘：
  浙江省文物考古研究所：《浙江衢州皇朝墩遗址发掘收获及初步认识》，《中国文物报》2024 年 10 月 11 日。蒋乐平：《新时代浙江考古重大成果巡礼：义乌桥头遗址》，《中国文物报》2022 年 8 月 12 日。

- 图 2-2　桥头遗址圈围段落指向标的位置示意图
  作者自绘。

- 图 2-3　唐户遗址 F46、F42 中轴及残存圈围段落归纳图
  据以下文献改绘：
  郑州市文物考古研究院、河南省文物管理局南水北调文物保护办公室：《河南新郑市唐户遗址裴李岗文化遗存 2007 年发掘简报》，《考古》2010 年第 5 期。

- 图 2-4　顺山集、韩井遗址圈围段落归纳图
  据以下文献改绘：
  南京博物院、泗洪县博物馆：《顺山集：泗洪县新石器时代遗址考古发掘报告》，科学出版社，2016。中国国家博物馆、南京博物院、泗洪县博物馆：《江苏泗洪韩井遗址 2014 年发掘简报》，《东南文化》2018 年第 1 期。

- 图 2-5　小荆山遗址圈围段落归纳图
  据以下文献改绘：
  山东省文物考古研究所、章丘市博物馆：《山东章丘市小荆山后李文化环壕聚落勘探报告》，《华夏考古》2003 年第 3 期。

- 图 2-6　白音长汗、查海遗址主要建筑位置及圈围段落归纳图
  据以下文献改绘：
  张弛：《兴隆洼文化的聚落与社会——从白音长汗二期乙类环壕居址谈起》，《考古》2021 年第 9 期。辽宁省文物考古研究所：《查海：新石器时代聚落遗址发掘报告》，文物出版社，2012。

- 图 2-7　荒坡遗址 G1 段落归纳图

  据以下文献改绘：

  河南省文物管理局、河南省文物考古研究所：《新安荒坡：黄河小浪底水库考古报告（三）》，大象出版社，2008。

- 图 2-8　半坡、姜寨、沟湾遗址主要建筑中轴及圈围段落归纳图

  据以下文献改绘：

  中国科学院考古研究所、陕西省西安半坡博物馆：《西安半坡：原始氏族公社聚落遗址》，文物出版社，1963。钱耀鹏：《关于半坡聚落及其形态演变的考察》，《考古》1999 年第 6 期。钱耀鹏：《关于半坡遗址的环壕与哨所——半坡聚落形态考察之一》，《考古》1998 年第 2 期。西安半坡博物馆、陕西省考古研究所、临潼县博物馆：《姜寨——新石器时代遗址发掘报告》，文物出版社，1988。郑州大学历史学院考古系、河南省文物管理局南水北调文物保护办公室：《河南淅川县沟湾遗址仰韶文化遗存发掘简报》，《考古》2010 年第 6 期。

- 图 2-9　魏家窝铺、马鞍桥山遗址圈围段落归纳图

  据以下文献改绘：

  彭晓静：《魏家窝铺红山文化聚落遗址房址分析》，《赤峰学院学报（哲学社会科学版）》2022 年第 3 期。辽宁省文物考古研究院：《辽宁建平马鞍桥山遗址——探寻红山文化社会复杂会进程，构建多元一体的中华文明》，《中国文物报》2023 年 10 月 27 日。

- 图 2-10　石虎山 I 遗址圈围段落归纳图

  据以下文献改绘：

  内蒙古文物考古研究所、日本京都中国考古学研究会：《岱海考古（二）——中日岱海地区考察研究报告集》，科学出版社，2001，第 18-145 页。

- 图 2-11　鱼化寨、大地湾遗址圈围段落归纳图及主导建筑轴线图

  据以下文献改绘：

  西安市文物保护考古研究院编著《西安鱼化寨》，科学出版社，2017。甘肃省文物考古研究所编著《秦安大地湾：新石器时代遗址发掘报告》，文物出版社，2006。

- 图 2-12　杨官寨遗址圈围段落归纳图

  据以下文献改绘：

  刘晴：《杨官寨考古遗址公园弹性规划策略研究》，硕士学位论文，西安建筑科技大学城乡规划系，2023，第 69 页。

- 图 2-13　五帝、北阳平、仰韶村、窑头－人马寨等遗址现存圈围段落归纳图

  据以下文献改绘：

  河南省文物考古研究院、三门峡市文物考古研究所、灵宝市铸鼎原文物保护管理所等：《河南灵宝市北阳平遗址考古勘探报告》，《华夏考古》2020 年第 2 期。河南省文物考古研究院、三

门峡市文物考古研究所、灵宝市文物保护管理所：《河南灵宝市五帝遗址考古勘探报告》，《华夏考古》2020年第2期。河南省文物考古研究院、三门峡市文物考古研究所、渑池县文化广电和旅游局：《河南渑池县仰韶村遗址考古勘探报告》，《华夏考古》2020年第2期。魏兴涛、李世伟、李金斗、郑立超、杨海青、燕飞：《河南三门峡市仰韶文化遗址考古勘探取得重要成果》，《中国文物报》2020年4月3日。

- 图2-14　西坡遗址F105建筑要素指向归纳图
  据以下文献改绘：
  河南省文物考古研究所、中国社会科学院考古研究所河南一队、三门峡市文物考古研究所等：《河南灵宝西坡遗址105号仰韶文化房址》，《文物》2003年第8期。

- 图2-15　龙嘴遗址圈围段落归纳图
  据以下文献改绘：
  湖北省文物考古研究所、天门市博物馆：《天门龙嘴》，科学出版社，2015。

第三章　五帝时代（上）：华夏民族的形成与国家的产生

- 图3-1　公元前3400年前后仰韶文化晚期设围基址分布图
  作者自绘。

- 图3-2　汪沟、青台遗址圈围段落归纳图
  据以下文献改绘：
  顾万发：《郑州地区仰韶文化中晚期重要考古发现及相关问题初步研究》，《黄河科技学院学报》，2023年第6期。

- 图3-3　青台遗址内壕圈围段落指向标的位置示意图
  作者自绘。

- 图3-4　尚岗杨、双槐树遗址圈围段落及主体建筑轴线归纳图
  据以下文献改绘：
  顾万发：《郑州地区仰韶文化中晚期重要考古发现及相关问题初步研究》，《黄河科技学院学报》，2023年第6期。郑州市文物考古研究院：《河南巩义市双槐树新石器时代遗址》，《考古》2021年第7期。

- 图3-5　公元前3400年前后的双槐树遗址平面图
  据以下文献改绘：
  郑州市文物考古研究院：《河南巩义市双槐树新石器时代遗址》，《考古》2021年第7期。

- 图3-6　公元3300年前后的双槐树遗址平面图
  据以下文献改绘：

郑州市文物考古研究院：《河南巩义市双槐树新石器时代遗址》，《考古》2021年第7期。

- 图3-7　双槐树遗址F12平面示意图
  据以下文献改绘：
  齐岸青：《河洛古国：原初中国的文明图景》，大象出版社，2021年。

- 图3-8　玄扈之山与玄扈之水的位置及周边环境图
  作者自绘。

- 图3-9　《山海经·中次五经》所及山列尸山至阳虚之山段诸山位置及距离关系示意图
  作者自绘。

- 图3-10　伏羲、女娲连体图
  图片来源：俞伟超、蒋英炬主编《中国画像石全集·第1卷 山东汉画像石》，山东美术出版社，2000年。

- 图3-11　炎帝王畿范围示意图
  作者自绘。

- 图3-12　黄帝王畿范围示意图
  作者自绘。

- 图3-13　黄帝巡狩涉及的空间要点
  底图采自：自然资源部标准地图服务系统，审图号GS（2016）609号，底图未修改。

- 图3-14　函谷关一带仰韶文化中期设围基址分布图
  作者自绘。

第四章　五帝时代（下）：大型权力单位间的碰撞与协同

- 图4-1　谭家岭遗址圈围段落归纳图
  据以下文献改绘：
  湖北省文物考古研究所、北京大学考古文博学院、天门市博物馆：《湖北天门石家河谭家岭城址2015~2016年发掘简报》，《江汉考古》2017年第5期。

- 图4-2　鸡叫城遗址油子岭和屈家岭文化时期圈围段落归纳图
  据以下文献改绘：
  湖北省文物考古研究院、四川大学考古文博学院鸡叫城考古队、湖南大学岳麓书院：《湖南澧县鸡叫城聚落群调查、勘探与试掘》，《考古》2023年第5期。

- 图4-3　凤凰咀遗址和屈家岭遗址圈围段落及主要建筑轴线归纳图
  据以下材料改绘：

向其芳:《襄阳凤凰咀城址的确认与意义》,《中国文物报》2019年8月9日。"中国社会科学院考古学论坛-2023年中国考古新发现"直播截图。湖北省文物考古研究院:《湖北荆门屈家岭遗址考古新发现》,《中国文物报》2024年1月19日。

- 图4-4　大河村、西山遗址圈围段落归纳图
  据以下文献改绘:
  顾万发:《郑州地区仰韶文化中晚期重要考古发现及相关问题初步研究》,《黄河科技学院学报》,2023年第6期。

- 图4-5　凌家滩遗址圈围段落归纳图
  据以下文献改绘:
  王虎:《含山县凌家滩遗址保护规划研究》,硕士学位论文,安徽建筑大学,2019。

- 图4-6　玉架山遗址圈围段落归纳图
  据以下文献改绘:
  杭州市规划和自然资源局:《余杭区良渚文化玉架山考古遗址公园(博物馆)一期》,杭州市规划和自然资源局网站(http://www.ghzy.hangzhou.gov.cn/art/2021/10/29/art_1229003146_69469.html)。金兰兰:《遗址的景观重构方法及价值呈现——基于复写理论的玉架山考古遗址公园景观营建研究》,《中国园林》,2022年第S2期。

- 图4-7　象墩遗址圈围段落及建筑轴线归纳图
  据以下文献改绘:
  南京博物院、常州博物馆、常州市考古研究所:《江苏常州新北区象墩遗址发掘简报》,《东南文化》,2022年第5期。

- 图4-8　良渚古城、朱墓村遗址圈围段落归纳图
  据以下文献改绘:
  浙江省文物考古研究所:《杭州市余杭区良渚古城钟家港南段2016年的发掘》,《考古》2023年第1期。浙江省文物考古研究所:《良渚古城综合研究报告》,文物出版社,2019。苏州市考古研究所、昆山市文物管理所:《江苏昆山朱墓村遗址发掘简报》,《东南文化》2014年第2期。

- 图4-9　焦家遗址圈围段落归纳图
  据以下文献改绘:
  山东大学考古学与博物馆学系、济南市章丘区城子崖遗址博物馆:《济南市章丘区焦家新石器时代遗址》,《考古》2018年第7期。

- 图4-10　卢保山、七星墩遗址圈围段落归纳图
  据以下文献改绘:
  湖南省文物考古研究所:《湖南华容县七星墩遗址2018年调查、勘探和发掘简报》,《考古》

2021 年第 2 期。何赞、余晓福：《湖南南县卢保山遗址发现湖南第四座史前城址》，《中国文物报》2020 年 3 月 6 日。

- 图 4-11　公元前 2800 年前后西河一线设围基址分布示意图
  作者自绘。

- 图 4-12　大汶口文化西康留、岗上、尧王城、丹土、尉迟寺诸遗址圈围段落归纳图
  据以下文献改绘：
  王永波、王传昌编著《山东古城古国考略》，文物出版社，2016。岚山区文化服务中心：《龙山古国的"都城"——尧王城》，岚山区文化服务中心微信公众号，2020 年 2 月 20 日。中国社会科学院考古研究所、安徽省蒙城县文化局：《蒙城尉迟寺（第二部）》，科学出版社，2007。山东省文物考古研究院、滕州市文物局、山亭区文化和旅游局：《山东省滕州市岗上遗址考古勘探报告》，《南方文物》2024 年第 2 期。

- 图 4-13　鸡鸣城、城河、石家河、笑城、陶家湖、门板湾、叶家庙、杨家嘴、黄土岗诸遗址圈围段落归纳图
  据以下文献改绘：
  湖北省文物考古研究院、北京大学考古文博学院：《天门石家河城址及水利系统的考古收获》，《江汉考古》2023 年第 1 期。中国社会科学院考古研究所、湖北省文物考古研究所、荆门市博物馆、沙洋县文物管理所：《湖北沙洋县城河新石器时代城址发掘简报》，《考古》2018 年第 9 期。湖北省文物考古研究所、中央民族大学民族学与社会学学院、武汉大学历史学院：《大洪山南麓陶家湖–笑城区域系统调查》，《江汉考古》2017 年第 5 期。荆州博物馆、公安县博物馆：《荆州公安鸡鸣城遗址考古勘探试掘简报》，《江汉考古》2017 年第 2 期。湖北省文物考古研究所、孝感市博物馆、孝感市孝南区博物馆编著《孝感叶家庙》，科学出版社，2016。许宏：《先秦城邑考古》，西苑出版社、金城出版社，2017。

- 图 4-14　宝墩、高山古城、盐店古城圈围段落归纳图
  据以下文献改绘：
  四川大学历史文化学院考古学系、成都文物考古研究院、新津县文物管理所：《成都市新津县宝墩遗址田角林地点 2013 年的发掘》，《考古》2018 年第 3 期。成都文物考古研究院：《成都大邑县高山古城孙家堰地点调查试掘简报》，《中原文物》2023 年第 4 期。成都文物考古研究所、大邑县文物管理所：《大邑县盐店古城遗址 2002—2003 年发掘简报》，载成都文物考古研究所编著《2014 成都考古发现》，科学出版社，2016。

- 图 4-15　石家河文化时期的鸡叫城、屈家岭和张西湾遗址圈围段落归纳图
  据以下文献改绘：
  湖北省文物考古研究院、四川大学考古文博学院鸡叫城考古队、湖南大学岳麓书院：《湖南澧县鸡叫城聚落群调查、勘探与试掘》，《考古》2023 年第 5 期。"中国社会科学院考古学论坛——

2023年中国考古新发现"直播截图。湖北省文物考古研究所、武汉市黄陂区文物管理所:《武汉市黄陂区张西湾新石器时代城址发掘简报》,《考古》2012年第8期。

- 图4-16　石峁遗址皇城台和内城、陶寺遗址宫城圈围段落归纳图
  据以下文献改绘:
  许宏:《先秦城邑考古》,西苑出版社、金城出版社,2017。何驽、高江涛:《薪火相传探尧都——陶寺遗址发掘与研究四十年历史述略》,《南方文物》2018年第4期。

- 图4-17　稍柴、仰韶村、平粮台遗址圈围段落归纳图
  据以下文献改绘:
  顾万发:《文明之光:古都郑州探索与研究》,科学出版社,2016。河南省文物考古研究院、三门峡市文物考古研究所、渑池县文化广电和旅游局:《河南渑池县仰韶村遗址考古勘探报告》,《华夏考古》2020年第2期。北京大学考古文博学院、河南省文物考古研究院、周口市文物考古所等:《河南周口市淮阳平粮台遗址龙山文化遗存的发掘》,《考古》2022年第1期。

- 图4-18　八里坪遗址圈围段落归纳图
  据以下文献改绘:
  山西省考古研究院、山东大学文化遗产研究院、晋城市文物保护研究中心:《山西沁水八里坪遗址环壕聚落》,《文物季刊》2023年第3期。

- 图4-19　孟庄、蒲城店、郝家台遗址圈围段落归纳图
  据以下文献改绘:
  耿同、杨瑞霞、杨树刚:《早期考古发掘遗址重定位方法研究》,《中国科学院大学学报》2020年第3期。河南省文物考古研究所、平顶山市文物局:《河南平顶山蒲城店遗址发掘简报》,《文物》2008年第5期。北京大学考古文博学院、河南省文物考古研究院、漯河市文物考古研究所:《河南漯河郝家台遗址2015~2016年田野考古主要收获》,《华夏考古》2017年第3期。

- 图4-20　尧王城、两城镇、边线王、西朱封、吕村遗址圈围段落归纳图
  据以下文献改绘:
  岚山区文化服务中心:《龙山古国的"都城"——尧王城》,"岚山区文化服务中心"微信公众号,2020年2月20日。中美联合考古队、栾丰实、文德安等:《两城镇:1988~2001年发掘报告》,文物出版社,2016。王永波、王传昌编著《山东古城古国考略》,文物出版社,2016。考宣:《2021年度山东省田野考古工作汇报会顺利闭幕!"2021年度山东省考古新发现"、"2020-2021年优秀田野考古工地"揭晓》,"山东考古"微信公众号,2022年2月19日。

- 图4-21　藤花落、苏家村、丹土、尧王城、两城镇遗址圈围段落与建筑轴线归纳图
  据以下文献改绘:
  南京博物院、连云港市博物馆编著《藤花落:连云港市新石器时代遗址发掘报告》,科学出版社,2014。山东大学考古学与博物馆学系、山东省文物考古研究院:《山东日照苏家村遗址2019年

发掘简报》,《考古》2022年第8期。王永波、王传昌编著《山东古城古国考略》,文物出版社,2016。中美联合考古队、栾丰实、文德安等:《两城镇:1988~2001年发掘报告》,文物出版社,2016。文旅日照:《日照新增一遛娃好去处！跟着历史课本来打卡》,"文旅日照"微信公众号,2024年10月14日。

- 图4-22 丁公、边线王遗址圈围段落归纳图
  据以下文献改绘：
  王永波、王传昌编著《山东古城古国考略》,文物出版社,2016。

- 图4-23 石峁外城、碧村遗址建筑轴线归纳图
  据以下文献改绘：
  许宏:《先秦城邑考古》,西苑出版社、金城出版社,2017。山西省考古研究所、山西大学历史文化学院考古系、兴县文物旅游局:《2016年山西兴县碧村遗址发掘简报》,《中原文物》,2017年第6期。

第五章 夏、商、西周：错综复杂的北上与南下

- 图5-1 王城岗遗址圈围段落归纳图
  据以下文献改绘：
  马龙、王璐:《行走河南·读懂中国 | 王城岗遗址发现早期回廊遗迹》,"河南省文化和旅游厅"微信公众号,2023年1月9日。

- 图5-2 孙家岗遗址圈围段落归纳图
  据以下文献改绘：
  湖南省文物考古研究所:《湖南澧县孙家岗遗址2015年钻探简报》,《江汉考古》2018年第3期。

- 图5-3 陶寺大城及周家庄遗址圈围段落归纳图
  据以下文献改绘：
  何驽、高江涛:《薪火相传探尧都——陶寺遗址发掘与研究四十年历史述略》,《南方文物》2018年第4期。中国国家博物馆田野考古研究中心、山西省考古研究所、运城市文物保护研究所:《山西绛县周家庄遗址2007~2012年勘查与发掘简报》,《考古》2015年第5期。

- 图5-4 景阳岗遗址圈围段落归纳图
  据以下文献改绘：
  王永波、王传昌编著《山东古城古国考略》,文物出版社,2016。

- 图5-5 两城镇遗址大环壕圈围段落归纳图
  据以下文献改绘：中美联合考古队、栾丰实、文德安等:《两城镇:1988~2001年发掘报告》,文物出版社,2016。

- 图 5-6 义井、禹寺、古城寨、瓦店遗址圈围段落及建筑轴线归纳图
  据以下文献改绘：
  郑州大学历史学院、焦作市文物考古研究所、孟州市博物馆：《河南孟州义井遗址考古调查勘探报告》，《华夏考古》2022 年第 3 期。张小虎：《孟州市禹寺龙山时代聚落考古新收获》，"2020 年度河南考古工作成果交流会（一）"，"河南考古"微信公众号，2020 年 12 月 16 日。河南省文物考古研究院：《河南新密古城寨城址 2016~2017 年度发掘简报》，《华夏考古》2019 年第 4 期。河南省文物考古研究院、河南省夏文化研究中心、北京大学考古文博学院：《河南禹州瓦店遗址 WD2F1 建筑发掘简报》，《华夏考古》2021 年第 6 期。

- 图 5-7 新砦遗址圈围段落及建筑轴线归纳图
  据以下文献改绘：
  中国社会科学院考古研究所河南新砦队、郑州市文物考古研究院、河南大学古代文明研究中心：《河南新密市新砦遗址王嘴西地发掘简报》，《考古》2018 年第 3 期。中国社会科学院考古研究所河南新砦队、郑州市文物考古研究院：《河南新密市新砦遗址浅穴式大型建筑基址的发掘》，《考古》2009 年第 2 期。

- 图 5-8 东赵小城、花地嘴遗址圈围段落归纳图
  据以下文献改绘：
  郑州市文物考古研究院、北京大学考古文博学院：《郑州市高新区东赵遗址小城发掘简报》，《华夏考古》2021 年第 5 期。顾万发：《文明之光：古都郑州探索与研究》，科学出版社，2016。

- 图 5-9 藤花落、十里铺北遗址圈围段落归纳图
  据以下文献改绘：
  南京博物院、连云港市博物馆编著《藤花落：连云港市新石器时代遗址发掘报告》，科学出版社，2014。王永波、王传昌编著《山东古城古国考略》，文物出版社，2016。

- 图 5-10 二里头遗址圈围及主要建筑平面图
  据以下文献改绘：
  中国社会科学院考古研究所二里头工作队：《河南偃师市二里头遗址宫殿区 5 号基址发掘简报》，《考古》2020 年第 1 期。中国社会科学院考古研究所编著《二里头：1999~2006》，文物出版社，2014。

- 图 5-11 蒲城店、南洼、大师姑、东赵中城、古城南关、东下冯遗址圈围段落归纳图
  据以下文献改绘：
  河南省文物考古研究所、平顶山市文物局：《河南平顶山蒲城店遗址发掘简报》，《文物》2008 年第 5 期。郑州大学历史文化遗产保护研究中心：《登封南洼：2004~2006 田野考古报告》，科学出版社，2014。郑州市文物考古研究所：《郑州大师姑（2002—2003）》，科学出版社，2004。郑州市文物考古研究院、北京大学考古文博学院：《郑州市高新区东赵遗址小城发掘简

报》,《华夏考古》2021 年第 5 期。中国国家博物馆考古部:《垣曲盆地聚落考古研究》,科学出版社,2007。山西省考古研究院:《山西省 2022 年"考古中国·夏文化研究""晋南考古·商周专题"考古项目专家验收会顺利召开》,"考古汇"微信公众号,2023 年 1 月 18 日。

- 图 5-12　三星堆遗址小城圈围段落归纳图
  据以下文献改绘:
  雷雨:《三星堆遗址综合研究成果报告》,载张弛、陈星灿、邓华主编《区域、社会与中国文明起源:国家科技支撑计划课题"中华文明起源过程中区域聚落与居民研究"成果集》,科学出版社,2019。

- 图 5-13　二里头文化与二里岗文化之望京楼遗址圈围段落归纳图
  据以下文献改绘:
  顾万发:《文明之光:古都郑州探索与研究》,科学出版社,2016。

- 图 5-14　偃师商城圈围段落归纳图
  据以下文献改绘:
  陈国梁:《偃师商城小城城市空间格局的新认识》,《考古》2023 年第 12 期。陈国梁:《方里而井:偃师商城 2023 年的考古发现与小城空间格局的探索》,"2023 年度河南考古工作成果交流会(二)","河南考古"微信公众号,20203 年 12 月 21 日。

- 图 5-15　郑州商城内城、白寨、东下冯、古城南关遗址圈围段落及建筑轴线归纳图
  据以下文献改绘:
  郑州市文物局:《郑州大遗址保护规划汇编·第 1 辑》,科学出版社,2013。张家强:《郑州白寨遗址发掘收获》,"2020 年度河南考古工作成果交流会(二)","河南考古"微信公众号,2020 年 12 月 16 日。山西省考古研究院:《山西省 2022 年"考古中国·夏文化研究""晋南考古·商周专题"考古项目专家验收会顺利召开》,"考古汇"微信公众号,2023 年 1 月 18 日。中国历史博物馆考古部、山西省考古研究所、垣曲县博物馆:《垣曲商城(一):1985—1986 年度勘察报告》,科学出版社,1996。中国国家博物馆田野考古研究中心、山西省考古研究所、垣曲县博物馆:《垣曲商城(二):1988—2003 年度考古发掘报告》,科学出版社,2014。

- 图 5-16　盘龙城、王城岗遗址圈围段落归纳图
  据以下文献改绘:
  武汉市文物考古研究所、盘龙城遗址博物院:《盘龙城遗址宫城区 2014 至 2016 年考古勘探简报》,《江汉考古》2017 年第 3 期。马龙、王璐:《行走河南·读懂中国 | 王城岗遗址发现早期回廊遗迹》,"河南省文化和旅游厅"微信公众号,2023 年 1 月 9 日。

- 图 5-17　吴城和陶家营遗址圈围段落归纳图
  据以下文献改绘:
  敖攀宇:《吴城遗址的保护与利用研究》,硕士学位论文,南京师范大学文物与博物馆系,

2021。孔维鹏：《2021 安阳市陶家营商代中期聚落遗址》，"2021 年度河南考古工作成果交流会（二）"，"河南考古"微信公众号，2021 年 12 月 17 日。

- 图 5-18　洹北商城圈段落及建筑轴线归纳图
  据以下文献改绘：
  中国社会科学院考古研究所安阳工作队：《河南安阳市洹北商城铸铜作坊遗址 2015~2019 年发掘简报》，《考古》2020 年第 10 期。

- 图 5-19　殷墟小屯宫殿区勘探图及主体建筑早、晚期格局图
  据以下文献改绘：
  中国社会科学院考古研究所安阳工作队：《2004—2005 年殷墟小屯宫殿宗庙区的勘探和发掘》，《考古学报》2009 年第 2 期。王鲁民：《塑造中国：东亚大陆腹地早期聚落组织与空间架构》，大象出版社，2023 年。

- 图 5-20　大司空东南地、北徐家桥村北遗址建筑轴线归纳图
  据以下文献改绘：
  中国社会科学院考古研究所：《安阳大司空——2004 年发掘报告》，文物出版社，2014。安阳市文物考古研究所：《安阳北徐家桥 2001—2002 年发掘报告》，中州古籍出版社，2020。

- 图 5-21　三星堆遗址小城、中城、中大城及大城圈围段落归纳图
  据以下文献改绘：
  雷雨：《三星堆遗址综合研究成果报告》，载张弛、陈星灿、邓华主编《区域、社会与中国文明起源：国家科技支撑计划课题"中华文明起源过程中区域聚落与居民研究"成果集》，科学出版社，2019。

- 图 5-22　水沟、蒋家庙、凤凰山遗址圈围段落归纳图
  据以下文献改绘：
  许宏：《先秦城邑考古》，西苑出版社、金城出版社，2017，第 198-199、214-215 页。

- 图 5-23　周原城址圈围段落及相关建筑轴线归纳图
  据以下文献改绘：
  周原考古队：《2020—2021 年周原遗址西周城址考古简报》，《中国国家博物馆馆刊》2023 年第 7 期。周原考古队：《陕西宝鸡市周原遗址凤雏六号至十号基址发掘简报》，《考古》2020 年第 8 期。韩蕙如、雷兴山：《陕西周原云塘夯土建筑 F10 形制及所属院落形态辨析》，《四川文物》2022 年第 2 期。陕西周原考古队：《扶风召陈西周建筑群基址发掘简报》，《考古》1981 年第 3 期。

- 图 5-24　琉璃河、陈庄、薛国故城、柴庄、韩旗周城圈围段落归纳图
  据以下文献改绘：
  王冬冬、王晶：《基于考古学研究的琉璃河遗址价值建构与阐释》，《自然与文化遗产研究》

2023年第4期。山东省文物考古研究所：《山东高青县陈庄西周遗存发掘简报》，《考古》2011年第2期。王永波、王传昌编著《山东古城古国考略》，文物出版社，2016。河南文物考古研究院：《河南济源柴庄遗址发现商代晚期至西周早期大型聚落》，《中国文物报》，2020年4月3日。中国社会科学院考古研究所洛阳汉魏城队：《汉魏洛阳故城城垣试掘》，《考古学报》1998年第3期。

- 图 5-25　娘娘寨、官庄遗址圈围段落归纳图
  据以下文献改绘：
  顾万发：《文明之光：古都郑州探索与研究》，科学出版社，2016。

- 图 5-26　归城、堰台、天目山、陈墩、淹城、楚王城圈围段落归纳图
  据以下文献改绘：
  中美联合归城考古队：《山东龙口市归城两周城址调查简报》，《考古》2011年第3期。安徽省文物考古研究所：《安徽霍邱堰台周代遗址发掘简报》，《中国历史文物》2010年第6期。南京博物院、泰州市博物馆、姜堰市文物管理委员会：《江苏姜堰天目山西周城址发掘报告》，《考古学报》2009年第1期。山东大学考古学系、安徽省文物考古研究所：《安徽肥西县陈墩遗址发掘简报》，《东南文化》2023年第1期。南京博物院、常州博物馆、淹城旅游区管理委员会、淹城博物馆：《淹城：1958—2000年考古发掘报告》，科学出版社，2014。襄阳市博物馆：《湖北襄阳楚王城西周城址调查简报》，《江汉考古》2012年第1期。

第六章　回响：传统的延续与嬗变

- 图 6-1　东周王城、山东曲阜鲁都、齐临淄城墙段落归纳图
  据以下文献改绘：
  徐邵峰：《东周王城研究》，科学出版社，2019。山东省文物考古研究所、山东省博物馆、济宁地区文物组、曲阜县文管会编《曲阜鲁国故城》，齐鲁书社，1982。群力：《临淄齐国故城勘探纪要》，《文物》1972年第5期。

- 图 6-2　郑国故城、晋都新田城墙段落归纳图
  据以下文献改绘：
  《郑韩故城保护规划》。山西省考古研究所侯马工作站编《晋都新田》，山西人民出版社，1996。

- 图 6-3　偪阳故城、阳都故城、田中故城、阖闾城城墙段落归纳图
  据以下文献改绘：
  山东大学东方考古研究中心编《东方考古》第7集，社会科学出版社，2011。王永波、王传昌编著《山东古城古国考略》，文物出版社，2016。萍乡市博物馆：《江西萍乡市田中古城遗址调查简报》，《考古》2011年第2期。《阖闾城遗址保护总体规划（2010—2025）》。

- 图 6-4 雍城（城、壕与建筑）、黄国故城城墙段落归纳图

  据以下文献改绘：

  吉林大学边疆考古研究中心编《新果集（二）：庆祝林沄先生八十华诞论文集》，社会科学出版社，2018。倪润安：《秦都雍城遗址》，https://www.archaeology.pku.edu.cn/info/1030/3488.htm，2024年10月6日。陕西省考古研究院秦汉考古研究室：《2008~2017年陕西秦汉考古综述》，《考古与文物》2018年第5期。陈鑫远：《黄国历史文化的考古学观察》，硕士学位论文，郑州大学考古学系，2021。

- 图 6-5 纪南城、安邑、韩旗周城城墙段落归纳图

  据以下文献改绘：

  许宏：《先秦城邑考古》，西苑出版社、金城出版社，2017。闻磊、周国平：《郢路辽远楚都纪南城宫城区的考古发掘》，《大众考古》2016年第11期。湖北省文物考古所：《荆州纪南城遗址松柏区30号台基2011~2012年发掘简报》，《江汉考古》2014年第5期。中国科学院考古研究所山西工作队：《山西夏县禹王城调查》，《考古》1963年第9期。中国科学院考古研究所洛阳工作队：《汉魏洛阳城初步勘查》，《考古》1973年第4期，第199页。

- 图 6-6 韩国故城、赵都邯郸城城墙段落归纳图

  据以下文献改绘：

  段宏振：《赵都邯郸城研究》，文物出版社，2009。

- 图 6-7 燕下都、窦店古城、灵寿城城墙段落归纳图

  据以下文献改绘：

  《燕下都遗址保护总体规划》。北京市文物研究所拒马河考古队：《北京市窦店古城调查与试掘报告》，《考古》1992年第8期。河北省文物研究所：《战国中山国灵寿城：1975~1993年考古发掘报告》，文物出版社，2005。

- 图 6-8 蔡国、宋国、韩都故城城墙段落归纳图

  据以下文献改绘：

  《蔡国故城遗址保护规划》。中国社会科学院考古研究所、美国哈佛大学皮保德博物馆（中美联合考古队）：《河南商丘县东周城址勘查简报》，《考古》1998年第12期。洛阳市史志编纂委员会编《洛阳市志·第14卷·文物志》，中州古籍出版社，1995。

- 图 6-9 薛国故城、咸阳宫城墙垣段落归纳图

  据以下文献改绘：

  王永波、王传昌编著《山东古城古国考略》，文物出版社，2016。王鲁民：《营国：东汉以前华夏聚落景观规制与秩序》，同济大学出版社，2017。

- 图 6-10 河南濮阳仰韶文化早期西水坡大墓尸身方向归纳图

  据以下文献改绘：

濮阳文物管理委员会、濮阳市博物馆、濮阳市文物工作队：《河南濮阳西水坡遗址发掘简报》，《文物》1988年第3期。

- 图6-11　安阳殷墟王陵区东、西环壕段落及西环壕内大墓轴线归纳图
  据以下文献改绘：
  牛世山：《河南安阳市殷墟商王陵区及周边遗存》，《考古》2023年第7期。

- 图6-12　西汉长安城墙段落归纳图
  据以下文献改绘：
  董鸿闻、刘起鹤、周建勋等：《汉长安城遗址测绘研究获得的新信息》，《考古与文物》2000年第5期。

- 图6-13　邺城城墙段落归纳图
  据以下文献改绘：
  中国社会科学院考古研究所、河北省文物研究所（邺城考古队）：《河北临漳邺北城遗址勘探发掘简报》，《考古》1990年第7期。中国社会科学院考古研究所、河北省文物研究所（邺城考古队）：《河北临漳县邺南城遗址勘探与发掘》，《考古》1997年第3期。

- 图6-14　六朝建康（复原）城墙段落归纳图
  据以下文献改绘：
  傅熹年主编《中国古代建筑史 第二卷：两晋、南北朝、隋唐、五代建筑》，中国建筑工业出版社，2001。张学锋：《六朝建康城的发掘与复原新思路》，《南京晓庄学院学报》2006年第2期。中村圭尔：《六朝江南地域史研究》，汲古书院，2006。

- 图6-15　隋唐长安与洛阳城墙指向归纳图
  据以下文献改绘：
  史念海主编《西安历史地图集》，西安地图出版社，1996。洛阳市文物局：《隋唐洛阳城》，https://www.ly.gov.cn/2024/10-18/310883.html（2025年4月10日）。

- 图6-16　北宋东京、元大都与明北京城墙段落归纳图
  据以下文献改绘：
  丘刚主编《开封考古发现与研究》，中州古籍出版社，1998。《建筑史专辑》编辑委员会：《科技史文集（二）建筑史专辑》，上海科学技术出版社，1979。敖仕恒、张杰：《结合山水地形的元大都城墙设计及尺度、模数研究》，《建筑史》2018年第1期。

后记

　　这里需要说明，范沛沛承担了第一、二、四、五章、第三章之一部的基础资料收集、整理、相关图纸制作，以及相应部分文字的校核工作。李勇古承担了第三章之一部和第六章的基础资料收集、整理、相关图纸制作，以及相应部分文字的校核工作。刘卫斌博士对书稿进行了系统的校核，并提出了一系列有价值的撰写建议。另外，书的附表由范沛沛整理完成。书名、目录及摘要的英文翻译由薛兰主导，刘卫斌和王放如协助完成。没有他们的努力，本书不可能以这样的面貌与读者见面。因而，在此向他们表示最为诚挚的感谢是必须的。

　　同样重要的是，借此机会，向我的家人和朋友们表示感谢，他们的支持和鼓励一直是我工作的动力。

王鲁民

2025 年 2 月于深圳